U0920974

2015

北京区域统计年鉴

北京市统计局　国家统计局北京调查总队◎编

北京日报出版社

图书在版编目（CIP）数据

北京区域统计年鉴. 2015 / 北京市统计局，国家统计局北京调查总队编.
—北京 : 北京日报出版社，2015.12
ISBN 978-7-5477-1927-5

Ⅰ. ①北… Ⅱ. ①北… ②国… Ⅲ. ①统计资料—北京市—2015—年鉴
Ⅳ. ①C832.1-54

中国版本图书馆CIP数据核字(2015)第287740号

责任编辑：张 迪

出版发行：北京日报出版社
地 址：北京市东城区东单三条8-16号东方广场东配楼四层
邮 编：100005
电 话：发行部：(010) 65255876
总编室：(010) 65252135-8043
印 刷：北京联兴盛业印刷股份有限公司
经 销：各地新华书店
版 次：2015年12月第1版
2015年12月第1次印刷
开 本：787×1092 1/16
印 张：19
字 数：500千字
定 价：180.00元

北京市行政区划示意图

怀柔区
延庆县
密云县
昌平区
平谷区
顺义区
海淀区
门头沟区
朝阳区
石景山区
西城区
东城区
丰台区
通州区
房山区
大兴区

东城区

首都文化中心区　世界城市窗口区

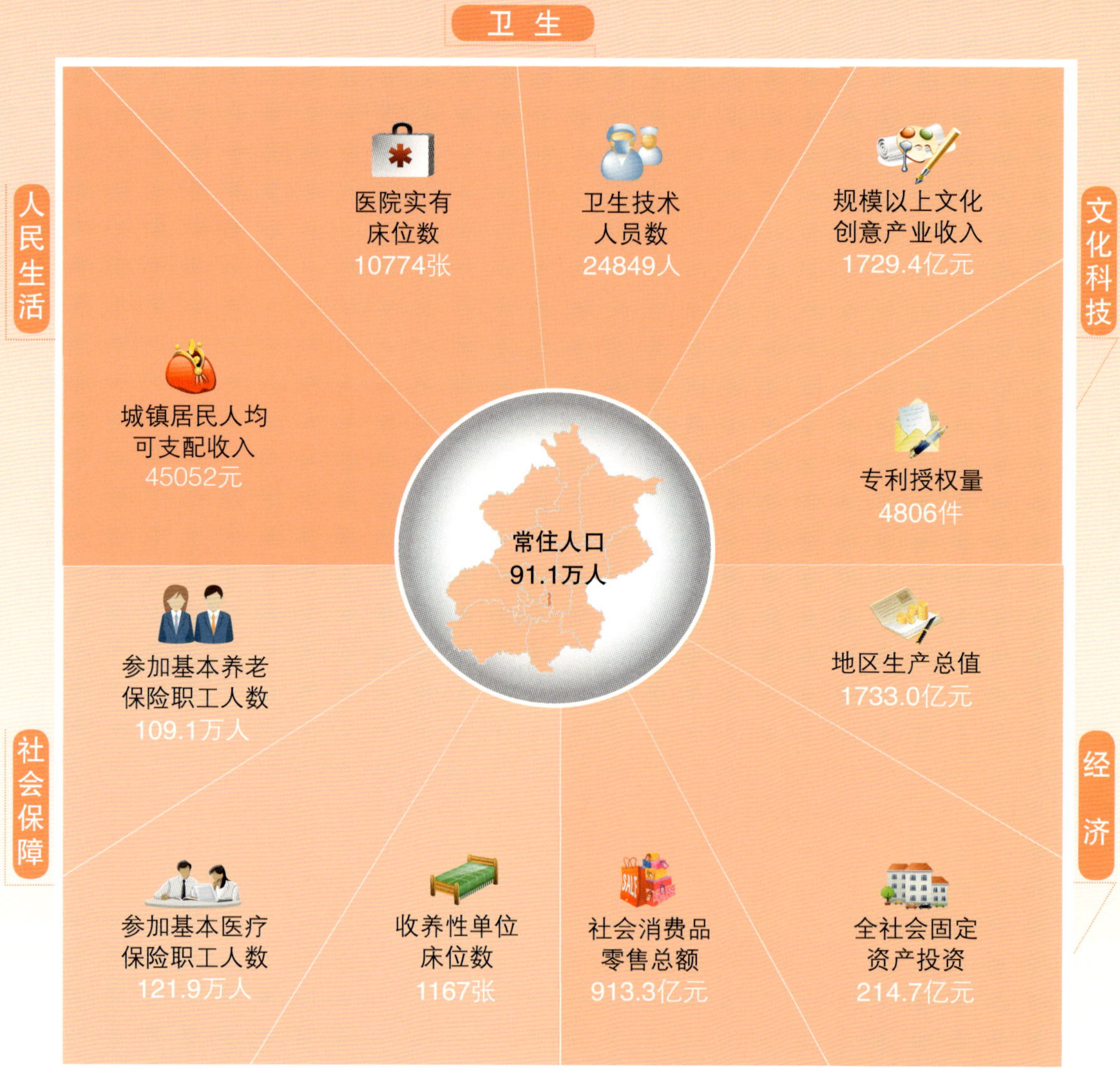

卫生

医院实有床位数 10774张

卫生技术人员数 24849人

文化科技

规模以上文化创意产业收入 1729.4亿元

专利授权量 4806件

人民生活

城镇居民人均可支配收入 45052元

常住人口 91.1万人

经济

地区生产总值 1733.0亿元

全社会固定资产投资 214.7亿元

社会消费品零售总额 913.3亿元

社会保障

参加基本养老保险职工人数 109.1万人

参加基本医疗保险职工人数 121.9万人

收养性单位床位数 1167张

地区生产总值（单位：亿元）

社会消费品零售总额（单位：亿元）

2014

规模以上文化创意产业收入情况

地方公共财政预算收入（单位：亿元）

2010年	2011年	2012年	2013年	2014年	比上年增长(%)
102.8	122.3	134.8	147.1	156.0	6.0

城镇居民人均可支配收入（单位：元）

2010年	2011年	2012年	2013年	2014年	比上年增长(%)
30684	34626	38559	41676	45052	8.1

西城区

服务立区　金融强区　文化兴区

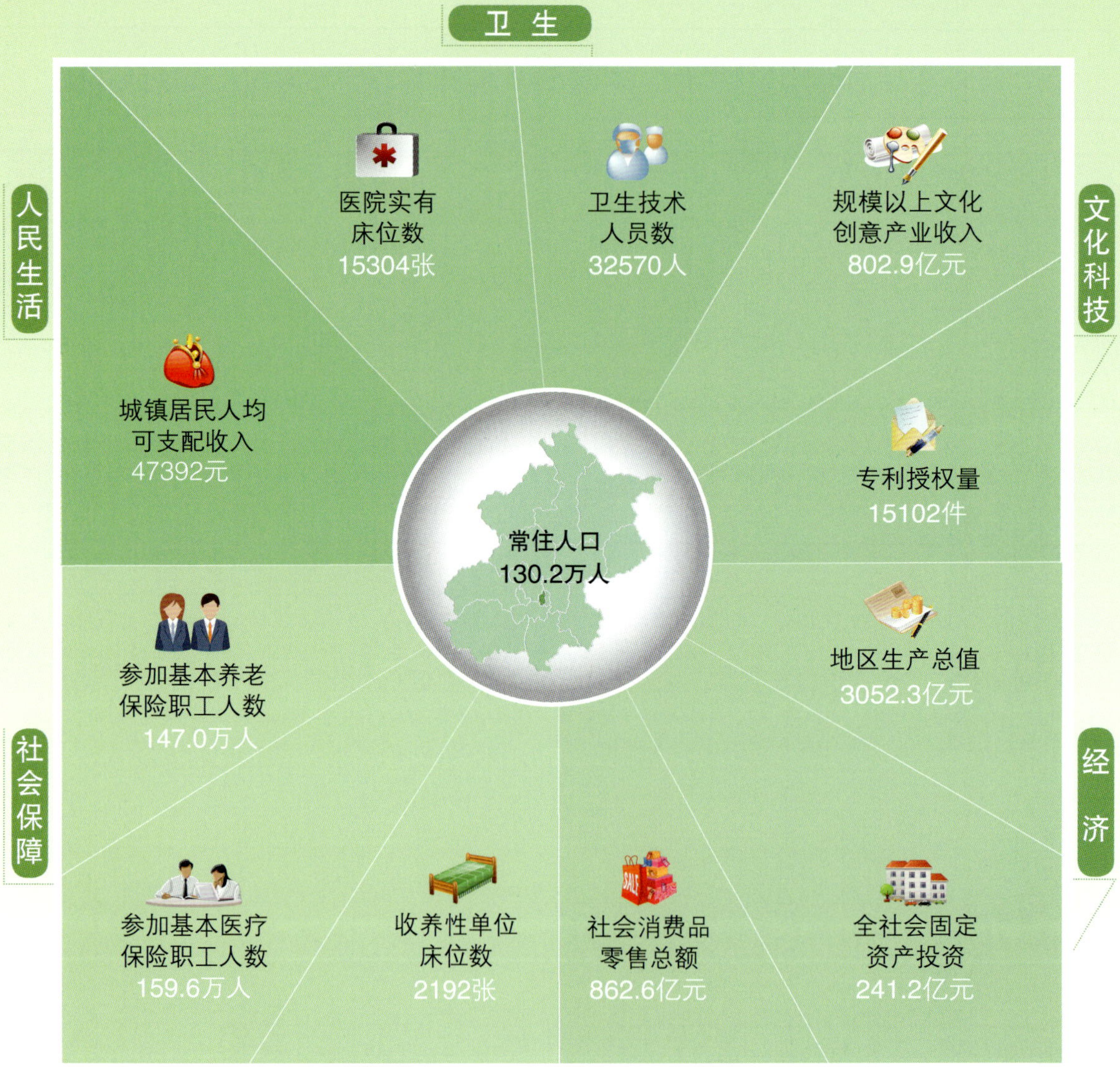

常住人口 130.2万人

卫生

医院实有床位数 15304张

卫生技术人员数 32570人

文化科技

规模以上文化创意产业收入 802.9亿元

专利授权量 15102件

经济

地区生产总值 3052.3亿元

全社会固定资产投资 241.2亿元

社会消费品零售总额 862.6亿元

社会保障

收养性单位床位数 2192张

参加基本医疗保险职工人数 159.6万人

参加基本养老保险职工人数 147.0万人

人民生活

城镇居民人均可支配收入 47392元

地区生产总值（单位：亿元）

社会消费品零售总额（单位：亿元）

2014

重点领域发展情况

地方公共财政预算收入（单位：亿元）

2010年	2011年	2012年	2013年	2014年	比上年增长(%)
213.6	279.8	309.1	341.9	372.8	9.0

城镇居民人均可支配收入（单位：元）

2010年	2011年	2012年	2013年	2014年	比上年增长(%)
31633	35740	39772	43479	47392	9.0

朝阳区

全面建设“新四区”　科学发展新朝阳

卫生

人民生活

文化科技

社会保障

经济

农村居民人均纯收入 26808元

医院实有床位数 18386张

卫生技术人员数 42840人

规模以上文化创意产业收入 2541.1亿元

城镇居民人均可支配收入 44646元

常住人口 392.2万人

专利授权量 12615件

参加基本养老保险职工人数 251.5万人

地区生产总值 4337.3亿元

参加基本医疗保险职工人数 258.8万人

收养性单位床位数 12601张

社会消费品零售总额 2377.6亿元

全社会固定资产投资 1235.4亿元

地区生产总值（单位：亿元）

2010年	2011年	2012年	2013年	2014年	比上年增长(%)
2804.2	3272.2	3632.1	4030.6	4337.3	7.6

社会消费品零售总额（单位：亿元）

2010年	2011年	2012年	2013年	2014年	比上年增长(%)
1683.4	1870.0	2071.3	2243.4	2377.6	6.0

2014

重点服务业发展情况

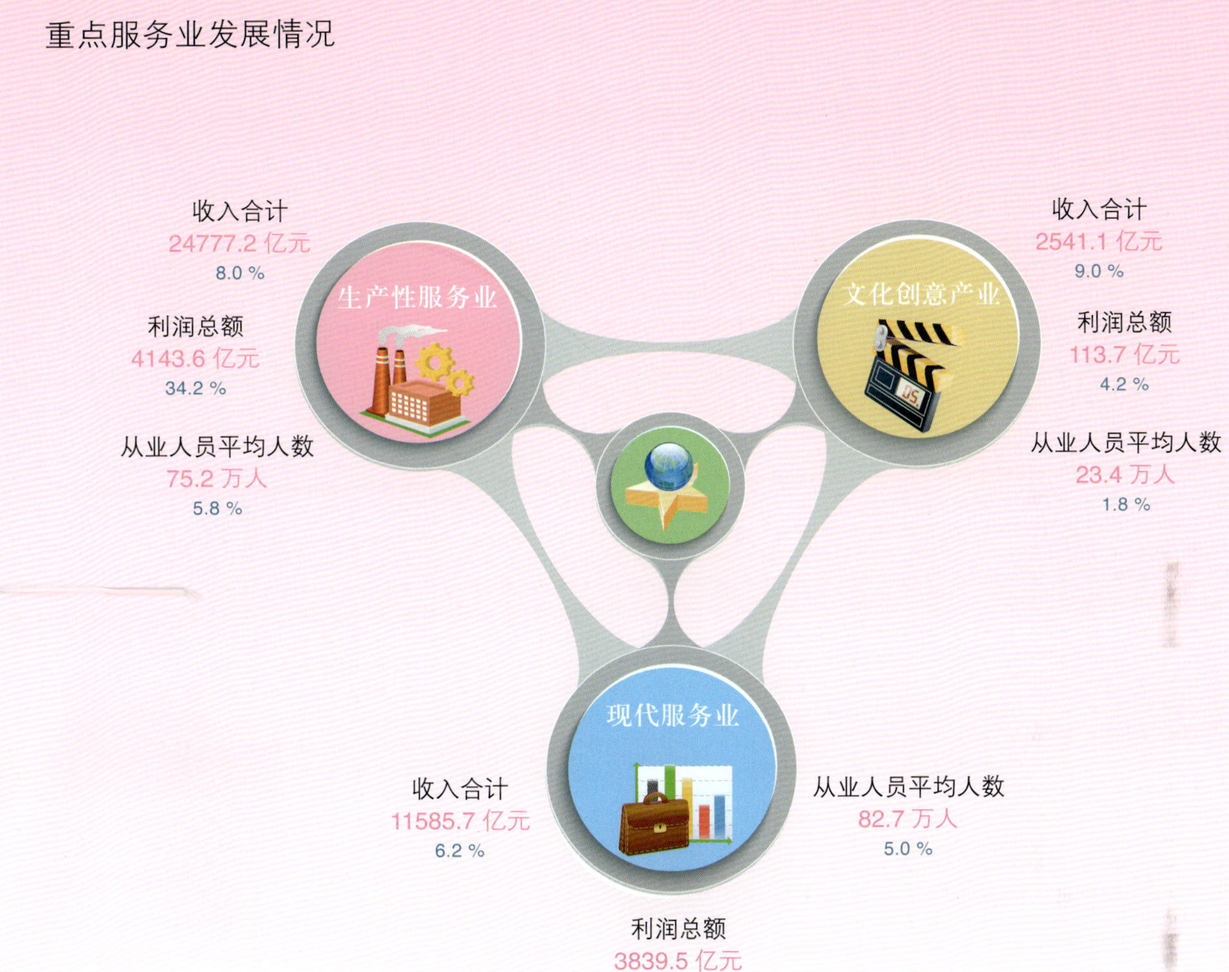

实际利用外资金额(单位：亿美元)

2010年	2011年	2012年	2013年	2014年
24.0	26.5	32.0	34.2	39.0

比上年增长(%) 14.0

城乡居民收入(单位：元)

	2010年	2011年	2012年	2013年	2014年	比上年增长(%)
城镇居民人均可支配收入	30134	34044	37883	41035	44646	8.8
农村居民人均纯收入	18331	19839	22152	24426	26808	9.8

丰台区

丰收的沃土　成功的舞台

卫生

医院实有床位数 9207张

卫生技术人员数 17063人

文化科技

规模以上文化创意产业收入 356.7亿元

专利授权量 3884件

经济

地区生产总值 1091.6亿元

全社会固定资产投资 812.3亿元

社会消费品零售总额 937.4亿元

社会保障

收养性单位床位数 6852张

参加基本医疗保险职工人数 69.7万人

参加基本养老保险职工人数 66.6万人

人民生活

城镇居民人均可支配收入 41334元

农村居民人均纯收入 22553元

常住人口 230.0万人

地区生产总值（单位：亿元）

2010年	2011年	2012年	2013年	2014年	比上年增长(%)
734.8	842.7	923.8	1007.8	1091.6	8.3

全社会固定资产投资(单位：亿元)

2010年	2011年	2012年	2013年	2014年	比上年增长(%)
504.6	553.0	660.1	752.0	812.3	8.0

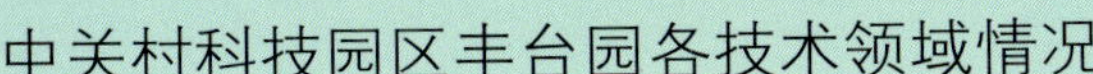

规模以上工业总产值(单位：亿元)

2010年	2011年	2012年	2013年	2014年
433.5	407.8	386.4	418.6	434.2

比上年增长(%) 3.7

城乡居民收入(单位：元)

	2010年	2011年	2012年	2013年	2014年	比上年增长(%)
城镇居民人均可支配收入	27081	30682	34200	37886	41334	9.1
农村居民人均纯收入	14544	16554	18502	20442	22553	10.3

石景山区

全面深度转型　高端绿色发展

卫生

医院实有床位数 4053张

卫生技术人员数 7111人

文化科技

规模以上文化创意产业收入 333.5亿元

专利授权量 1255件

人民生活

城镇居民人均可支配收入 41943元

常住人口 65.0万人

经济

地区生产总值 400.9亿元

全社会固定资产投资 184.1亿元

社会消费品零售总额 241.9亿元

社会保障

参加基本养老保险职工人数 28.7万人

参加基本医疗保险职工人数 29.6万人

收养性单位床位数 3100张

地区生产总值（单位：亿元）

全社会固定资产投资

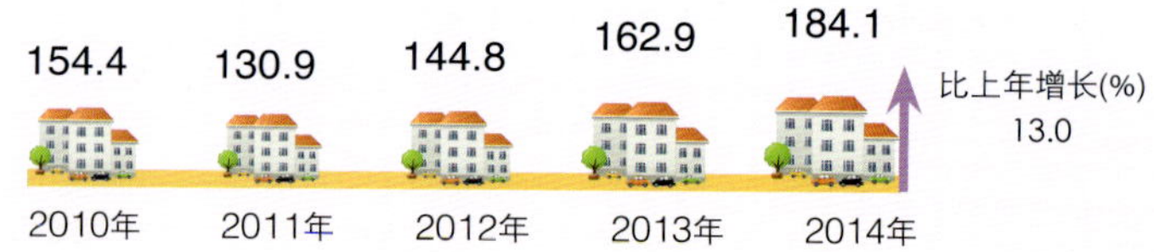

2014

重点领域发展情况

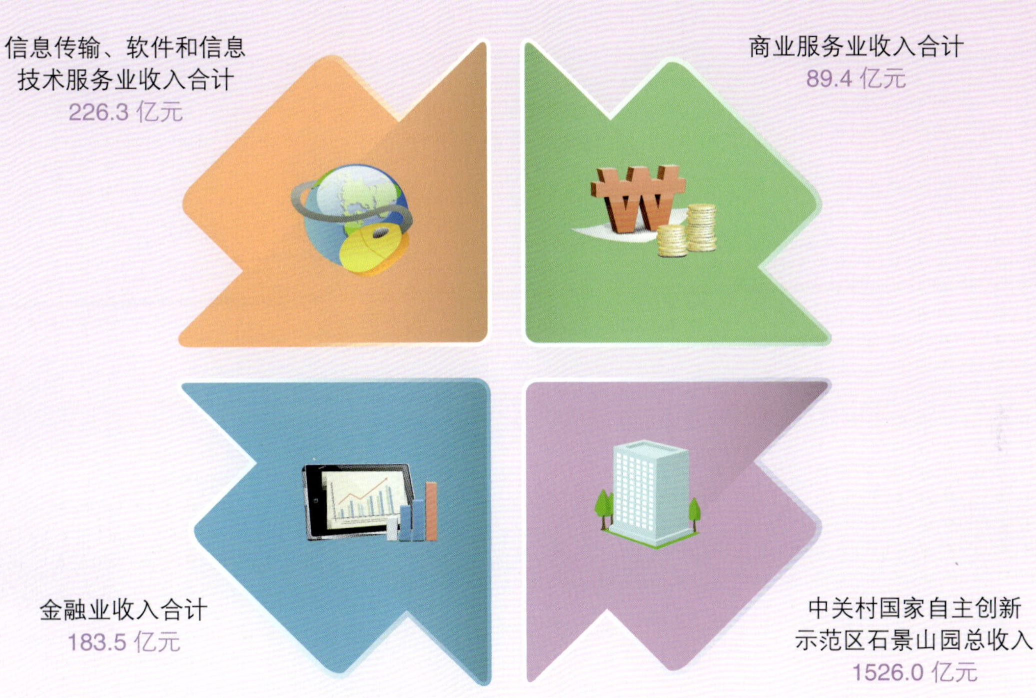

信息传输、软件和信息技术服务业收入合计
226.3 亿元

商业服务业收入合计
89.4 亿元

金融业收入合计
183.5 亿元

中关村国家自主创新示范区石景山园总收入
1526.0 亿元

规模以上文化创意产业收入（单位：亿元）

2010年	2011年	2012年	2013年	2014年
166.0	205.2	231.7	272.0	333.5

比上年增长(%)
22.6

城镇居民人均可支配收入（单位：元）

2010年	2011年	2012年	2013年	2014年
28051	31936	35420	38657	41943

比上年增长(%)
8.5

海淀区

创新源泉 创业蓝海 智慧汇集 文化积淀

卫生

医院实有床位数 10564张

卫生技术人员数 28646人

文化科技

规模以上文化创意产业收入 4795.0亿元

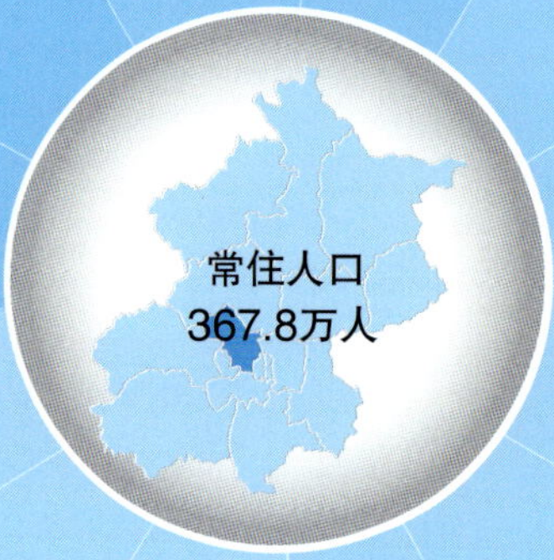

专利授权量 22434件

经济

地区生产总值 4290.0亿元

全社会固定资产投资 841.7亿元

社会消费品零售总额 1960.8亿元

社会保障

收养性单位床位数 9497张

参加基本医疗保险职工人数 228.9万人

参加基本养老保险职工人数 217.2万人

人民生活

城镇居民人均可支配收入 50088元

农村居民人均纯收入 27098元

常住人口 367.8万人

地区生产总值（单位：亿元）

2010年	2011年	2012年	2013年	2014年
2771.6	3179.8	3514.8	3950.0	4290.0

比上年增长(%) 8.6

地方公共财政预算收入（单位：亿元）

2010年	2011年	2012年	2013年	2014年
188.3	238.2	263.1	291.4	316.2

比上年增长(%) 8.5

重点领域发展情况

社会消费品零售总额（单位：亿元）

城乡居民收入（单位：元）

	2010年	2011年	2012年	2013年	2014年	比上年增长(%)
城镇居民人均可支配收入	33351	37746	41841	45953	50088	9.0
农村居民人均纯收入	17661	20015	22364	24673	27098	9.8

房山区

首都高端产业新区　现代生态休闲新城

地区生产总值（单位：亿元）

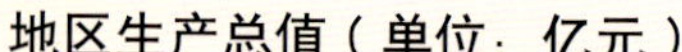

全社会固定资产投资（单位：亿元）

2010年	2011年	2012年	2013年	2014年	比上年增长(%)
403.8	454.5	490.1	493.7	505.8	2.5

2014

房山五大园区情况

中央休闲购物区（CSD）长阳核心区
落地项目个数 52 个
本年完成投资 150.1 亿元
社会消费品零售总额 16.6 亿元

北京石化新材料科技产业基地
本年完成投资 15.8 亿元
落地项目个数 50 个
工业企业总产值 817.8 亿元

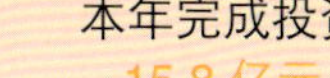

中国北京农业生态谷
企业个数 3 个
主营业务收入 4.8 亿元

中国房山世界地质公园
本年完成投资 32.8 亿元
落地项目个数 53 个
民俗旅游收入 9384.3 万元
景区旅游接待人数 270.9 万人次
景区旅游营业收入 11284.5 万元
民俗旅游户数 2117 户

北京高端制造业基地
本年完成投资 11.9 亿元
落地项目个数 23 个
新增工业企业总产值 75.8 亿元

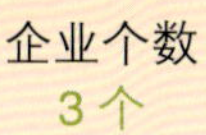

规模以上工业总产值（单位：亿元）

2010年	2011年	2012年	2013年	2014年	比上年增长(%)
949.6	1025.7	1019.9	970.7	1064.7	9.7

城乡居民收入（单位：元）

	2010年	2011年	2012年	2013年	2014年	比上年增长(%)
城镇居民人均可支配收入	23769	26956	30025	32886	35912	9.2
农村居民人均纯收入	12492	13527	15192	16916	18809	11.2

通州区

打造功能完备的城市副中心

卫生

人民生活

文化科技

社会保障

经济

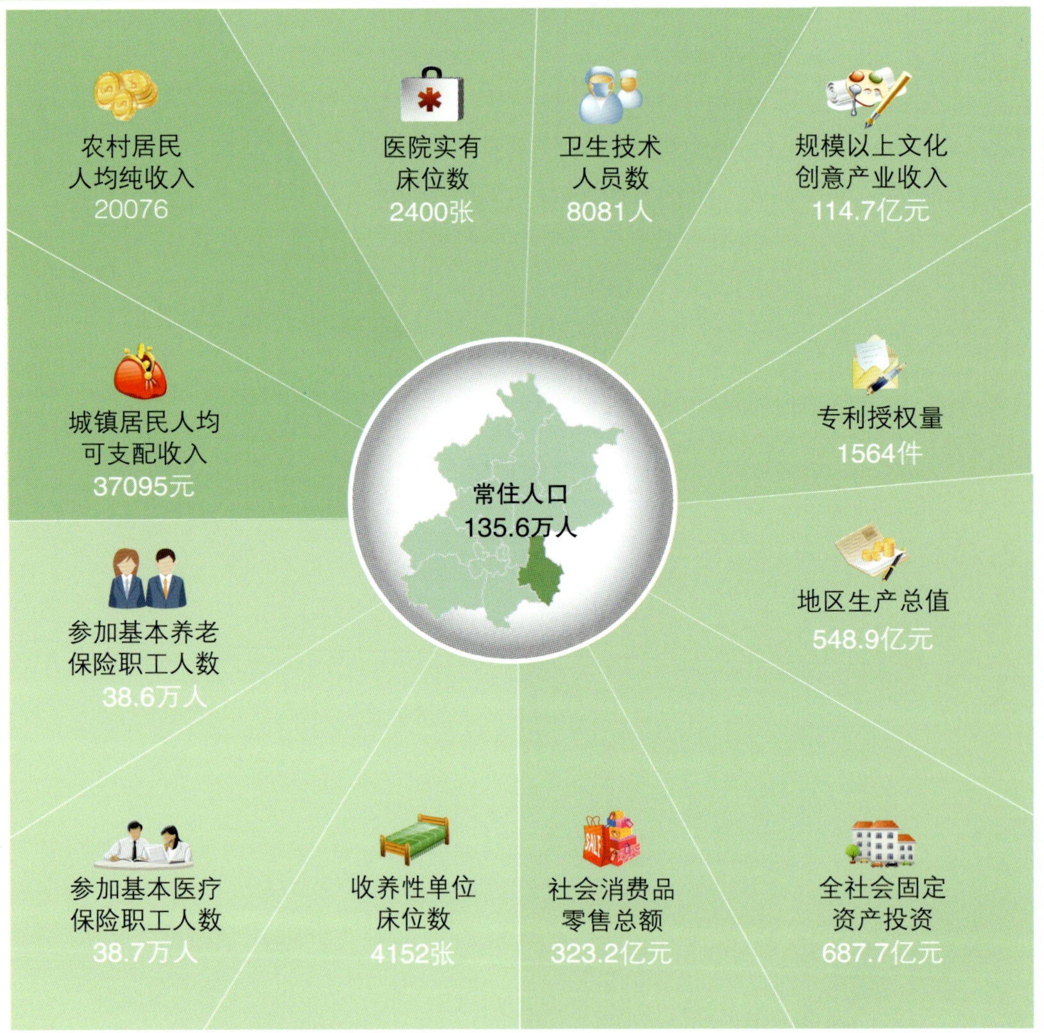

常住人口
135.6万人

农村居民人均纯收入
20076

医院实有床位数
2400张

卫生技术人员数
8081人

规模以上文化创意产业收入
114.7亿元

城镇居民人均可支配收入
37095元

专利授权量
1564件

参加基本养老保险职工人数
38.6万人

地区生产总值
548.9亿元

参加基本医疗保险职工人数
38.7万人

收养性单位床位数
4152张

社会消费品零售总额
323.2亿元

全社会固定资产投资
687.7亿元

地区生产总值（单位：亿元）

房地产开发投资(单位：亿元)

通州固定资产投资额

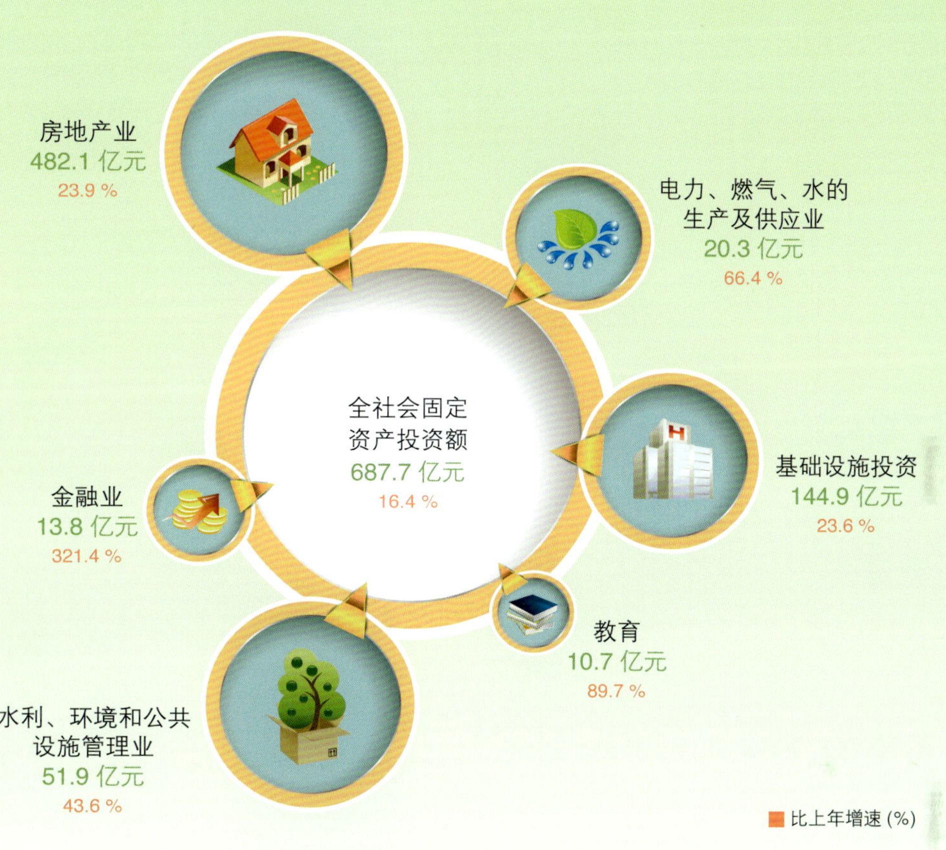

建筑业总产值（单位：亿元）

2010年	2011年	2012年	2013年	2014年
324.2	421.8	478.2	757.1	923.7

比上年增长(%) 22.0

城乡居民收入(单位：元)

	2010年	2011年	2012年	2013年	2014年	比上年增长(%)
城镇居民人均可支配收入	24427	27713	30476	33662	37095	10.2
农村居民人均纯收入	12613	14273	15936	17925	20076	12.0

顺义区

建设绿色国际港　打造航空中心核心区

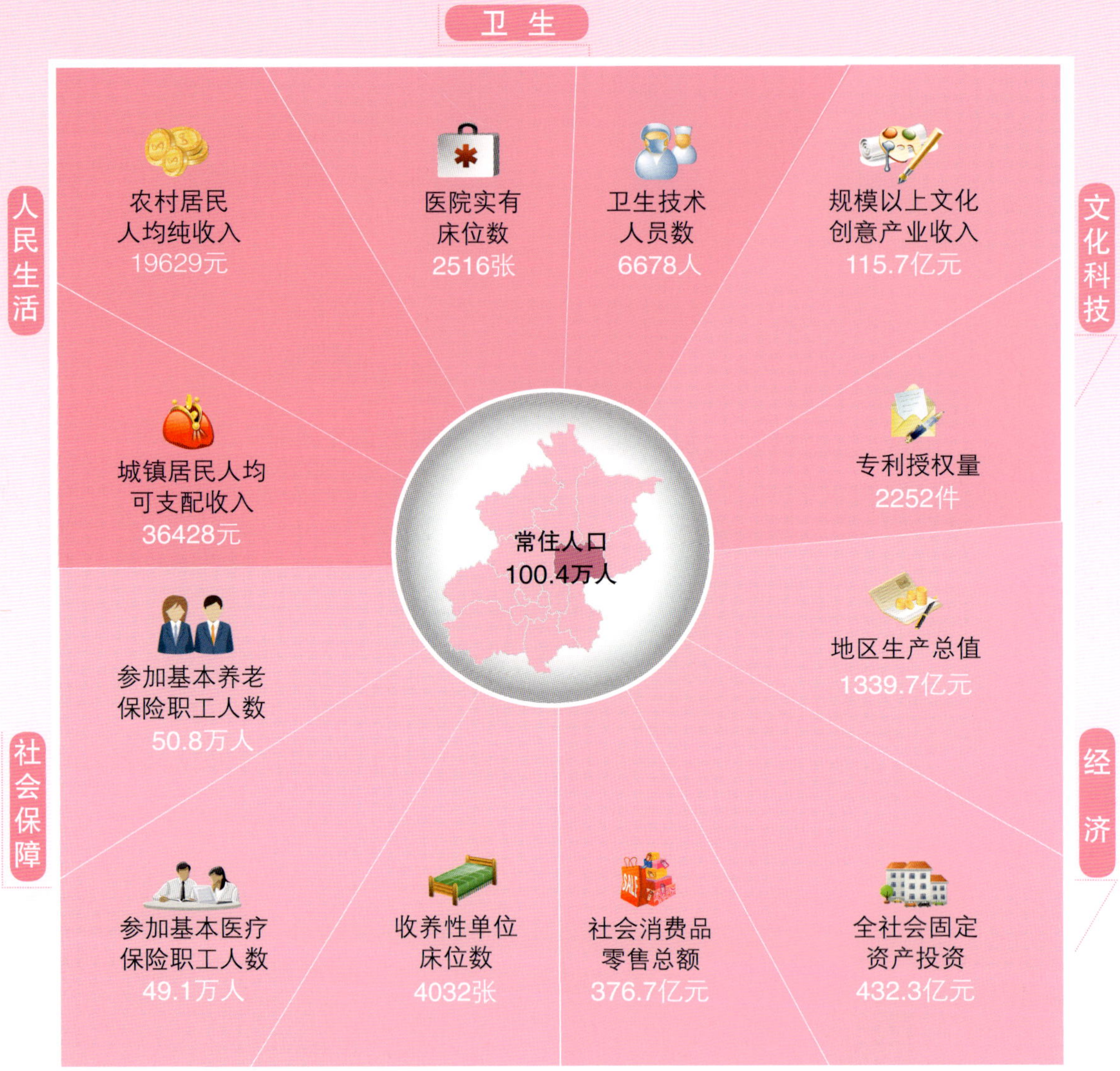

卫 生
人民生活
文化科技
社会保障
经 济
农村居民
人均纯收入
19629元
医院实有
床位数
2516张
卫生技术
人员数
6678人
规模以上文化
创意产业收入
115.7亿元
城镇居民人均
可支配收入
36428元
专利授权量
2252件
常住人口
100.4万人
地区生产总值
1339.7亿元
参加基本养老
保险职工人数
50.8万人
参加基本医疗
保险职工人数
49.1万人
收养性单位
床位数
4032张
社会消费品
零售总额
376.7亿元
全社会固定
资产投资
432.3亿元

地区生产总值（单位：亿元）

867.9
1015.0
1103.2
1240.2
1339.7
比上年增长(%)
8.0
2010年
2011年
2012年
2013年
2014年

地方公共财政预算收入（单位：亿元）

58.4
80.9
86.2
98.0
110.6
比上年增长(%)
12.8
2010年
2011年
2012年
2013年
2014年

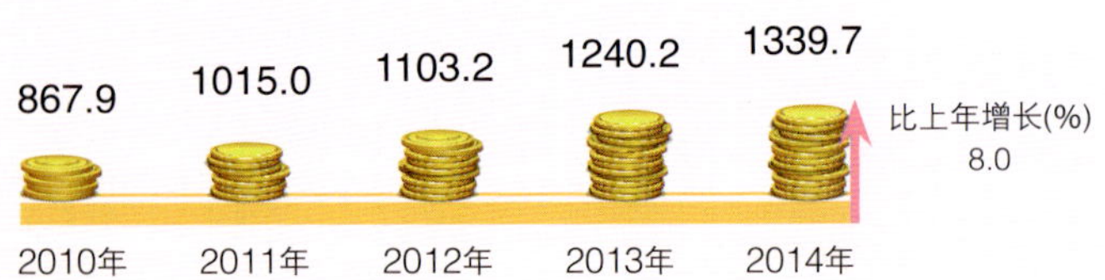

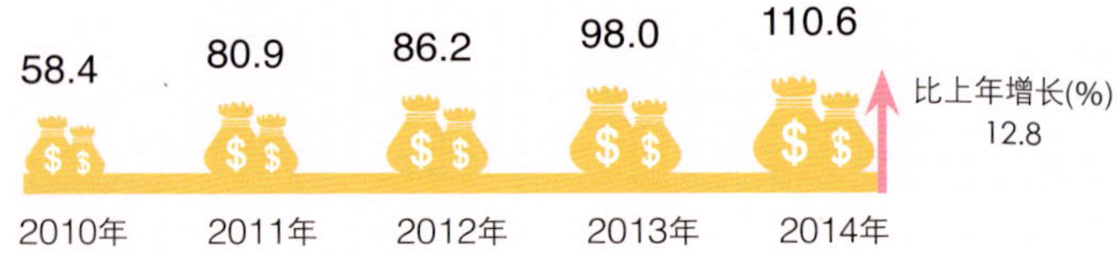

交通运输、仓储和邮政业各行业情况

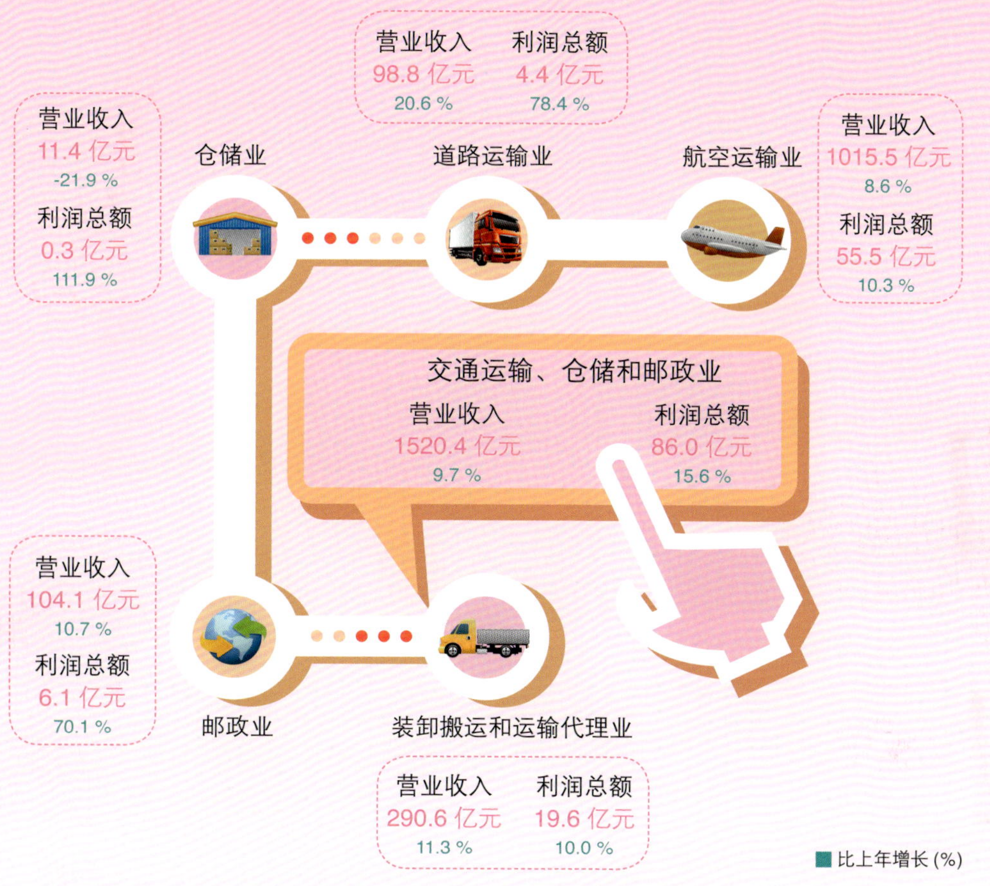

规模以上工业总产值(单位：亿元)

2010年	2011年	2012年	2013年	2014年
1851.6	2066.8	2299.0	2862.5	2983.6

比上年增长(%) 4.2

城乡居民收入(单位：元)

	2010年	2011年	2012年	2013年	2014年	比上年增长(%)
城镇居民人均可支配收入	24825	28163	30437	33329	36428	9.3
农村居民人均纯收入	12898	14314	15960	17703	19629	10.9

昌平区

科技创新集聚区　和谐宜居新城区

卫生

人民生活

文化科技

社会保障

经济

农村居民人均纯收入 18689元

医院实有床位数 10696张

卫生技术人员数 12063人

规模以上文化创意产业收入 137.3亿元

城镇居民人均可支配收入 35517元

常住人口 190.8万人

专利授权量 4640件

参加基本养老保险职工人数 36.4万人

地区生产总值 611.1亿元

参加基本医疗保险职工人数 37.0万人

收养性单位床位数 13248张

社会消费品零售总额 368.7亿元

全社会固定资产投资 614.5亿元

地区生产总值（单位：亿元）

地方公共财政预算收入（单位：亿元）

2014

中关村科技园区昌平园主要经济指标

总收入
3183.6 亿元
8.2 %

工业总产值
1120.5 亿元
-9.9 %

企业内部科技活动经费支出
79.5 亿元
25.1 %

出口总额
15.1 亿美元
31.4 %

实缴税费总额
145.2 亿元
18.3 %

利润总额
266.3 亿元
27.5 %

比上年增长 (%)

规模以上工业总产值(单位：亿元)

2010年	2011年	2012年	2013年	2014年
987.8	1077.9	1191.7	1271.0	1133.7

比上年增长(%) -10.8

城乡居民收入(单位：元)

	2010年	2011年	2012年	2013年	2014年	比上年增长(%)
城镇居民人均可支配收入	24428	27669	29950	32495	35517	9.3
农村居民人均纯收入	12548	13441	14971	16756	18689	11.5

大兴区

高端产业新区　国际航空枢纽
区域协同典范　京南绿色门户

卫生

医院实有床位数 5948张

卫生技术人员数 10046人

文化科技

规模以上文化创意产业收入 91.2亿元

专利授权量 4161件

经济

地区生产总值 475.0亿元

全社会固定资产投资 556.7亿元

社会消费品零售总额 321.9亿元

社会保障

收养性单位床位数 5749张

参加基本医疗保险职工人数 41.8万人

参加基本养老保险职工人数 43.1万人

人民生活

城镇居民人均可支配收入 37131元

农村居民人均纯收入 18824元

常住人口 150.7万人

地区生产总值（单位：亿元）

全社会固定资产投资（单位：亿元）

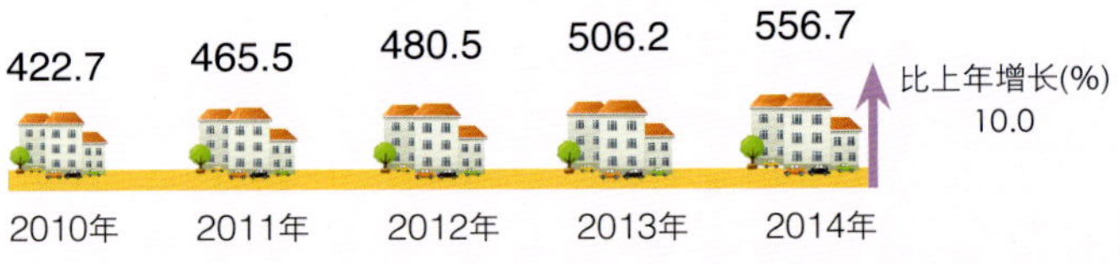

2014

规模以上文化创意产业情况

指标	数值	比上年增长(%)
收入合计	91.2 亿元	24.4 %
资产合计	124.2 亿元	12.4 %
应交税金合计	2.4 亿元	1.3 %
从业人员平均人数	12316 人	1.5 %
利润总额	2.2 亿元	7.6 %

比上年增长 (%)

地方公共财政预算收入（单位：亿元）

2010年	2011年	2012年	2013年	2014年
30.1	40.2	45.5	52.4	61.5

比上年增长(%) 17.4

城乡居民收入(单位：元)

	2010年	2011年	2012年	2013年	2014年	比上年增长(%)
城镇居民人均可支配收入	24368	27786	31004	34128	37131	8.8
农村居民人均纯收入	12335	13723	15329	17044	18824	10.4

门头沟区

宜居宜业滨水山城　山美民富百里画廊
发展高端优质产业　打造现代生态新区

卫生

医院实有床位数 2418张

卫生技术人员数 3282人

文化科技

规模以上文化创意产业收入 15.4亿元

专利授权量 179件

经济

地区生产总值 133.8亿元

全社会固定资产投资 267.8亿元

社会消费品零售总额 53.1亿元

社会保障

收养性单位床位数 1526张

参加基本医疗保险职工人数 14.7万人

参加基本养老保险职工人数 15.0万人

人民生活

城镇居民人均可支配收入 38023元

农村居民人均纯收入 18861元

常住人口 30.3万人

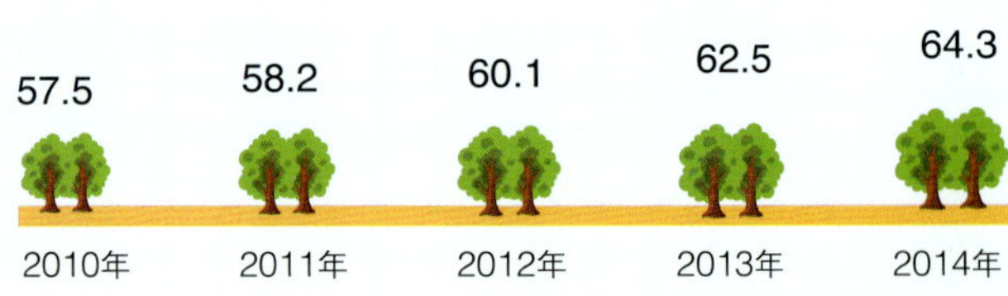

2014

旅游业情况

■ 比上年增速 (%)

地方公共财政预算收入（单位：亿元）

2010年	2011年	2012年	2013年	2014年
10.7	16.9	19.1	20.7	22.0

比上年增长(%) 6.3

城乡居民收入(单位：元)

	2010年	2011年	2012年	2013年	2014年	比上年增长(%)
城镇居民人均可支配收入	25313	29172	32369	35141	38023	8.8
农村居民人均纯收入	12672	14031	15715	17408	18861	8.3

怀柔区

国际交往新区　文化科技新区　绿色生态新区

卫生

人民生活

农村居民人均纯收入 18196元

城镇居民人均可支配收入 35771元

医院实有床位数 1368张

卫生技术人员数 3235人

文化科技

规模以上文化创意产业收入 70.1亿元

专利授权量 451件

常住人口 38.1万人

经济

地区生产总值 219.3亿元

全社会固定资产投资 167.1亿元

社会消费品零售总额 94.1亿元

社会保障

参加基本养老保险职工人数 18.1万人

参加基本医疗保险职工人数 18.3万人

收养性单位床位数 3073张

地区生产总值（单位：亿元）

规模以上工业总产值(单位：亿元)

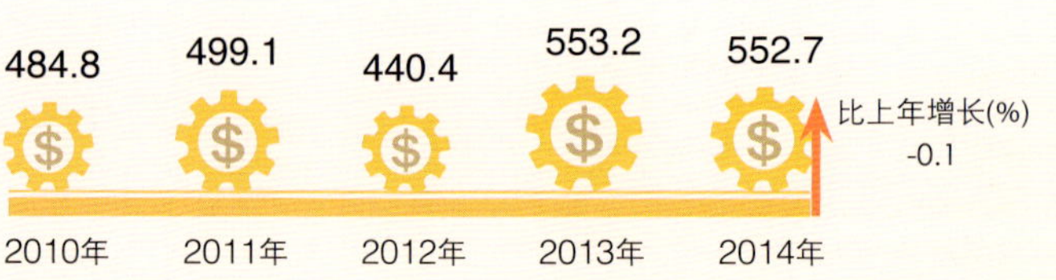

旅游业情况

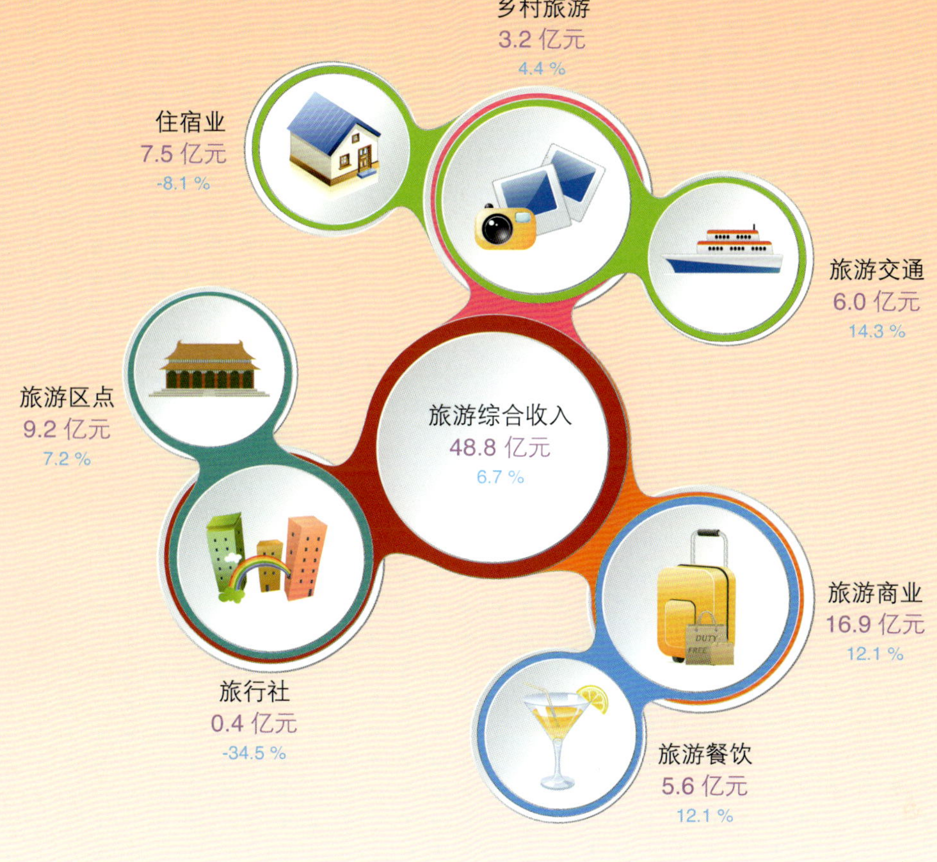

规模以上文化创意产业收入（单位：亿元）

2010年	2011年	2012年	2013年	2014年
9.8	13.3	40.8	46.3	70.1

比上年增长(%) 51.2

城乡居民收入（单位：元）

	2010年	2011年	2012年	2013年	2014年	比上年增长(%)
城镇居民人均可支配收入	23428	26647	29562	32519	35771	10.0
农村居民人均纯收入	12256	12991	14585	16356	18196	11.2

平谷区

生态绿谷　京津商谷　绿能新谷
中国乐谷　幸福平谷

卫生

医院实有床位数 1681张

卫生技术人员数 3621人

文化科技

规模以上文化创意产业收入 40.3亿元

专利授权量 452件

经济

地区生产总值 183.4亿元

全社会固定资产投资 162.7亿元

社会消费品零售总额 84.4亿元

社会保障

收养性单位床位数 4943张

参加基本医疗保险职工人数 16.2万人

参加基本养老保险职工人数 15.8万人

人民生活

城镇居民人均可支配收入 36226元

农村居民人均纯收入 18785元

常住人口 42.2万人

地区生产总值（单位：亿元）

设施农业总收入（单位：亿元）

2014

观光、民俗旅游情况

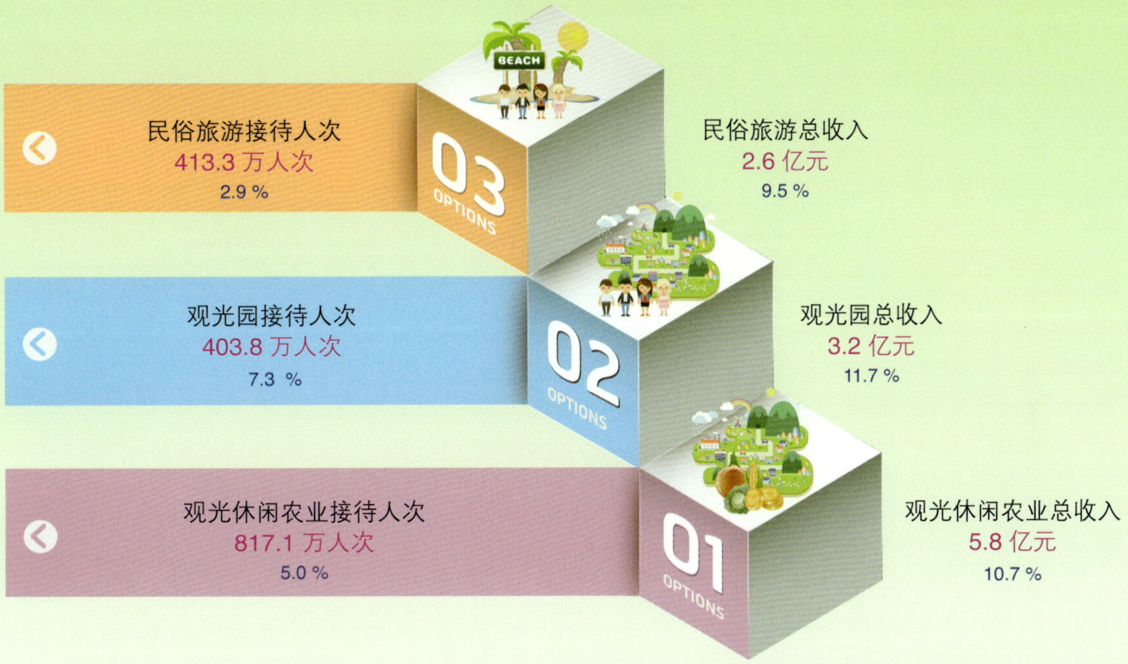

03 OPTIONS		
民俗旅游接待人次 413.3 万人次 2.9 %	民俗旅游总收入 2.6 亿元 9.5 %

02 OPTIONS		
观光园接待人次 403.8 万人次 7.3 %	观光园总收入 3.2 亿元 11.7 %

01 OPTIONS		
观光休闲农业接待人次 817.1 万人次 5.0 %	观光休闲农业总收入 5.8 亿元 10.7 %

■ 比上年增长 (%)

观光、民俗旅游收入（单位：亿元）

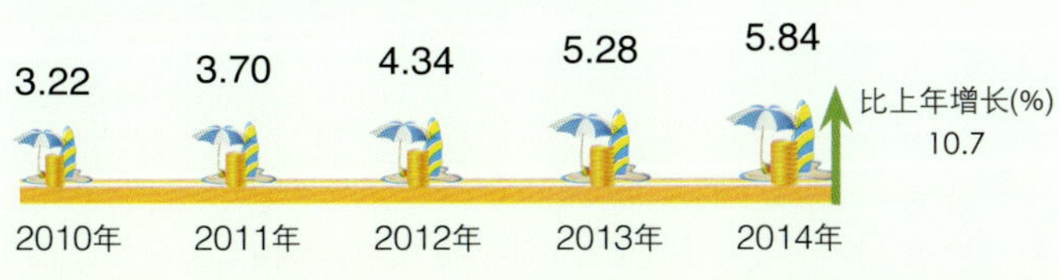

年份	2010年	2011年	2012年	2013年	2014年
收入	3.22	3.70	4.34	5.28	5.84

比上年增长(%) 10.7

城乡居民收入（单位：元）

年份	2010年	2011年	2012年	2013年	2014年	比上年增长(%)
城镇居民人均可支配收入	23606	26842	29850	32933	36226	10.0
农村居民人均纯收入	12036	13387	15067	16865	18785	11.4

密云区

绿色国际休闲之都

卫生

人民生活

文化科技

社会保障

经济

农村居民人均纯收入
17855元

医院实有床位数
1352张

卫生技术人员数
3431人

规模以上文化创意产业收入
23.7亿元

城镇居民人均可支配收入
35499元

常住人口
47.8万人

专利授权量
269件

参加基本养老保险职工人数
15.8万人

地区生产总值
211.9亿元

参加基本医疗保险职工人数
16.5万人

收养性单位床位数
4342张

社会消费品零售总额
110.7亿元

全社会固定资产投资
177.3亿元

地区生产总值（单位：亿元）

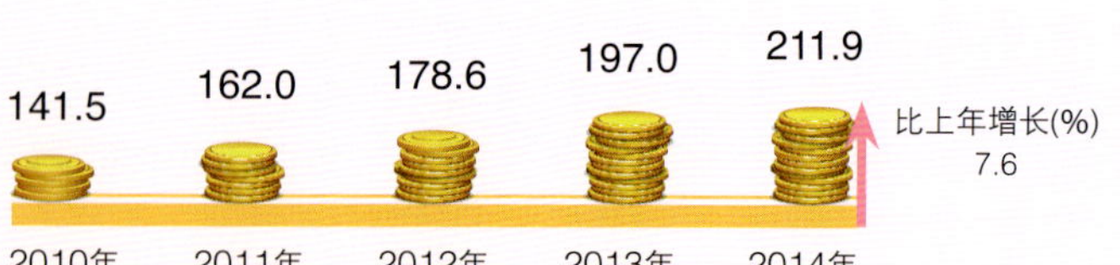

规模以上工业总产值(单位：亿元)

2014

重点领域发展情况

旅游业接待人次
1046.9 万人次
15.4 %

林木绿化率
72.2 %

旅游业综合收入
41.9 万人次
8.5%

森林覆盖率
63.7 %

■ 比上年增长（%）

观光、民俗旅游收入（单位：亿元）

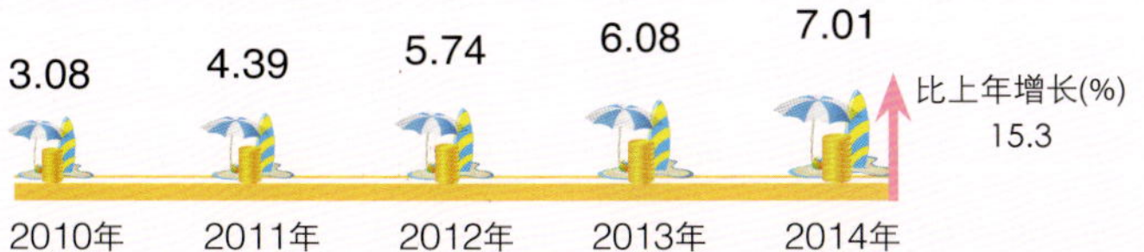

年份	2010年	2011年	2012年	2013年	2014年
收入	3.08	4.39	5.74	6.08	7.01

比上年增长(%) 15.3

城乡居民收入（单位：元）

年份	2010年	2011年	2012年	2013年	2014年
城镇居民人均可支配收入	23438	26652	29551	32538	35499
农村居民人均纯收入	11858	12924	14590	16202	17855

比上年增长(%) 9.1
比上年增长(%) 10.2

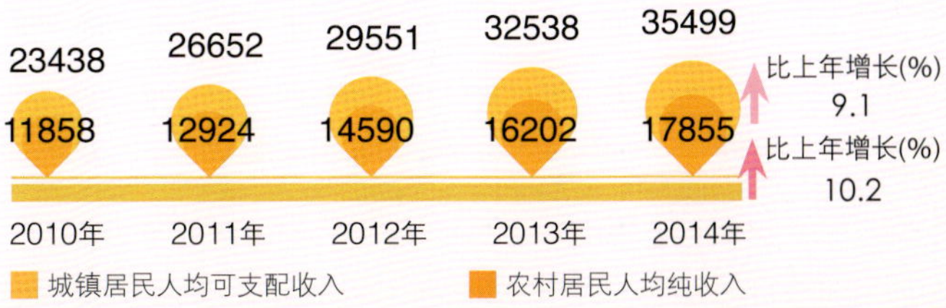

延庆县

生态旅游　休闲名区

卫生

人民生活

文化科技

社会保障

经济

农村居民人均纯收入
17017元

医院实有床位数
756张

卫生技术人员数
2119人

规模以上文化创意产业收入
9.9亿元

城镇居民人均可支配收入
33778元

常住人口
31.6万人

专利授权量
76件

参加基本养老保险职工人数
7.0万人

地区生产总值
99.8亿元

参加基本医疗保险职工人数
8.1万人

收养性单位床位数
6222张

社会消费品零售总额
74.8亿元

全社会固定资产投资
69.9亿元

地区生产总值（单位：亿元）

接待海内外游客数(单位：万人次)

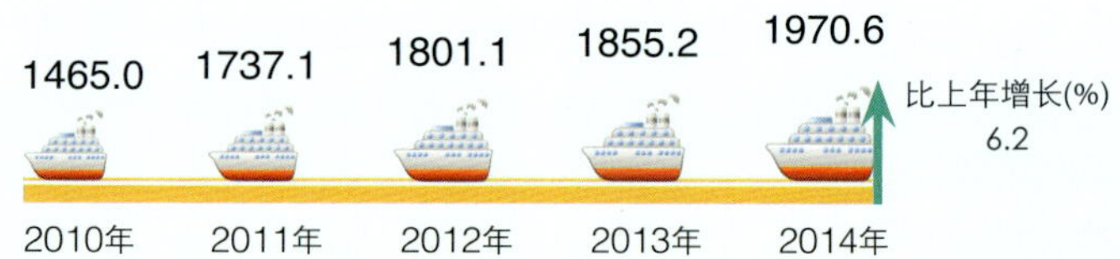

2014

旅游业情况

旅游综合收入
54.1 亿元
6.7 %

乡村旅游
3.0 亿元
4.2 %

住宿业
3.6 亿元
-3.0 %

旅游交通
9.2 亿元
5.8 %

旅游区点
15.4 亿元
10.2 %

旅游商业
12.3 亿元
7.4 %

旅行社
0.4 亿元
-19.1 %

旅游餐饮
10.2 亿元
7.4 %

■ 比上年增长 (%)

林木绿化率（单位：%）

2010年	2011年	2012年	2013年	2014年
65.3	65.8	66.1	68.1	69.2

城乡居民收入（单位：元）

	2010年	2011年	2012年	2013年	2014年	比上年增长(%)
城镇居民人均可支配收入	23329	26080	28644	31132	33778	8.5
农村居民人均纯收入	11531	12761	14078	15504	17017	9.8

《北京区域统计年鉴 2015》编辑委员会

编 辑 说 明

《北京区域统计年鉴 2015》是一部全面、系统反映北京市各区县 2014 年经济社会发展状况的资料性年刊，同时收录了四大直辖市、全国主要经济区 2014 年经济社会发展状况数据资料。

1. 全书共包括 10 个部分，分别为：北京概览、分区县历史数据、北京区县概览、山区平原概览、开发区、六大高端产业功能区、四大功能区、四大直辖市经济社会发展比较、全国主要经济区、北京与全国对比。

2. 自 2011 年开始，企业规模划分标准执行《国家统计局关于印发统计上大中小微企业划分办法的通知》（国统字[2011]75 号）；分区县资料，除特殊说明外，全部为“在地”（即：法人经营地）口径，资料年度为 2014 年；受口径和资料来源不同等因素影响，书内所列分区县数据可能与区县统计局出版的统计年鉴中刊载的数据有所不同，请读者在使用时加以注意；分区县资料中若未单独列出北京经济技术开发区，则在大兴区中包括。

3. 书中的分区县数据，均由北京市统计局、国家统计局北京调查总队提供；部门数据均在表下注有资料来源；全国及外省市统计资料摘自《中国统计年鉴》《中国区域经济统计年鉴》及相关省市统计年鉴。

4. 书中使用的符号说明：“…”表示数据不足本表最小单位；“空格”表示该项指标数据不详或没有数据；“#”表示其中项目；“‖”表示不在同一分组类中的其中项。

5. 本书配有电子光盘，具有数据加工等功能。

目　录

第一篇　北京概览

第二篇　分区县历史数据

第三篇　北京区县概览

第四篇 山区平原概览

第五篇 开发区

第六篇 六大高端产业功能区

第七篇 四大功能区

第八篇 四大直辖市经济社会发展比较

第九篇 全国主要经济区

第十篇 北京与全国对比

附录 指标解释

2015
北京区域统计年鉴

第一篇

BEIJING AREA
STATISTICAL YEARBOOK

北京概览

简要说明

一、本章资料的主要内容

本章主要包括反映北京市社会经济发展的主要总量、速度、结构、效益指标及“十二五”时期监测指标等。

二、本章资料的数据来源

北京市社会经济主要指标及“十二五”时期主要监测指标资料由北京市统计局、国家统计局北京调查总队根据相关资料整理取得。

三、有关统计标准变化和数据调整的说明

根据国家行业划分新标准和最新三次产业划分规定调整有关指标内容。国民经济核算、新兴产业统计和相关指标按照新的行业标准进行了调整。

根据第三次全国经济普查结果，对2013年地区生产总值、社会消费品零售总额、能源消费总量等数据进行了更新。其中，2009—2012年社会消费品零售总额数据根据普查结果进行了修订。

1-1 "十二五"时期经济社会发展主要监测指标

项　　目		2014	2013
地区生产总值比上年增长	(%)	7.3	7.7
第三产业占地区生产总值比重	(%)	77.9	77.5
最终消费率	(%)	62.5	61.4
地方公共财政预算收入比上年增长	(%)	10.0	10.4
城镇居民人均可支配收入实际增长	(%)	7.2	7.1
农村居民人均纯收入实际增长	(%)	8.6	7.7
城镇登记失业率	(%)	1.31	1.21
65大类食品检验合格率	(%)	97.46	97.41
#重点食品安全监测抽检合格率	(%)	98.39	98.35
药品抽验合格率	(%)	99.88	99.88
全社会研究与试验发展经费支出占地区生产总值的比例	(%)	5.95	5.98
万元地区生产总值能耗降低	(%)	5.29	4.88
万元地区生产总值水耗降低	(%)	3.93	5.87
林木绿化率	(%)	58.4	57.4

1-2　主要年份国民经济和社会发展总量与速度指标

项　　目		总量指标			
		1990	1995	2000	2005
人口与就业					
人　口					
年末全市常住人口	(万人)	1086.0	1251.1	1363.6	1538.0
按性别分					
男性人口	(万人)	545.0	627.0	710.9	778.7
女性人口	(万人)	541.0	624.1	652.7	759.3
按城乡分					
城镇人口	(万人)	798.0	946.2	1057.4	1286.1
乡村人口	(万人)	288.0	304.9	306.2	251.9
年末户籍人口	(万人)	1032.2	1070.3	1107.5	1180.7
就　业					
从业人员年末人数	(万人)	627.1	665.3	619.3	878.0
#城镇单位在岗职工人数	(万人)	454.9	470.9	434.2	448.4
年末实有城镇登记失业人员	(万人)	1.7	2.2	3.3	10.6
宏观经济					
国民经济核算					
地区生产总值	(亿元)	500.8	1507.7	3161.7	6969.5
第一产业	(亿元)	43.7	72.2	77.3	86.2
第二产业	(亿元)	262.0	643.6	1029.3	2017.2
第三产业	(亿元)	195.1	791.9	2055.1	4866.1
人均地区生产总值	(元/人)	4635	12690	24127	45993
固定资产投资					
全社会固定资产投资	(亿元)	179.2	841.5	1297.4	2827.2
#房地产开发投资	(亿元)	22.5	352.8	522.1	1525.0
#国有单位	(亿元)	154.2	514.2	765.8	897.7
全社会房屋施工面积	(万平方米)	2864.9	5524.3	6995.9	14096.2
全社会房屋竣工面积	(万平方米)	1081.2	1530.2	2358.2	4679.2
财　政					
地方财政收入	(亿元)	74.0	115.3	398.4	1007.4
#地方公共财政预算收入	(亿元)			345.0	919.2
地方财政支出	(亿元)	66.5	154.4	490.3	1137.3
#地方公共财政预算支出	(亿元)			443.0	1058.3
价格指数(上年=100)					
居民消费价格指数	(%)	105.4	117.3	103.5	101.5
商品零售价格指数	(%)	104.1	112.6	98.9	99.7
农产品生产价格指数	(%)	101.9	130.6	95.0	102.9
工业生产者出厂价格指数	(%)	107.9	107.3	102.5	101.3
工业生产者购进价格指数	(%)	114.8	106.7	100.0	111.4
固定资产投资价格指数	(%)		113.9	101.0	100.7
能源消费总量	(万吨标准煤)	2709.7	3533.3	4144.0	5521.9
产　业					
农村经济					
耕地面积	(万公顷)	41.3	39.4	32.9	23.3
农林牧渔业总产值(现价)	(亿元)	70.2	164.4	188.6	239.3
主要农产品产量					
粮　食	(万吨)	264.6	259.8	144.2	94.9
蔬菜及食用菌	(万吨)	356.1	397.3	466.3	373.1
禽　蛋	(万吨)	25.8	28.5	16.0	16.0
牛　奶	(万吨)	21.7	20.6	30.3	64.2
肉　类	(万吨)	26.8	39.8	50.5	53.3

注：1. 地区生产总值绝对值按现价计算，发展速度按可比价格计算；2006—2010年人均地区生产总值根据第六次人口普查数据进行修正。2013年地区生产总值为第三次全国经济普查数据；自2013年开始，地区生产总值三次产业分组口径根据国家统计局规定调整，并对2012年以前三次产业数据进行相应调整。

2. 2007年及以前在岗职工人数包括乡及乡以上独立核算法人单位，不包括乡镇企业、私营单位和个体工商户；2008年及以后包括乡镇企业。

3. 从2011年起，根据国家统计局相关规定，固定资产投资起点由50万元调整至500万元。

1-2 续表1

2010	2013	2014	速度指标(%)					
			指 数(2014年为以下各年)					
			1990	1995	2000	2005	2010	2013
1961.9	2114.8	2151.6	198.1	172.0	157.8	139.9	109.7	101.7
1013.0	1090.7	1106.5	203.0	176.5	155.6	142.1	109.2	101.4
948.9	1024.1	1045.1	193.2	167.5	160.1	137.6	110.1	102.1
1686.4	1825.1	1859.0	233.0	196.5	175.8	144.5	110.2	101.9
275.5	289.7	292.6	101.6	96.0	95.6	116.2	106.2	101.0
1257.8	1316.3	1333.4	129.2	124.6	120.4	112.9	106.0	101.3
1031.6	1141.0	1156.7	184.5	173.9	186.8	131.7	112.1	101.4
587.7	695.5	708.8	155.8	150.5	163.2	158.1	120.6	101.9
7.7	6.8	8.8	525.1	400.5	264.2	83.0	113.5	128.8
14113.6	19800.8	21330.8	1164.6	665.8	408.7	230.8	134.5	107.3
122.7	159.6	159.0	131.8	126.3	117.9	114.8	107.3	100.0
3325.7	4292.6	4544.8	940.8	561.7	357.7	208.9	132.6	106.9
10665.2	15348.6	16627.0	1569.7	781.8	443.0	242.4	135.7	107.5
73856	94648	99995	588.7	370.3	250.9	164.0	120.5	105.2
5493.5	7032.2	7562.3	4220.0	898.7	582.9	267.5	137.7	107.5
2901.1	3483.4	3911.3	17383.6	1108.6	749.1	256.5	134.8	112.3
1907.3	2382.0	2389.5	1549.6	464.7	312.0	266.2	125.3	100.3
15572.1	21526.0	21677.7	756.7	392.4	309.9	153.8	139.2	100.7
3908.4	3989.7	4967.5	459.4	324.6	210.6	106.2	127.1	124.5
3810.9	5566.1	7214.5	9748.1	6259.4	1810.9	716.2	189.3	129.6
2353.9	3661.1	4027.2			1167.3	438.1	171.1	110.0
4065.0	6039.4	7147.7	10745.3	4629.4	1457.7	628.5	175.8	118.4
2717.3	4173.7	4524.7			1021.4	427.5	166.5	108.4
102.4	103.3	101.6						
100.4	99.8	99.1						
106.5	104.7	99.7						
102.2	97.4	99.1						
110.5	97.8	98.8						
102.5	99.9	100.0						
6954.1	6723.9	6831.2	252.1	193.3	164.8	123.7	98.2	101.6
22.4	22.1							
328.0	421.8	420.1	598.4	255.5	222.7	175.5	128.1	99.6
115.7	96.1	63.9	24.2	24.6	44.3	67.4	55.3	66.5
303.0	266.9	236.2	66.3	59.4	50.6	63.3	77.9	88.5
15.1	17.5	19.7	76.2	68.9	122.8	122.8	130.1	112.3
64.1	61.5	59.5	273.9	288.8	196.4	92.7	92.8	96.7
46.3	41.8	39.3	146.6	98.8	77.8	73.7	84.9	94.0

1-2 续表2

项　　目		总量指标			
		1990	1995	2000	2005
工　业					
工业增加值(现价,规模以上)	(亿元)		473.1	776.0	1627.0
工业总产值(现价,规模以上)	(亿元)	625.9	1493.3	2842.0	6946.2
轻工业	(亿元)	262.2	472.2	719.3	1164.9
重工业	(亿元)	363.7	1021.1	2122.7	5781.3
工业企业主要经济指标(规模以上)					
资产总计	(亿元)	498.3	2582.6	4612.7	12829.8
负债总额	(亿元)		1528.8	2676.4	4706.7
主营业务收入	(亿元)	610.5	1590.4	2821.4	7279.1
利润总额	(亿元)	48.9	85.3	127.1	413.5
建　筑					
建筑业施工企业总产值	(亿元)	94.7	426.6	812.5	1894.0
建筑业施工企业年末从业人员	(万人)	60.2	82.6	56.6	67.2
运　输					
货物周转量	(亿吨公里)	268.8	323.1	299.6	457.7
铁　路	(亿吨公里)	206.7	239.3	200.2	310.8
公　路	(亿吨公里)	57.5	76.2	82.6	85.5
民　航	(亿吨公里)	4.5	7.5	16.8	28.2
管　道	(亿吨公里)	0.15	0.07	0.04	33.3
旅客周转量	(亿人公里)	119.8	207.7	314.0	838.1
邮　电					
邮电业务总量	(亿元)	11.9	56.1	214.7	413.0
固定电话用户	(万户)	33.3	150.5	451.2	943.5
固定电话主线普及率	(线/百人)	3.1	12.0	33.1	61.3
移动电话用户	(万户)	0.3	16.9	347.2	1459.8
移动电话普及率	(户/百人)	0.03	1.4	25.5	94.9
商　业					
社会消费品零售总额	(亿元)	345.1	950.4	1658.7	2911.7
对外经济贸易和旅游					
北京地区进出口总值	(亿美元)	236.4	370.4	494.0	1255.1
进口值	(亿美元)	192.3	267.9	374.3	946.4
出口值	(亿美元)	44.1	102.5	119.7	308.7
实际利用外商直接投资额	(亿美元)	2.8	14.0	24.6	35.3
接待入境旅游者人数	(万人次)	100.0	207.0	282.1	362.9
旅游外汇收入	(亿美元)	6.6	21.8	27.7	36.2
金融保险					
金融机构(含外资)本外币存款余额	(亿元)			11526.0	28969.9
金融机构(含外资)本外币贷款余额	(亿元)			6407.9	15335.5
原保险保费收入	(亿元)			93.4	498.2

注：1. 工业增加值按生产法计算。

2. 邮电业务总量2000年及以前按1990年不变价格计算，2010年及以前按2000年不变价格计算，从2011年开始按2010年不变价格计算。

3.2013年社会消费品零售总额数据为第三次全国经济普查数据，2009—2012年数据根据第三次全国经济普查数据进行了修订。

1-2 续表3

			速度指标(%)					
			指　数(2014年为以下各年)					
2010	2013	2014	1990	1995	2000	2005	2010	2013
2751.7	3432.1	3612.0						
13699.8	17370.9	18452.9	2948.2	1235.7	649.3	265.7	134.7	106.2
2000.0	2541.5	2568.0	979.4	543.8	357.0	220.4	128.4	101.0
11699.8	14829.4	15884.9	4367.6	1555.7	748.3	274.8	135.8	107.1
22750.6	30800.7	33557.0	6734.3	1299.4	727.5	261.6	147.5	108.9
11548.1	16208.0	17137.6		1121.0	640.3	364.1	148.4	105.7
14807.1	18688.6	19776.7	3239.7	1243.5	701.0	271.7	133.6	105.8
1028.3	1282.9	1515.8	3097.4	1777.1	1192.7	366.6	147.4	118.2
5196.0	7459.6	8209.8	8669.3	1924.5	1010.4	433.5	158.0	110.1
59.9	49.3	51.0	84.7	61.7	90.1	75.9	85.1	103.4
513.7	680.9	672.8	250.3	208.2	224.5	147.0	131.0	98.8
257.5	323.2	284.4	137.5	118.8	142.0	91.5	110.5	88.0
101.6	156.2	165.2	287.5	216.8	199.9	193.2	162.6	105.8
48.2	49.2	55.4	1239.7	738.8	330.2	196.6	114.8	112.6
106.4	152.3	167.9				504.8	157.9	110.2
1399.5	1498.8	1602.7	1337.8	771.7	510.4	191.2	114.5	106.9
1108.9	652.5	751.1	6317.5	1338.2	349.8	181.9	67.7	115.1
885.6	867.6	831.1	2496.2	552.1	184.2	88.1	93.8	95.8
45.1	41.0	39.3	1267.7	327.5	118.7	64.1	87.1	95.8
2129.8	3373.8	4076.2			1174.0	279.2	191.4	120.8
108.6	159.5	232.2			910.5	244.7	213.8	145.5
6340.3	8872.1	9638.0	2792.8	1014.1	581.1	331.0	152.0	108.6
3016.6	4299.4	4155.4	1757.4	1122.0	841.2	331.1	137.7	96.6
2462.2	3668.4	3532.0	1836.6	1318.6	943.6	373.2	143.4	96.3
554.4	631.0	623.4	1412.4	608.2	520.8	202.0	112.4	98.8
63.6	85.2	90.4	3264.4	644.5	367.8	256.4	142.1	106.1
490.1	450.1	427.5	427.5	206.5	151.5	117.8	87.2	95.0
50.4	47.9	46.1	701.3	211.2	166.5	127.3	91.4	96.1
66584.6	91660.5	100095.5			868.4	345.5	150.3	109.2
36479.6	47880.9	53650.6			837.3	349.8	147.1	112.0
966.5	994.4	1207.2			1291.9	242.3	124.9	121.4

1-2 续表4

项目		总量指标			
		1990	1995	2000	2005
教育、文化、科技、卫生					
教 育					
在校学生数	(万人)		238.0	229.9	226.4
专任教师数	(万人)		17.7	16.7	17.5
文 化					
公共图书馆总藏数	(万册、万件)	2205	2629	3020	3626
科 技					
研究与试验发展经费内部支出	(亿元)			155.7	379.5
技术合同成交总额	(亿元)	20.3	41.2	140.3	434.4
专利授权量	(件)	2268	4025	5905	10100
卫 生					
卫生机构个数	(个)	4953	4955	6176	4818
卫生机构病床数	(万张)	5.9	6.7	7.1	7.9
卫生技术人员数	(万人)	11.2	11.6	11.6	12.0
#执业(助理)医师	(万人)	5.1	5.4	5.2	5.1
注册护师(士)	(万人)	3.5	3.7	4.0	4.3
生活与环境					
婚 姻					
登记结婚对数	(万对)	9.30	8.55	8.02	9.66
离婚对数	(万对)	1.47	2.02	2.66	3.42
居 住					
城镇居民人均住房建筑面积	(平方米)				22.03
农村居民人均住房面积	(平方米)	20.62	24.74	28.91	36.94
生 活					
城镇居民人均可支配收入	(元)	1787	5868	10350	17653
农村居民人均纯收入	(元)	1297	3209	4687	7860
金融机构(含外资)储蓄存款余额	(亿元)				8315.8
工 资					
城镇单位在岗职工工资总额	(亿元)	118.9	382.0	695.5	1520.1
城镇单位在岗职工平均工资	(元)	2653	8144	15726	34191
市政建设					
全社会用电量	(亿千瓦时)	150.5	222.6	384.4	570.5
自来水销售总量	(亿立方米)	5.3	6.8	7.5	7.2
居民燃气用户	(万户)	176.1	219.8	291.9	462.6
城市公共交通客运量	(亿人次)	33.5	37.2	40.7	51.8
环 境					
城市绿化覆盖率	(%)	28.0	32.7	36.5	42.0
污水处理率	(%)	7.3	19.4	39.4	62.4

注：1.北京地区用电量来源于北京市电力公司，2000年以前工业用电量不包含输配损失和发电企业自产自用电量。

2.从2001年开始，有关职工的指标调整为在岗职工的指标。2007年及以前城镇单位在岗职工工资，包括乡及乡以上独立核算法人单位，不包括乡镇企业、私营单位和个体工商户；2008年及以后包括乡镇企业。

3.离婚对数包括在民政部门登记的对数和经法院调离和判离的对数。

4.2010年及以前，本表中卫生机构数据都不包含村卫生室及驻京部队医院情况。2011年开始，包含村卫生室情况。2012年开始，卫生机构数、卫生技术人员数据中包含驻京部队医院，床位数不包含。

1-2 续表5

			速度指标(%)					
2010	2013	2014	指　数(2014年为以下各年)					
			1990	1995	2000	2005	2010	2013
330.0	373.6	377.5		158.6	164.2	166.7	114.4	101.0
20.7	21.6	22.5		127.5	134.8	129.0	109.0	104.0
4613	5316	5601	254.0	213.0	185.5	154.5	121.4	105.4
821.8	1185.0	1268.8			814.9	334.3	154.4	107.1
1579.5	2851.2	3136.0	15471.1	7617.2	2235.4	721.9	198.5	110.0
33511	62671	74661	3291.9	1854.9	1264.4	739.2	222.8	119.1
6539	10141	10265	207.2	207.2	166.2	213.1	157.0	101.2
9.3	10.4	11.0	186.0	164.0	154.1	138.9	118.2	105.5
17.1	23.0	24.3	217.6	209.5	210.3	202.6	142.0	105.7
6.6	8.6	9.0	175.9	165.6	173.7	177.0	135.8	104.4
6.7	10.1	10.6	307.2	289.1	266.1	247.5	157.7	105.5
13.81	16.37	17.00	182.8	198.8	212.0	176.0	123.1	103.9
4.40	6.46	7.64	517.7	378.7	286.9	223.0	173.6	118.2
28.94	31.31	31.54				143.2	109.0	100.7
40.62	51.35	52.42	254.2	211.9	181.3	141.9	129.0	102.1
29073	40321	43910	2457.1	748.2	424.3	248.7	151.0	108.9
13262	18337	20226	1559.3	630.4	431.5	257.3	152.5	110.3
17585.2	23747.6	24855.7				298.9	141.3	104.7
3789.1	6502.0	7293.3	6134.0	1909.3	1048.6	479.8	192.5	112.2
65683	93997	103400	3897.5	1269.6	657.5	302.4	157.4	110.0
809.9	913.1	937.0	622.7	421.0	243.8	164.2	115.7	102.6
8.9	9.8	10.3	196.1	152.3	137.2	144.4	115.9	105.3
634.2	737.4	846.0	480.4	384.9	289.8	182.9	133.4	114.7
69.0	80.5	81.6	243.8	219.6	200.6	157.6	118.3	101.4
45.0	46.8	47.4						
81.0	84.6	86.1						

1-3 主要年份国民经济和社会发展结构指标

单位：%

项　　目	1990	1995	2000	2005	2010	2013	2014
人口与就业							
常住人口							
按性别分							
男	50.2	50.1	52.1	50.6	51.6	51.6	51.4
女	49.8	49.9	47.9	49.4	48.4	48.4	48.6
按城乡分							
城　镇	73.5	75.6	77.5	83.6	86.0	86.3	86.4
乡　村	26.5	24.4	22.5	16.4	14.0	13.7	13.6
就　业							
从业人员年末人数							
第一产业	14.5	10.6	11.8	7.1	6.0	4.8	4.5
第二产业	44.9	40.7	33.6	26.3	19.6	18.5	18.2
第三产业	40.6	48.7	54.6	66.6	74.4	76.7	77.3
宏观经济							
国民经济核算							
地区生产总值							
第一产业	8.7	4.8	2.4	1.2	0.9	0.8	0.7
第二产业	52.3	42.7	32.6	28.9	23.6	21.7	21.4
第三产业	39.0	52.5	65.0	69.9	75.5	77.5	77.9
投　资							
全社会固定资产投资							
城　镇	88.2	94.4	91.9	91.8	91.1	90.3	91.6
农　村	9.7	4.8	6.5	8.2	8.9	9.7	8.4
资金来源结构							
国家预算内资金	25.3	7.7	7.4	2.8	1.2	1.5	1.6
国内贷款	16.7	13.4	26.0	23.2	26.6	24.1	27.8
利用外资	11.2	20.5	3.6	1.6	0.5	0.2	0.3
债券、自筹和其他资金	46.8	58.4	63.0	72.4	71.6	74.2	70.3
财　政							
地方公共财政预算							
收入主要税种							
#增值税			13.3	10.6	8.9	15.7	16.1
营业税			43.2	41.7	36.3	28.3	26.5
企业所得税			16.8	17.9	21.8	21.9	22.7
个人所得税			16.3	9.2	9.1	9.1	9.5
能源消费总量							
第一产业	3.9	3.4	2.5	1.6	1.4	1.5	1.3
第二产业	63.5	65.9	58.5	48.9	39.2	30.9	29.3
第三产业	19.0	17.9	26.1	34.8	41.7	46.2	47.4
生活消费	13.6	12.8	12.9	14.7	17.7	21.4	22.0

注：1.自2012年开始，从业人员年末人数和能源消费总量三次产业分组口径根据国家统计局规定进行了调整。

2.自2013年开始，地区生产总值三次产业分组口径根据国家统计局规定调整，并对2012年以前三次产业数据进行相应调整。

3. 2013年地区生产总值数据为第三次全国经济普查数据。

1-3 续表1

单位：%

项　　目	1990	1995	2000	2005	2010	2013	2014
产　业							
农　业							
农林牧渔业产值结构							
农　业	55.6	52.8	46.7	38.0	47.0	40.4	36.9
林　业	1.3	1.7	2.8	5.2	5.1	18.0	21.6
牧　业	39.8	41.8	46.4	50.5	42.6	36.7	36.3
渔　业	3.3	3.7	4.1	3.6	3.5	3.0	3.2
农林牧渔服务业				2.7	1.8	1.9	2.0
工　业							
规模以上工业主要行业							
增加值结构							
#医药制造业		1.6	3.6	3.0	5.6	7.4	7.8
汽车制造业		9.4	3.7	8.7	16.6	21.3	20.1
计算机、通信和其他电子设备制造业		9.9	24.7	16.7	8.7	8.9	8.4
电力、热力的生产和供应业		7.0	6.4	11.8	14.9	17.5	18.9
建筑业							
建筑业总产值结构							
#国有企业	68.7	69.1	44.8	27.4	6.3	5.1	3.5
集体企业	31.3	26.4	21.7	4.7	2.0	1.7	1.6
港澳台商投资企业		1.4	1.4	1.2	1.8	0.9	0.8
外商投资企业		1.2	2.0	1.7	1.0	0.7	0.5
交通运输业							
货运量结构(按运输方式分)							
铁　路	11.4	9.2	8.5	6.1	6.6	3.8	3.8
公　路	87.5	90.4	91.2	92.4	85.1	87.1	86.1
民　航	0.04	0.05	0.1	0.2	0.5	0.5	0.5
管　道	1.0	0.3	0.2	1.2	7.7	8.6	9.6
客运量结构(按运输方式分)							
铁　路	50.4	45.1	24.2	9.5	6.3	16.3	17.6
公　路	46.7	47.7	70.7	85.3	89.7	73.9	73.0
民　航	2.9	7.2	5.1	5.2	4.0	9.8	9.4
国内贸易							
社会消费品零售总额结构							
吃类商品	39.6	42.7	28.4	25.8	21.4	20.3	19.3
穿类商品	13.2	14.6	12.0	9.7	8.8	8.8	8.1
用类商品	44.8	40.8	56.2	56.5	62.4	64.4	66.5
烧类商品	2.4	1.9	3.4	8.1	7.5	6.5	6.0
对外贸易							
地区出口商品结构							
#一般贸易		70.6	65.9	54.5	45.0	43.2	45.5
加工贸易		21.3	29.6	39.6	42.1	40.5	35.9
地区进口商品结构							
#一般贸易		84.4	87.3	85.2	88.7	89.2	86.4
加工贸易		5.2	3.5	8.2	5.9	5.6	7.1
国际旅游							
接待海外旅游人数结构							
外国人	63.7	80.5	84.4	85.9	86.0	86.1	85.5
港澳台同胞	34.6	17.6	15.6	14.1	14.0	13.9	14.5

注：2013年社会消费品零售总额数据为第三次全国经济普查数据，2009—2012年数据根据第三次全国经济普查数据进行了修订。

1-3 续表2

单位：%

项　　目	1990	1995	2000	2005	2010	2013	2014
教育、科技、卫生							
教　育							
在校学生结构							
#高等教育	8.3	9.0	14.0	46.2	49.5	50.4	51.1
中等教育	32.5	41.0	48.7	29.7	22.1	18.9	17.3
小学教育	59.0	49.6	36.8	16.9	19.8	21.1	21.8
专任教师结构							
#高等教育	24.6	22.7	22.2	32.7	35.9	32.2	31.6
中等教育	38.3	38.6	40.5	33.6	29.1	31.5	31.9
小学教育	36.7	37.9	36.8	25.3	23.9	22.5	22.0
科　技							
研究与试验发展(R&D)							
人员折合全时当量结构							
基础研究				12.9	15.2	14.8	15.9
应用研究				29.8	27.1	24.5	24.1
试验发展				57.3	57.7	60.7	60.0
研究与试验发展(R&D)							
经费内部支出结构							
基础研究				10.1	11.6	11.6	12.6
应用研究				27.8	26.4	21.8	21.7
试验发展				53.1	62.0	66.6	65.8
卫　生							
卫生技术人员结构							
#执业(助理)医师	45.6	46.7	44.6	42.2	38.5	37.4	36.9
注册护士	31.0	31.7	34.5	35.8	39.3	43.8	43.7
生活与环境							
生　活							
城镇居民消费结构							
食品(恩格尔系数)	54.2	48.5	36.3	31.8	32.1	31.1	30.8
衣　着	14.8	15.1	8.9	8.9	10.4	10.6	10.4
居　住	3.5	4.5	6.9	7.9	7.9	8.1	7.9
家庭设备用品及服务	10.4	8.8	12.9	6.4	6.9	7.5	7.7
医疗保健	1.4	2.9	6.9	9.8	6.7	6.6	6.6
交通和通信	1.5	4.7	7.1	14.7	17.2	15.6	15.7
教育文化娱乐服务	11.5	10.2	15.1	16.5	14.6	15.2	14.9
其他商品和服务	2.7	5.2	5.8	4.0	4.2	5.3	6.0
农村居民消费结构							
食品(恩格尔系数)	50.7	49.6	36.7	32.8	30.9	34.6	34.7
衣　着	9.5	10.9	7.6	7.8	7.7	8.7	8.6
居　住	19.2	9.7	15.7	16.2	21.8	17.6	15.9
家庭设备用品及服务	8.0	7.6	7.3	6.2	5.6	6.6	7.4
医疗保健	3.8	4.8	8.0	9.0	8.9	8.6	8.9
交通和通信	1.7	4.1	6.3	11.0	13.1	10.7	10.9
文教娱乐用品及服务	6.6	10.6	14.4	15.1	9.7	9.8	10.0
其他商品和服务	0.6	2.8	4.0	1.9	2.4	3.3	3.6
环　境							
林木绿化率	28.3	36.3	42.0	50.5	53.0	57.4	58.4

1-4 国民经济和社会发展比例和效益指标

项 目		2014	2013
人口与就业			
人 口			
常住人口出生率	(‰)	9.75	8.93
常住人口死亡率	(‰)	4.92	4.52
常住人口自然增长率	(‰)	4.83	4.41
就 业			
城镇登记失业率	(%)	1.31	1.21
宏观经济			
国民经济核算			
地区生产总值构成	(%)	100.0	100.0
第一产业	(%)	0.7	0.8
第二产业	(%)	21.4	21.7
第三产业	(%)	77.9	77.5
全社会劳动生产率	(元/人)	185671	176140
第一产业	(元/人)	29494	28330
第二产业	(元/人)	216013	202718
第三产业	(元/人)	187973	179296
固定资产投资			
全社会固定资产投资相当于地区生产总值比例	(%)	35.45	35.51
财 政			
地方财政收入相当于地区生产总值比例	(%)	33.8	28.1
地方财政支出相当于地区生产总值比例	(%)	33.5	30.5
能源消费			
能源消费弹性系数		0.22	0.32
电力消费弹性系数		0.37	0.51
万元地区生产总值能耗(可比价)	(吨标准煤)	0.36	0.38
万元地区生产总值水耗(现价)	(立方米)	17.58	18.37
产 业			
规模以上工业企业效益			
综合效益指数	(%)	288.41	275.80
总资产贡献率	(%)	8.23	7.79
资产保值增值率	(%)	112.32	105.93

注：本表有关地区生产总值、能源数据已根据2013年第三次全国经济普查数据进行了调整。

1-4 续表

项 目		2014	2013
资产负债率	(%)	51.07	52.62
流动资产周转率	(次)	1.48	1.55
成本费用利润率	(%)	8.11	7.24
全员劳动生产率	(元/人)	309326	295513
产品销售率	(%)	98.78	98.94
建筑业			
产值竣工率	(%)	49.4	47.9
面积竣工率	(%)	16.4	18.2
邮电通信业			
移动电话普及率	(户/百人)	232.2	159.5
固定电话主线普及率	(线/百人)	39.3	41.0
国内贸易			
人均社会消费品零售总额	(元)	45181	42409
教育、科技、文化、卫生			
教 育			
学龄儿童入学率	(%)	99.99	99.99
平均每一专任教师负担学生数			
#普通中学	(人)	9.0	9.5
小学学校	(人)	14.4	14.4
科 技			
研究与试验发展经费内部支出相当于地区生产总值比例	(%)	5.95	5.98
文 化			
每万人拥有公共图书馆	(个)	0.01	0.01
每万人拥有博物馆	(个)	0.08	0.08
卫 生			
婴儿死亡率	(‰)	2.33	2.33
孕产妇死亡率	(1/10万)	7.19	9.45
平均每千人口拥有执业医师数(常住人口)	(人)	4.16	4.06
家庭、生活、环境、灾害			
家 庭			
少儿抚养比(常住人口)	(%)	12.34	11.64
老年抚养比(常住人口)	(%)	12.30	11.31
生 活			
城镇与农村居民收入比例(以农村居民收入为1)		2.17	2.20
城镇居民人均住房建筑面积	(平方米)	31.54	31.31
农村居民人均住房面积	(平方米)	52.42	51.35
环境、灾害			
人均公园绿地面积	(平方米)	15.9	15.7
平均每起火灾直接经济损失	(元)	15311	12496
平均每起交通事故直接经济损失	(元)	9575	9158
重点食品安全监测抽检合格率	(%)	98.39	98.35
药品抽验合格率	(%)	99.88	99.88

1-5 北京一日

项　　目		2014	2013
每天创造的财富			
地区生产总值	(万元)	584406.3	542487.9
第一产业	(万元)	4355.9	4373.7
第二产业	(万元)	124515.1	117604.4
第三产业	(万元)	455535.3	420509.9
#批发和零售业	(万元)	66058.6	64129.9
信息传输、软件和信息技术服务业	(万元)	57038.4	50745.2
金融业	(万元)	91992.1	80633.7
科学研究和技术服务业	(万元)	45552.3	40349.9
地方财政收入	(万元)	197658.6	152495.4
地方财政支出	(万元)	195828.7	165463.6
发电量	(万千瓦时)	9275.9	9074.3
汽车生产量	(辆)	5937	5584
移动电话机生产量	(台)	492701	514614
每天收入与消费量			
城镇居民人均可支配收入	(元)	120.3	110.5
城镇居民人均消费性支出	(元)	76.7	72.0
农村居民人均纯收入	(元)	55.4	50.2
农村居民人均生活消费支出	(元)	39.8	37.1
城镇单位在岗职工平均工资	(元)	283.3	257.5
社会消费品零售总额	(万元)	264054.8	243071.2
机动车销售量	(辆)	3493	3512
居民生活用电量	(万千瓦时)	4637.3	4302.4
居民家庭用自来水	(万立方米)	141.8	135.0
每天的其他活动			
地区出口值	(万美元)	17078.3	17287.0
旅游外汇收入	(万美元)	1262.4	1313.6
国内旅游收入	(万元)	109506.3	100445.3
接待入境旅游人数	(人次)	11711	12331
接待国内旅游者人数	(人次)	704717	677776
市内公共交通客运量	(万人次)	2235.2	2204.9
每天人口和婚姻变动			
出生人口(常住人口)	(人)	570	512
死亡人口(常住人口)	(人)	287	259
登记结婚对数	(对)	466	448
离婚对数	(对)	209	177

注：离婚对数包括在民政部门登记的对数和经法院调离和判离的对数。

2015
北京区域统计年鉴

第二篇

BEIJING AREA STATISTICAL YEARBOOK

分区县历史数据

简要说明

一、本章资料的主要内容

本章主要包括户籍人口、常住人口、地区生产总值、地方财政收支、全社会固定资产投资额、社会消费品零售总额、农林牧渔业总产值、规模以上工业总产值、建筑业总产值、外商投资、入境旅游、城乡居民收支、在校学生和幼儿数、卫生机构等指标的分功能区和分区县2005年以来的历史数据。

二、本章资料的数据来源

户籍人口数据来自北京市公安局；财政收支情况来自北京市财政局；外商投资情况来自北京市商务委员会；在校学生和幼儿数来自北京市教育委员会；卫生情况来自北京市卫生局；其他数据来自北京市统计局、国家统计局北京调查总队。

三、有关统计标准变化和调整的说明

从2011年起，根据国家统计局相关规定，固定资产投资统计起点由50万元调整至500万元。

2005—2008年社会消费品零售总额数据按法人在地原则核算，从2009年开始数据按产业在地原则核算。

规模以上工业总产值2005—2006年为全部国有及年主营业务收入在500万元及以上非国有工业口径；2007—2010年调整为年主营业务收入500万元及以上的全部工业法人企业；2011年及以后调整为年主营业务收入2000万元及以上的全部工业法人企业。

2011年农村居民人均纯收入数据按国家统计局方案进行了口径调整，因此，计算2011年比上年增长时要用可比口径。

2012年开始，北京市卫生机构数中包含驻京部队医院，而分区县数据中不包含驻京部队医院，所以分区县数据相加不等于全市合计。

四、本章中关于历史数据调整的问题

本章中2005—2008年地区生产总值的数据，按照国家统一规定，根据“北京市第二次全国经济普查”和“北京市第二次全国农业普查”的数据结果进行了修正。

社会消费品零售总额数据2005—2007年根据第二次全国经济普查数据进行了修订，2008年数据为第二次全国经济普查数据，2009—2012年数据根据第三次全国经济普查数据进行了修订，2013年数据为第三次全国经济普查数据。

农林牧渔业总产值数据2005年为根据第二次全国农业普查修订数据，2006年为与第二次全国农业普查衔接的数据。

2-1 户籍人口(2005-2014年)

单位：万人

区 县	2005	2006	2007	2008	2009	2010	2011	2012	2013	2014
全 市	**1180.7**	**1197.6**	**1213.3**	**1229.9**	**1245.8**	**1257.8**	**1277.9**	**1297.5**	**1316.3**	**1333.4**
首都功能核心区	**225.7**	**225.3**	**226.3**	**227.4**	**228.7**	**230.1**	**232.5**	**235.3**	**238.2**	**240.9**
东 城 区	97.0	95.7	95.4	95.4	95.6	95.6	96.1	96.8	97.4	98.0
西 城 区	128.7	129.6	130.9	132.0	133.1	134.5	136.4	138.5	140.8	142.9
城市功能拓展区	**495.3**	**508.2**	**519.4**	**531.0**	**542.2**	**550.7**	**563.3**	**574.9**	**585.4**	**593.4**
朝 阳 区	171.1	174.5	178.4	181.8	185.3	188.6	193.2	197.4	201.2	204.2
丰 台 区	97.4	99.6	101.7	103.6	105.2	106.3	108.1	109.7	111.4	112.8
石景山区	35.0	35.2	35.4	35.7	36.0	36.2	36.6	37.1	37.6	38.0
海 淀 区	191.8	198.9	203.9	209.9	215.8	219.6	225.5	230.7	235.3	238.5
城市发展新区	**299.0**	**302.4**	**305.6**	**308.7**	**311.7**	**314.6**	**319.2**	**323.9**	**328.8**	**334.5**
房 山 区	75.4	75.8	76.1	76.5	76.7	76.8	77.4	78.0	78.6	79.4
通 州 区	62.9	63.7	64.3	64.9	65.6	66.3	67.3	68.3	69.3	70.5
顺 义 区	55.9	56.2	56.7	57.4	57.8	58.2	58.8	59.4	60.1	60.9
昌 平 区	48.2	49.2	50.4	51.2	52.3	53.3	54.8	56.1	57.3	58.5
大 兴 区	56.6	57.5	58.1	58.7	59.3	59.9	61.0	62.2	63.6	65.1
生态涵养发展区	**160.7**	**161.7**	**162.0**	**162.7**	**163.2**	**162.4**	**162.9**	**163.4**	**163.9**	**164.6**
门头沟区	23.8	23.9	24.0	24.1	24.4	24.6	24.7	24.8	24.9	24.9
怀 柔 区	27.3	27.4	27.6	27.7	27.8	27.7	27.7	27.8	27.9	28.1
平 谷 区	39.5	39.7	39.6	39.7	39.8	39.5	39.6	39.8	39.9	40.1
密 云 县	42.5	42.9	42.9	43.1	43.1	42.8	42.9	43.0	43.1	43.3
延 庆 县	27.6	27.8	27.9	28.0	28.1	27.9	27.9	28.0	28.1	28.2

资料来源：北京市公安局。

2-2 常住人口(2005-2014年)

单位：万人

区 县	2005	2006	2007	2008	2009	2010	2011	2012	2013	2014
全 市	**1538.0**	**1601.0**	**1676.0**	**1771.0**	**1860.0**	**1961.9**	**2018.6**	**2069.3**	**2114.8**	**2151.6**
首都功能核心区	**205.2**	**206.9**	**209.4**	**212.1**	**215.7**	**216.2**	**215.0**	**219.5**	**221.2**	**221.3**
东 城 区	86.0	86.3	87.4	88.8	90.7	91.9	91.0	90.8	90.9	91.1
西 城 区	119.2	120.6	122.0	123.3	125.0	124.3	124.0	128.7	130.3	130.2
城市功能拓展区	**748.0**	**783.5**	**818.6**	**882.6**	**916.2**	**955.4**	**986.4**	**1008.2**	**1032.2**	**1055.0**
朝 阳 区	280.2	291.8	303.0	327.1	336.4	354.5	365.8	374.5	384.1	392.2
丰 台 区	156.8	163.6	178.8	193.2	205.7	211.2	217.0	221.4	226.1	230.0
石景山区	52.4	53.9	56.0	59.1	60.5	61.6	63.4	63.9	64.4	65.0
海 淀 区	258.6	274.2	280.8	303.2	313.6	328.1	340.2	348.4	357.6	367.8
城市发展新区	**411.6**	**434.0**	**468.5**	**492.5**	**541.7**	**603.2**	**629.9**	**653.0**	**671.5**	**684.9**
房 山 区	87.0	88.7	90.6	91.6	92.2	94.5	96.7	98.6	101.0	103.6
通 州 区	86.7	93.6	100.0	108.6	112.8	118.4	125.0	129.1	132.6	135.6
顺 义 区	71.1	72.7	75.5	79.3	82.6	87.7	91.5	95.3	98.3	100.4
昌 平 区	78.2	86.9	107.0	113.4	138.2	166.1	173.8	183.0	188.9	190.8
大 兴 区	88.6	92.1	95.4	99.6	115.9	136.5	142.9	147.0	150.7	154.5
生态涵养发展区	**173.2**	**176.6**	**179.5**	**183.8**	**186.4**	**186.4**	**187.3**	**188.6**	**189.9**	**190.4**
门头沟区	27.7	27.9	28.2	28.7	28.8	29.0	29.4	29.8	30.3	30.6
怀 柔 区	32.2	33.4	34.4	36.4	37.8	37.3	37.1	37.7	38.2	38.1
平 谷 区	41.4	41.3	41.4	41.5	41.8	41.6	41.8	42.0	42.2	42.3
密 云 县	43.9	44.8	45.3	46.2	46.6	46.8	47.1	47.4	47.6	47.8
延 庆 县	28.0	29.2	30.2	31.0	31.4	31.7	31.9	31.7	31.6	31.6

注：1.2005年数据根据2005年1%人口抽样调查数据推算；2006—2009年数据根据人口变动情况抽样调查数据推算，并根据2010年人口普查数据进行了调整；2011—2014年数据根据人口抽样调查数据推算。

2.表内2010年全市常住人口是根据2010年人口普查结果推算的年末数，分功能区和分区县的数据为2010年人口普查数据，普查标准时点为2010年11月1日零时(另：普查时点全市常住人口为1961.2万人)。

2-3　常住外来人口(2005–2014年)

单位：万人

区　县	2005	2006	2007	2008	2009	2010	2011	2012	2013	2014
全　市	**357.3**	**403.4**	**462.7**	**541.1**	**614.2**	**704.7**	**742.2**	**773.8**	**802.7**	**818.7**
首都功能核心区	**36.4**	**38.3**	**40.0**	**41.9**	**48.0**	**54.7**	**53.4**	**54.5**	**55.4**	**54.0**
东 城 区	15.3	16.5	17.9	19.2	22.0	22.0	21.4	21.2	21.0	21.2
西 城 区	21.1	21.8	22.1	22.7	26.0	32.7	32.0	33.3	34.4	32.8
城市功能拓展区	**209.2**	**231.6**	**261.3**	**300.0**	**336.0**	**379.1**	**400.0**	**413.0**	**426.0**	**436.4**
朝 阳 区	84.0	92.2	107.2	122.6	134.1	151.5	160.9	169.5	176.1	179.8
丰 台 区	36.6	41.3	47.2	55.7	67.9	81.3	84.3	83.7	85.0	85.1
石景山区	14.9	16.2	18.1	20.9	21.5	20.7	21.3	21.4	21.4	21.2
海 淀 区	73.7	81.9	88.8	100.8	112.5	125.6	133.5	138.4	143.5	150.3
城市发展新区	**94.4**	**113.8**	**139.0**	**174.1**	**202.8**	**240.0**	**257.7**	**275.1**	**289.6**	**296.9**
房 山 区	11.9	13.2	14.9	15.6	16.0	19.5	21.4	22.8	24.6	26.7
通 州 区	19.7	25.6	31.3	39.4	43.4	43.5	47.7	50.7	53.6	55.5
顺 义 区	15.6	16.9	19.2	22.2	24.7	27.9	31.3	34.5	37.3	38.9
昌 平 区	21.9	29.5	39.9	51.4	65.6	84.7	89.6	95.7	100.6	100.2
大 兴 区	25.3	28.6	33.7	45.5	53.1	64.4	67.7	71.4	73.5	75.6
生态涵养发展区	**17.3**	**19.7**	**22.4**	**25.1**	**27.4**	**30.7**	**31.1**	**31.2**	**31.7**	**31.4**
门头沟区	4.1	4.2	4.4	4.8	4.6	4.7	4.8	4.9	5.0	4.9
怀 柔 区	5.3	6.4	7.3	9.2	10.6	10.3	10.2	10.3	10.6	10.4
平 谷 区	2.4	2.1	2.2	2.1	2.4	4.9	5.1	5.2	5.3	5.3
密 云 县	3.5	3.9	4.4	5.2	5.6	6.9	7.0	7.1	7.2	7.2
延 庆 县	2.0	3.1	4.1	3.8	4.2	3.9	4.0	3.7	3.6	3.6

注：1.2005年数据根据2005年1%人口抽样调查数据推算；2006—2009年数据根据人口变动情况抽样调查数据推算，并根据2010年人口普查数据进行了调整；2011—2014年数据根据人口抽样调查数据推算。

2.表内2010年全市常住外来人口是根据2010年人口普查结果推算的年末数，分功能区和分区县的数据为2010年人口普查数据，普查标准时点为2010年11月1日零时(另：普查时点全市常住外来人口为704.5万人)。

2-4 地区生产总值(2005-2014年)

单位：亿元

区 县	2005	2006	2007	2008	2009	2010	2011	2012	2013	2014
全 市	**6969.5**	**8117.8**	**9846.8**	**11115.0**	**12153.0**	**14113.6**	**16251.9**	**17879.4**	**19800.8**	**21330.8**
首都功能核心区	**1703.8**	**1950.5**	**2360.4**	**2666.8**	**2937.9**	**3281.3**	**3700.5**	**4043.6**	**4447.3**	**4785.3**
东 城 区	641.3	754.9	881.5	1000.0	1122.4	1223.6	1339.7	1450.1	1611.7	1733.0
西 城 区	1062.6	1195.6	1478.9	1666.8	1815.6	2057.7	2360.8	2593.5	2835.7	3052.3
城市功能拓展区	**3249.0**	**3815.9**	**4618.5**	**5264.6**	**5703.3**	**6606.0**	**7615.3**	**8408.8**	**9362.2**	**10119.9**
朝 阳 区	1301.7	1559.1	1904.9	2144.0	2380.4	2804.2	3272.2	3632.1	4030.6	4337.3
丰 台 区	379.6	439.0	501.9	565.6	627.4	734.8	842.7	923.8	1007.8	1091.6
石景山区	206.3	223.2	260.4	256.9	248.7	295.5	320.7	338.2	373.8	400.9
海 淀 区	1361.5	1594.6	1951.2	2298.0	2446.9	2771.6	3179.8	3514.8	3950.0	4290.0
城市发展新区	**1206.4**	**1445.6**	**1735.5**	**2070.1**	**2468.7**	**2994.5**	**3419.5**	**3728.8**	**4143.6**	**4491.6**
房 山 区	209.3	189.9	200.7	200.3	293.5	371.5	416.0	449.3	481.8	519.3
通 州 区	143.2	166.0	194.7	225.8	278.9	344.8	400.2	450.5	505.2	548.9
顺 义 区	258.3	304.7	382.1	542.4	690.2	867.9	1015.0	1103.2	1240.2	1339.7
昌 平 区	193.1	225.8	272.5	316.2	342.4	399.9	455.0	506.3	565.8	611.1
大 兴 区	153.5	173.5	202.3	230.5	271.2	311.9	350.8	391.7	437.2	475.0
北京经济技术开发区	249.0	385.9	483.1	554.8	592.5	698.6	782.5	827.7	913.5	997.4
生态涵养发展区	**305.2**	**345.9**	**399.9**	**450.2**	**494.2**	**561.5**	**647.0**	**714.7**	**785.6**	**848.3**
门头沟区	46.0	51.4	59.7	73.2	74.8	86.4	103.7	117.0	124.2	133.8
怀 柔 区	83.1	95.3	114.9	121.5	131.4	148.0	168.8	182.0	203.4	219.3
平 谷 区	57.1	66.6	76.6	87.3	107.0	117.9	136.6	153.2	168.7	183.4
密 云 县	78.7	87.6	98.6	112.7	119.5	141.5	162.0	178.6	197.0	211.9
延 庆 县	40.2	44.9	50.1	55.5	61.5	67.7	75.8	83.8	92.3	99.8

注：1.表内数据按现价计算。

2.本表根据第二次全国农业普查和第二次全国经济普查结果对2005—2008年数据进行了修订，2013年数据为第三次全国经济普查数据。

3.地区生产总值区县合计数不等于全市是由于区县中扣除了划归市一级的核算部分。

4.表中部分数据合计数由于计量单位取舍不同而产生的计算误差，均未作机械调整。

2-5 地方财政收入(2005-2014年)

单位：亿元

区 县	2005	2006	2007	2008	2009	2010	2011	2012	2013	2014
全 市	**1007.35**	**1235.78**	**1882.04**	**2282.04**	**2678.77**	**3810.91**	**4359.10**	**4573.72**	**5566.08**	**7214.54**
首都功能核心区	**120.44**	**147.81**	**202.90**	**286.61**	**293.33**	**318.84**	**405.01**	**509.58**	**501.05**	**562.51**
东 城 区	49.20	55.31	67.51	87.85	94.49	103.81	123.56	146.26	155.55	158.23
西 城 区	71.24	92.50	135.39	198.76	198.84	215.03	281.45	363.32	345.50	404.28
城市功能拓展区	**184.66**	**230.03**	**301.32**	**354.48**	**413.42**	**491.55**	**643.96**	**934.93**	**1080.14**	**1412.78**
朝 阳 区	85.30	106.59	141.55	168.32	190.66	234.26	316.83	472.54	521.46	640.50
丰 台 区	18.03	23.31	30.33	34.81	39.80	47.28	62.36	153.83	154.95	261.43
石景山区	10.27	10.54	13.76	15.13	18.16	19.07	23.00	25.90	67.54	135.38
海 淀 区	71.06	89.59	115.68	136.22	164.80	190.94	241.76	282.65	336.19	375.47
城市发展新区	**66.95**	**79.72**	**152.10**	**205.30**	**340.76**	**888.88**	**649.74**	**550.25**	**923.92**	**1401.42**
房 山 区	13.35	12.09	23.22	21.03	52.72	168.58	117.46	74.80	192.34	135.22
通 州 区	11.63	14.75	24.30	34.04	66.09	174.67	122.36	110.53	219.56	424.22
顺 义 区	16.85	22.34	44.09	73.74	85.23	145.70	117.62	130.01	163.91	308.64
昌 平 区	14.03	17.19	32.73	42.60	51.96	140.28	96.61	81.45	154.70	224.29
大 兴 区	11.09	13.35	27.76	33.89	84.76	259.65	195.69	153.46	193.41	309.05
生态涵养发展区	**30.42**	**35.06**	**47.32**	**63.12**	**69.89**	**122.78**	**153.59**	**133.49**	**219.28**	**395.59**
门头沟区	7.08	7.47	7.60	15.90	14.10	25.31	43.81	33.69	68.98	202.02
怀 柔 区	7.46	9.24	13.97	20.34	20.27	23.39	32.40	33.02	51.60	87.15
平 谷 区	5.48	7.04	9.06	8.96	13.65	40.14	34.92	26.81	35.27	46.80
密 云 县	7.59	7.30	9.84	11.91	14.91	24.02	31.07	29.58	49.52	45.35
延 庆 县	2.81	4.01	6.85	6.01	6.96	9.92	11.39	10.38	13.91	14.27

注：1.分区县财政收入为区县级财政收入。

2.2012年开始，地方财政收入中增加国有资本经营预算收入。

资料来源：北京市财政局。

2-6 地方财政支出(2005-2014年)

单位：亿元

区 县	2005	2006	2007	2008	2009	2010	2011	2012	2013	2014
全 市	**1137.28**	**1411.58**	**2067.65**	**2400.93**	**2820.86**	**4064.97**	**4574.94**	**4866.43**	**6039.42**	**7147.75**
首都功能核心区	**123.73**	**145.01**	**225.74**	**255.79**	**297.70**	**376.96**	**409.23**	**481.15**	**480.37**	**564.58**
东 城 区	54.97	60.57	94.79	108.12	124.47	128.21	148.60	167.60	185.47	205.76
西 城 区	68.76	84.44	130.94	147.67	173.23	248.75	260.63	313.55	294.90	358.83
城市功能拓展区	**192.38**	**247.68**	**366.13**	**417.40**	**497.00**	**649.75**	**904.10**	**992.14**	**1232.02**	**1530.70**
朝 阳 区	60.44	83.84	130.63	150.78	168.66	228.03	438.33	391.47	462.96	593.37
丰 台 区	33.02	42.53	62.02	72.87	89.84	101.69	140.91	218.91	224.42	310.39
石景山区	17.05	18.45	24.07	27.37	36.66	50.91	57.28	57.48	101.87	169.71
海 淀 区	81.87	102.86	149.41	166.39	201.84	269.12	267.58	324.27	442.77	457.23
城市发展新区	**143.81**	**181.21**	**285.73**	**345.16**	**544.32**	**1008.62**	**935.07**	**927.59**	**1297.49**	**1681.51**
房 山 区	31.76	38.90	55.90	63.51	100.46	219.61	225.39	152.39	287.84	252.63
通 州 区	26.03	35.11	55.27	59.76	89.58	181.57	143.83	191.22	261.28	374.03
顺 义 区	31.95	42.35	68.59	94.86	123.94	161.55	194.83	196.71	228.99	354.19
昌 平 区	26.82	33.78	51.41	63.65	93.25	143.20	155.60	153.02	244.65	278.86
大 兴 区	27.26	31.08	54.57	63.38	137.08	302.69	215.42	234.26	274.73	421.79
生态涵养发展区	**105.08**	**125.20**	**165.25**	**193.84**	**265.88**	**356.71**	**401.07**	**432.03**	**586.09**	**706.44**
门头沟区	19.79	22.52	27.37	36.91	45.20	64.27	84.48	80.79	134.51	204.16
怀 柔 区	22.60	28.06	40.61	48.00	54.65	78.26	87.02	91.41	129.24	170.35
平 谷 区	21.00	25.00	30.82	34.27	53.43	80.32	86.21	90.20	104.10	114.92
密 云 县	24.41	27.94	37.42	41.31	64.67	78.81	83.22	97.65	126.66	129.21
延 庆 县	17.28	21.67	29.03	33.33	47.93	55.04	60.13	71.98	91.57	87.80

注：1.地方财政支出为决算数；分区县财政支出为区县级实际支出，含市级下拨部分。

2.2012年开始，地方财政支出中增加了国有资本经营预算支出。

资料来源：北京市财政局。

2-7 全社会固定资产投资额(2005-2014年)

单位：亿元

区 县	2005	2006	2007	2008	2009	2010	2011	2012	2013	2014
全 市	**2827.2**	**3371.5**	**3966.6**	**3848.5**	**4858.4**	**5493.5**	**5910.6**	**6462.8**	**7032.2**	**7562.3**
首都功能核心区	**522.4**	**633.0**	**655.9**	**591.0**	**522.2**	**362.4**	**362.5**	**381.0**	**408.1**	**455.9**
东 城 区	242.2	270.0	299.7	262.4	286.5	180.7	175.2	182.5	195.1	214.7
西 城 区	280.2	363.0	356.2	328.6	235.7	181.7	187.3	198.4	213.0	241.2
城市功能拓展区	**1466.6**	**1677.9**	**1999.7**	**1872.4**	**2120.0**	**2456.9**	**2486.2**	**2689.3**	**2906.7**	**3073.5**
朝 阳 区	729.5	930.2	1180.4	1096.3	1104.9	1230.7	1177.0	1195.5	1216.7	1235.4
丰 台 区	232.2	270.5	346.0	306.3	389.3	504.6	553.0	660.1	752.0	812.3
石景山区	76.5	71.6	76.5	84.4	136.3	154.5	130.9	144.8	162.9	184.1
海 淀 区	428.3	405.6	396.8	385.4	489.5	567.0	625.3	688.9	775.1	841.7
城市发展新区	**665.4**	**848.6**	**1038.9**	**1077.2**	**1805.8**	**2216.0**	**2504.6**	**2725.3**	**2947.4**	**3188.1**
房 山 区	127.0	159.7	180.2	159.6	349.8	403.8	454.5	490.1	493.7	505.8
通 州 区	112.3	143.6	156.2	157.1	310.2	364.7	415.8	506.1	590.8	687.7
顺 义 区	133.8	174.3	296.4	255.0	343.9	413.7	436.0	418.6	429.7	432.3
昌 平 区	120.5	169.2	190.3	221.5	290.5	374.4	412.6	490.1	551.9	614.5
大 兴 区	87.1	88.1	122.6	169.0	354.2	422.7	465.5	480.5	506.2	556.7
北京经济技术开发区	84.8	113.7	93.2	115.0	157.2	236.6	320.2	339.9	375.2	391.0
生态涵养发展区	**172.8**	**212.1**	**272.1**	**308.1**	**410.4**	**458.3**	**557.2**	**667.2**	**769.9**	**844.7**
门头沟区	22.8	22.7	52.4	71.0	85.5	94.8	142.3	190.7	230.1	267.8
怀 柔 区	54.9	62.9	79.1	71.6	93.3	103.6	119.9	138.3	156.0	167.1
平 谷 区	33.5	41.6	42.8	52.0	70.6	82.4	100.6	122.5	141.2	162.7
密 云 县	44.8	59.6	65.8	80.7	112.7	121.7	132.1	145.3	165.1	177.3
延 庆 县	16.7	25.3	32.0	32.8	48.2	55.7	62.3	70.4	77.6	69.9

注：1.本表资料按项目所在建设地地址划分。

2.从2011年起，根据国家统计局相关规定，固定资产投资统计起点由50万元调整至500万元。

2-8 社会消费品零售总额(2005-2014年)

单位：亿元

区 县	2005	2006	2007	2008	2009	2010	2011	2012	2013	2014
全 市	**2911.66**	**3295.33**	**3835.26**	**4645.52**	**5387.46**	**6340.35**	**7222.17**	**8123.54**	**8872.12**	**9638.00**
首都功能核心区	**583.47**	**642.11**	**756.98**	**924.59**	**1048.76**	**1211.41**	**1401.76**	**1547.13**	**1656.54**	**1775.92**
东 城 区	293.88	325.35	394.55	473.29	526.77	603.39	700.28	784.64	839.16	913.34
西 城 区	289.59	316.76	362.43	451.31	522.00	608.01	701.48	762.49	817.38	862.58
城市功能拓展区	**1821.96**	**2074.58**	**2372.84**	**2862.35**	**3293.93**	**3797.26**	**4236.29**	**4725.19**	**5117.11**	**5517.69**
朝 阳 区	795.81	931.83	1074.98	1290.23	1450.24	1683.38	1870.01	2071.27	2243.43	2377.63
丰 台 区	317.32	353.40	398.95	517.14	603.21	696.38	734.09	808.43	864.61	937.37
石景山区	132.38	140.56	140.98	152.32	176.84	144.46	168.87	192.34	215.77	241.88
海 淀 区	576.46	648.79	757.93	902.66	1063.64	1273.04	1463.32	1653.14	1793.31	1960.80
城市发展新区	**377.29**	**439.31**	**551.96**	**680.43**	**834.33**	**1080.83**	**1287.26**	**1511.93**	**1718.47**	**1927.27**
房 山 区	63.31	69.82	76.29	90.82	103.05	124.81	146.61	170.22	190.68	211.78
通 州 区	82.33	95.41	122.35	147.16	165.60	191.54	221.79	255.31	286.92	323.20
顺 义 区	68.19	84.88	108.55	133.51	160.43	195.10	236.29	282.42	332.35	376.66
昌 平 区	56.17	66.64	86.06	114.95	164.73	244.28	270.71	311.89	339.43	368.67
大 兴 区	64.64	75.74	85.18	100.70	122.51	154.97	198.05	240.24	282.25	321.87
北京经济技术开发区	42.66	46.81	73.54	93.30	118.02	170.12	213.79	251.86	286.85	325.10
生态涵养发展区	**128.94**	**139.33**	**153.48**	**178.14**	**210.44**	**250.86**	**296.86**	**339.29**	**379.99**	**417.12**
门头沟区	12.84	14.78	16.14	19.49	24.11	30.36	37.99	43.71	48.98	53.11
怀 柔 区	32.89	32.62	35.18	42.78	48.39	55.92	65.34	74.18	83.94	94.12
平 谷 区	20.29	22.71	24.36	27.81	35.84	47.20	58.12	66.94	75.02	84.40
密 云 县	35.94	39.80	45.41	51.15	59.64	69.01	79.50	91.76	102.41	110.71
延 庆 县	26.97	29.42	32.38	36.91	42.46	48.37	55.91	62.70	69.64	74.79

注：1. 2005—2008年数据按法人在地原则核算，2009年开始数据按产业在地原则核算。

2. 2005—2007年社会消费品零售总额数据根据第二次全国经济普查进行了修订，2008年数据为第二次全国经济普查数据。

3. 2009—2012年社会消费品零售总额数据根据第三次全国经济普查进行了修订，2013年数据为第三次全国经济普查数据。

2-9 农林牧渔业总产值(2005-2014年)

单位：亿元

区 县	2005	2006	2007	2008	2009	2010	2011	2012	2013	2014
全 市	**239.30**	**240.19**	**272.30**	**303.90**	**314.95**	**328.02**	**363.14**	**395.71**	**421.78**	**420.07**
城市功能拓展区	**9.99**	**10.72**	**10.78**	**11.40**	**11.57**	**11.13**	**10.94**	**13.69**	**13.68**	**12.66**
朝阳区	3.91	4.24	4.17	4.36	4.19	4.08	3.55	4.51	4.25	4.28
丰台区	2.71	2.69	2.74	2.91	3.05	3.03	2.63	3.45	3.64	2.51
海淀区	3.38	3.78	3.86	4.13	4.33	4.02	4.76	5.73	5.79	5.87
城市发展新区	**154.69**	**155.54**	**175.22**	**194.32**	**199.64**	**206.02**	**226.95**	**246.32**	**263.41**	**267.81**
房山区	31.41	32.87	37.09	39.74	41.26	42.64	45.02	46.45	50.58	52.50
通州区	28.94	30.60	33.20	37.96	38.46	39.79	45.37	51.54	55.41	57.82
顺义区	49.55	44.42	50.20	54.49	56.65	58.58	65.17	67.55	68.34	68.49
昌平区	10.08	11.34	12.49	14.69	15.38	16.80	19.83	25.99	27.85	25.76
大兴区	34.71	36.31	42.24	47.44	47.89	48.21	51.56	54.79	61.24	63.24
生态涵养发展区	**68.78**	**73.93**	**86.30**	**98.18**	**103.41**	**109.92**	**124.50**	**134.74**	**143.79**	**137.86**
门头沟区	2.06	2.19	2.52	3.13	3.63	3.93	5.06	5.32	5.33	3.53
怀柔区	12.07	13.56	15.45	16.38	16.58	17.08	18.26	19.13	20.33	20.39
平谷区	17.65	18.67	21.74	25.08	26.39	29.44	34.42	39.71	44.70	48.24
密云县	24.01	25.53	30.69	35.29	36.91	39.17	44.06	45.61	47.34	41.60
延庆县	12.99	13.98	15.90	18.29	19.90	20.30	22.69	24.97	26.09	24.11

注：1.总产值按现价计算，农林牧渔业总产值中含农林牧渔服务业产值。

2.农林牧渔业总产值使用的价格为农产品生产价格。

3.2006年为与农业普查衔接的数据，2005年为历史修订数据。

4.全市总产值中2009年及以后年份包含远洋渔业的数据。

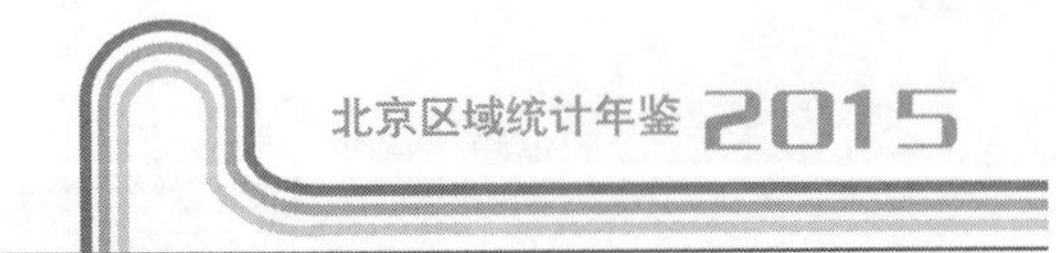

2-10 规模以上工业总产值(2005-2014年)

单位：亿元

区 县	2005	2006	2007	2008	2009	2010	2011	2012	2013	2014
全 市	**6946.2**	**8210.0**	**9648.4**	**10413.1**	**11039.1**	**13699.8**	**14513.6**	**15596.2**	**17370.9**	**18452.9**
首都功能核心区	**424.3**	**471.7**	**510.2**	**598.6**	**646.0**	**753.3**	**883.4**	**942.7**	**1006.7**	**1127.4**
东 城 区	89.3	89.9	82.2	66.8	62.0	67.1	106.6	109.6	123.5	161.6
西 城 区	334.9	381.8	428.1	531.8	584.0	686.3	776.8	833.1	883.2	965.8
城市功能拓展区	**2429.4**	**2520.8**	**2774.8**	**2874.7**	**2920.8**	**3447.4**	**3419.7**	**3418.4**	**3496.6**	**3893.7**
朝 阳 区	707.7	675.2	674.5	667.4	822.3	1040.5	1188.9	1239.2	1093.2	1006.8
丰 台 区	268.9	290.9	329.0	387.4	370.1	433.5	407.8	386.4	418.6	434.2
石景山区	602.3	616.6	676.3	691.9	539.7	630.5	379.2	303.5	276.5	241.4
海 淀 区	850.4	938.1	1095.0	1127.9	1188.8	1343.0	1443.7	1489.3	1708.3	2211.2
城市发展新区	**3466.4**	**4259.6**	**5111.0**	**5537.2**	**5809.0**	**7065.2**	**7520.9**	**7879.3**	**8698.0**	**8958.6**
房 山 区	611.1	568.5	637.1	821.3	756.1	949.6	1025.7	1019.9	970.7	1064.7
通 州 区	228.7	286.2	348.2	418.1	426.4	593.0	586.7	610.0	667.7	691.1
顺 义 区	864.3	1028.1	1089.4	1215.7	1525.4	1851.6	2066.8	2299.0	2862.5	2983.6
昌 平 区	438.6	481.7	633.8	704.8	775.2	987.8	1077.9	1191.7	1271.0	1133.7
大 兴 区	204.2	244.5	291.2	348.6	365.8	455.1	479.2	570.9	633.1	664.6
北京经济技术开发区	1119.5	1650.6	2111.2	2028.7	1960.2	2228.1	2284.7	2187.9	2292.9	2421.0
生态涵养发展区	**366.4**	**492.0**	**614.3**	**663.2**	**795.0**	**976.6**	**1077.1**	**1091.5**	**1234.6**	**1283.4**
门头沟区	48.4	48.6	56.0	68.9	65.0	78.7	89.7	104.6	80.7	98.5
怀 柔 区	120.0	221.5	302.7	302.3	394.7	484.8	499.1	440.4	553.2	552.7
平 谷 区	86.2	100.1	114.5	129.8	148.9	184.7	199.1	216.8	242.6	253.9
密 云 县	92.9	100.8	113.1	126.1	145.6	177.0	223.4	262.0	293.1	309.0
延 庆 县	19.0	20.9	27.9	36.1	40.8	51.4	65.8	67.7	65.0	69.3

注：1.规模以上工业范围：2005—2006年为全部国有和年主营业务收入在500万元及以上非国有工业口径；2007—2010年调整为年主营业务收入500万元及以上的全部工业法人企业；2011年及以后调整为年主营业务收入2000万元及以上的全部工业法人企业。

2.根据有关规定，自2004年起，国家电网公司、冀北电力有限公司的“工业总产值(当年价格)”由市统计局统一核算，故表中“工业总产值(当年价格)”指标分区县数据之和不等于全市合计。

2-11 建筑业总产值(2005-2014年)

单位：亿元

区 县	2005	2006	2007	2008	2009	2010	2011	2012	2013	2014
全 市	**1894.0**	**2167.9**	**2576.8**	**3066.2**	**4059.7**	**5196.0**	**6046.3**	**6588.3**	**7459.6**	**8209.8**
首都功能核心区	**327.5**	**341.0**	**424.8**	**469.7**	**571.4**	**739.6**	**956.0**	**1005.9**	**1081.5**	**1174.5**
东 城 区	137.3	145.1	202.2	232.5	281.2	350.3	431.7	445.9	503.1	513.3
西 城 区	190.2	195.9	222.6	237.2	290.2	389.3	524.3	560.0	578.4	661.2
城市功能拓展区	**929.0**	**1179.9**	**1414.9**	**1718.0**	**2104.4**	**2769.9**	**3126.1**	**3394.4**	**3828.9**	**4239.4**
朝 阳 区	285.0	354.2	419.7	476.0	556.4	703.7	816.9	879.2	1012.0	1066.7
丰 台 区	174.3	256.0	327.7	366.8	469.5	622.1	777.7	819.7	981.4	1184.5
石景山区	80.0	87.8	118.5	160.7	171.6	311.5	342.1	358.5	391.0	460.2
海 淀 区	389.7	481.9	549.0	714.5	906.9	1132.6	1189.4	1337.0	1444.5	1528.0
城市发展新区	**446.0**	**495.1**	**568.8**	**704.3**	**1145.3**	**1403.6**	**1607.7**	**1801.6**	**2158.6**	**2364.5**
房 山 区	145.7	154.0	145.5	168.2	221.7	260.0	291.8	294.0	329.0	364.6
通 州 区	78.1	100.2	121.4	157.5	225.5	324.2	421.8	478.2	757.1	923.7
顺 义 区	68.5	88.4	118.5	97.6	112.8	151.3	198.7	220.8	244.0	307.5
昌 平 区	68.5	77.0	91.3	122.2	159.3	197.2	234.5	260.7	293.3	219.8
大 兴 区	82.4	73.0	82.7	105.5	123.5	190.1	225.3	284.7	301.2	308.1
北京经济技术开发区	2.8	2.5	9.4	53.3	302.5	280.8	235.6	263.2	234.0	240.8
生态涵养发展区	**191.5**	**151.9**	**168.3**	**174.2**	**238.6**	**282.9**	**356.5**	**386.4**	**390.6**	**431.4**
门头沟区	41.3	25.0	22.1	23.8	33.1	50.8	58.8	71.7	80.9	84.4
怀 柔 区	54.1	47.2	54.0	54.9	64.6	75.0	84.7	84.9	71.6	77.8
平 谷 区	25.4	23.5	32.2	41.2	52.6	44.1	79.2	83.1	79.8	87.9
密 云 县	35.5	34.0	35.5	34.2	49.9	71.0	87.9	96.4	100.9	120.5
延 庆 县	35.2	22.2	24.5	20.1	38.4	42.0	45.9	50.3	57.4	60.8

注：建筑业相关数据是按照建筑业企业经营地划分，统计范围为施工总承包、专业承包建筑业企业。

2-12 实际利用外商直接投资额(2005-2014年)

单位：万美元

区 县	2005	2006	2007	2008	2009	2010	2011	2012	2013	2014
全 市	**352638**	**455191**	**506572**	**608172**	**612094**	**636358**	**705447**	**804160**	**852418**	**904085**
首都功能核心区	**41171**	**67051**	**69032**	**121959**	**139728**	**115126**	**109453**	**124282**	**116194**	**94415**
东 城 区	29433	52734	32655	46018	69529	53592	55256	63634	66149	51037
西 城 区	11738	14317	36377	75941	70199	61534	54197	60648	50045	43378
城市功能拓展区	**194140**	**268679**	**327158**	**347090**	**368687**	**395982**	**421030**	**494678**	**529621**	**604833**
朝 阳 区	140029	193163	201275	215696	217761	240298	264703	320073	342225	390011
丰 台 区	5734	10029	13443	11625	10587	12758	7304	16632	18637	45291
石景山区	841	703	1366	2361	11994	6583	6767	7809	8748	9370
海 淀 区	47536	64784	111074	117408	128345	136343	142256	150164	160011	160161
城市发展新区	**104042**	**100950**	**92413**	**119550**	**86012**	**107725**	**140409**	**151746**	**140400**	**187191**
房 山 区	1415	2571	2364	572	2718	7455	4903	7998	1014	1367
通 州 区	8419	7726	10330	13754	8088	9042	9017	10376	12004	35741
顺 义 区	25217	28086	29769	38213	39586	40014	40491	42053	36002	52218
昌 平 区	3909	6530	7837	7140	8801	8894	9092	9288	9865	10380
大 兴 区	4878	5085	5351	5837	10205	11554	13088	82031*	81515*	87485*
北京经济技术开发区	60204	50952	36762	54034	16614	30766	63818	66923	63558	63619
生态涵养发展区	**13285**	**18511**	**17969**	**19573**	**17667**	**17525**	**34555**	**33454**	**66203**	**17646**
门头沟区	430	223	82	1008	1281	200	4204	4485	100	805
怀 柔 区	5713	10788	12911	7136	7194	6575	5939	20659	37817	5020
平 谷 区	4202	3670	790	6628	4074	5363	6023	7197	7206	9575
密 云 县	2569	2689	3750	3527	4504	4552	4455	587	984	1909
延 庆 县	371	1141	436	1274	614	835	13934	526	20096	337

注：“*”表示大兴区实际利用外商直接投资额中包含北京经济技术开发区数据。

资料来源：北京市商务委员会。

2-13 入境旅游者人数(2005-2014年)

单位：万人次

区 县	2005	2006	2007	2008	2009	2010	2011	2012	2013	2014
全 市	**362.9**	**390.3**	**435.5**	**379.0**	**412.5**	**490.1**	**520.4**	**500.9**	**450.1**	**427.5**
首都功能核心区	**137.1**	**153.5**	**181.6**	**153.9**	**143.0**	**157.2**	**165.9**	**164.0**	**151.7**	**144.4**
东 城 区	95.1	107.1	126.2	104.2	95.2	111.8	126.9	126.9	120.4	114.8
西 城 区	42.0	46.4	55.4	49.7	47.8	45.3	39.0	37.1	31.3	29.6
城市功能拓展区	**201.4**	**210.7**	**222.7**	**195.3**	**235.0**	**279.8**	**304.8**	**288.2**	**256.1**	**245.1**
朝 阳 区	153.9	160.3	165.8	147.1	171.9	214.0	229.4	215.3	195.3	194.3
丰 台 区	2.7	7.1	5.4	7.4	13.6	8.1	9.8	10.5	8.7	8.5
石景山区	0.2	0.2	0.5	1.1	3.0	4.7	8.4	11.3	6.3	2.5
海 淀 区	44.6	43.1	50.9	39.7	46.6	53.1	57.3	51.1	45.9	39.8
城市发展新区	**23.7**	**25.0**	**28.7**	**27.2**	**33.2**	**51.4**	**47.9**	**47.0**	**39.1**	**36.0**
房 山 区	0.1		…	0.1	0.04	0.04	0.05	0.07	0.04	0.05
通 州 区	2.3	3.7	4.2	3.1	1.8	4.4	3.9	2.6	1.6	1.1
顺 义 区	8.7	8.8	10.6	14.3	17.3	20.0	22.8	24.2	21.3	19.1
昌 平 区	12.0	7.8	10.0	6.6	4.5	6.8	4.7	4.6	3.5	4.5
大 兴 区	0.6	4.7	3.9	3.1	9.5	20.2	16.4	15.4	12.7	11.3
生态涵养发展区	**0.6**	**1.2**	**2.4**	**2.6**	**1.4**	**1.7**	**1.8**	**1.7**	**3.2**	**1.9**
门头沟区			…	0.1	0.01	0.03	0.11	0.05	1.36	0.86
怀 柔 区	0.2	0.1	0.2	0.3	0.2	0.1	0.2	0.2	0.4	0.4
平 谷 区	0.2	0.2	0.2	0.2	0.2	0.3	0.2	0.2	0.2	0.2
密 云 县	0.2	0.7	0.9	1.0	0.5	0.5	0.4	0.5	0.5	0.3
延 庆 县	…	0.2	1.1	1.0	0.6	0.8	0.8	0.8	0.7	0.1

2-14 城镇居民人均可支配收入(2005-2014年)

单位：元

区 县	2005	2006	2007	2008	2009	2010	2011	2012	2013	2014
全 市	**17653**	**19978**	**21989**	**24725**	**26738**	**29073**	**32903**	**36469**	**40321**	**43910**
首都功能核心区	**18035**	**20335**	**23548**	**26512**	**28750**	**31231**	**35280**	**39265**	**42798**	**46483**
东 城 区				26037	28274	30684	34626	38559	41676	45052
西 城 区				26861	29099	31633	35740	39772	43479	47392
城市功能拓展区	**17204**	**19469**	**22487**	**25517**	**28003**	**30509**	**34495**	**38342**	**41862**	**45596**
朝 阳 区	17506	19422	22377	25535	27608	30134	34044	37883	41035	44646
丰 台 区	15795	18024	20574	23006	24835	27081	30682	34200	37886	41334
石景山区	16183	18045	20745	23805	25736	28051	31936	35420	38657	41943
海 淀 区	18479	21357	25312	28418	30677	33351	37746	41841	45953	50088
城市发展新区	**15643**	**17010**	**18858**	**20800**	**22526**	**24352**	**27651**	**30337**	**33243**	**36340**
房 山 区	15175	16987	18713	20329	21955	23769	26956	30025	32886	35912
通 州 区	15603	17070	18887	20708	22455	24427	27713	30476	33662	37095
顺 义 区	16167	17654	19843	21470	23179	24825	28163	30437	33329	36428
昌 平 区	15684	17002	18874	20834	22556	24428	27669	29950	32495	35517
大 兴 区	15179	16321	17899	20707	22548	24368	27786	31004	34128	37131
生态涵养发展区	**15502**	**16866**	**18400**	**20537**	**22113**	**23994**	**27355**	**30354**	**33146**	**36131**
门头沟区	16006	17650	19466	21613	23345	25313	29172	32369	35141	38023
怀 柔 区	15661	16948	18628	20143	21540	23428	26647	29562	32519	35771
平 谷 区	15050	16419	18018	20148	21757	23606	26842	29850	32933	36226
密 云 县	15106	16548	17962	20135	21600	23438	26652	29551	32538	35499
延 庆 县	15596	16703	17955	20120	21573	23329	26080	28644	31132	33778

注：自2013年起，国家统计局对城镇住户调查和农村住户调查实施了一体化改革，正式开展了城乡一体的住户收支与生活状况调查。北京市住户调查样本量城乡共计1万户。

2-15 城镇居民人均消费支出(2005-2014年)

单位：元

区 县	2005	2006	2007	2008	2009	2010	2011	2012	2013	2014
全 市	**13244**	**14825**	**15330**	**16460**	**17893**	**19934**	**21984**	**24046**	**26275**	**28009**
首都功能核心区	**14068**	**15544**	**17406**	**18725**	**20577**	**22243**	**24244**	**26622**	**28787**	**30636**
东 城 区				18934	20434	22196	23813	25887	26994	28613
西 城 区				19265	20682	22277	24547	27149	29474	31921
城市功能拓展区	**12618**	**14170**	**15587**	**17132**	**18659**	**21017**	**23393**	**25462**	**27757**	**29596**
朝 阳 区	13257	14855	16710	18410	20330	22406	24799	26785	28315	30467
丰 台 区	11988	13537	14305	16095	16962	18207	20548	22869	24783	26816
石景山区	11636	12475	13526	15370	17081	18903	21343	20530	22411	23845
海 淀 区	12942	14836	16787	16801	18218	21597	24000	26570	29430	31784
城市发展新区	**10842**	**11488**	**12294**	**13121**	**14324**	**15915**	**17432**	**19159**	**20881**	**22640**
房 山 区	11648	12310	12734	12664	13886	15870	16540	19407	20386	21181
通 州 区	11077	11666	12431	12741	14041	16046	17779	18972	20604	23694
顺 义 区	10208	10853	11751	12701	13466	14257	16431	17463	18895	20784
昌 平 区	10849	12157	13001	14108	15690	17123	18489	19872	20322	21968
大 兴 区	10107	10127	11113	12872	14097	15805	17678	19852	22126	24382
生态涵养发展区	**10741**	**11473**	**12127**	**13051**	**14285**	**15711**	**16921**	**18978**	**20546**	**22066**
门头沟区	11975	13539	14118	14881	15953	17617	18578	20442	22313	24053
怀 柔 区	10549	11372	11888	12457	13992	15137	16258	18590	20083	21730
平 谷 区	10478	11279	11471	12360	13513	14895	16790	18961	20966	22455
密 云 县	10175	10410	11381	12766	14090	15628	15971	17743	19079	21120
延 庆 县	10384	10506	11084	11296	11823	13467	14756	16481	18155	19808

2-16 农村居民人均纯收入(2005-2014年)

单位：元

区 县	2005	2006	2007	2008	2009	2010	2011	2012	2013	2014
全 市	**7860**	**8620**	**9559**	**10747**	**11986**	**13262**	**14736**	**16476**	**18337**	**20226**
城市功能拓展区	**10179**	**10977**	**12196**	**13812**	**15393**	**16973**	**18954**	**21175**	**22991**	**25317**
朝 阳 区	11085	11941	13284	15090	16633	18331	19839	22152	24426	26808
丰 台 区	8995	9570	10350	11584	13179	14544	16554	18502	20442	22553
海 淀 区	9987	11002	12548	14319	16011	17661	20015	22364	24673	27098
城市发展新区	**7421**	**8163**	**9085**	**10179**	**11354**	**12574**	**13852**	**15473**	**17282**	**19220**
房 山 区	7205	8013	8981	10073	11315	12492	13527	15192	16916	18809
通 州 区	7661	8349	9115	10213	11361	12613	14273	15936	17925	20076
顺 义 区	7459	8298	9266	10402	11648	12898	14314	15960	17703	19629
昌 平 区	7416	8091	9037	10121	11318	12548	13441	14971	16756	18689
大 兴 区	7405	8093	9040	10103	11132	12335	13723	15329	17044	18824
生态涵养发展区	**7233**	**7894**	**8678**	**9738**	**10864**	**12024**	**13182**	**14764**	**16382**	**18097**
门头沟区	7556	8330	9198	10282	11475	12672	14031	15715	17408	18861
怀 柔 区	7201	7862	8805	9871	11013	12256	12991	14585	16356	18196
平 谷 区	7336	7985	8749	9790	10872	12036	13387	15067	16865	18785
密 云 县	7203	7814	8489	9529	10682	11858	12924	14590	16202	17855
延 庆 县	6985	7619	8311	9385	10470	11531	12761	14078	15504	17017

注：自2013年起，国家统计局对城镇住户调查和农村住户调查实施了一体化改革，正式开展了城乡一体的住户收支与生活状况调查。北京市住户调查样本量城乡共计1万户。

2-17 农村居民人均生活消费支出(2005–2014年)

单位：元

区 县	2005	2006	2007	2008	2009	2010	2011	2012	2013	2014
全 市	**5515**	**6061**	**6828**	**7656**	**9141**	**10109**	**11078**	**11879**	**13553**	**14529**
城市功能拓展区	**7662**	**8414**	**9372**	**10702**	**12558**	**14150**	**15773**	**17447**	**18109**	**19554**
朝 阳 区	8017	8828	9872	11260	13297	15224	16888	18381	18593	20313
丰 台 区	6848	7670	8282	9385	10971	12089	13414	15340	16896	18303
海 淀 区	8069	8615	9868	11400	13305	14891	16498	18172	19307	20193
城市发展新区	**5278**	**5848**	**6468**	**7156**	**8594**	**9703**	**10249**	**10776**	**12115**	**12932**
房 山 区	5204	5813	6155	6889	8234	8915	9814	10934	11840	12529
通 州 区	4566	5472	5965	6766	8296	9840	10253	10623	11625	12702
顺 义 区	5450	5832	6266	6906	8056	8639	9926	10830	11634	12453
昌 平 区	6735	7217	7870	8667	9724	11379	11160	11932	13954	14206
大 兴 区	4426	4846	6086	6541	8671	9806	10230	9703	11523	12743
生态涵养发展区	**4610**	**4991**	**5840**	**6561**	**7886**	**8251**	**9119**	**9722**	**10968**	**11926**
门头沟区	5532	6120	6888	7444	8312	8632	9598	9750	11456	12326
怀 柔 区	4502	4795	5872	6960	8939	9106	9483	9046	10167	11254
平 谷 区	4231	4604	5927	6329	7626	8348	9555	10708	11867	12615
密 云 县	4716	5169	5926	7008	8831	8860	8970	9962	11153	12150
延 庆 县	4383	4669	5003	5536	6239	6754	8135	9017	10091	11190

2-18 小学在校学生数(2005-2014年)

单位：万人

区 县	2005	2006	2007	2008	2009	2010	2011	2012	2013	2014
全 市	**49.45**	**47.33**	**66.66**	**65.95**	**64.71**	**65.33**	**68.05**	**71.87**	**78.93**	**82.12**
首都功能核心区	**8.12**	**7.81**	**9.58**	**9.53**	**9.47**	**9.56**	**9.97**	**10.24**	**10.98**	**11.53**
东 城 区	3.99	3.88	4.63	4.63	4.57	4.57	4.65	4.67	4.91	5.08
西 城 区	4.13	3.93	4.94	4.89	4.91	4.99	5.32	5.56	6.07	6.45
城市功能拓展区	**17.64**	**17.20**	**28.36**	**28.69**	**28.58**	**28.99**	**30.63**	**31.74**	**35.20**	**36.96**
朝 阳 区	4.78	4.58	8.28	8.22	8.17	8.41	9.10	9.85	11.88	12.80
丰 台 区	3.28	2.93	6.34	6.42	6.44	6.43	6.64	6.59	6.88	7.04
石景山区	1.33	1.28	1.94	2.06	2.09	2.07	2.10	2.14	2.29	2.35
海 淀 区	8.25	8.40	11.80	11.99	11.89	12.08	12.78	13.15	14.14	14.77
城市发展新区	**14.50**	**13.74**	**19.54**	**19.19**	**18.78**	**19.22**	**20.01**	**22.51**	**25.20**	**25.85**
房 山 区	3.80	3.56	4.09	3.96	3.74	3.71	3.81	4.20	4.48	4.66
通 州 区	2.87	2.69	4.51	4.46	4.58	4.79	5.08	5.42	5.94	6.07
顺 义 区	2.50	2.38	3.37	3.21	3.05	3.21	3.40	3.59	3.81	4.10
昌 平 区	2.22	2.15	3.40	3.44	3.37	3.50	3.65	5.07	5.36	5.40
大 兴 区	3.11	2.96	4.16	4.12	4.04	4.01	4.07	4.24	5.60	5.62
生态涵养发展区	**9.19**	**8.58**	**9.19**	**8.54**	**7.88**	**7.55**	**7.44**	**7.38**	**7.55**	**7.77**
门头沟区	1.07	1.02	1.41	1.33	1.24	1.19	1.15	1.11	1.11	1.13
怀 柔 区	1.65	1.51	1.71	1.62	1.52	1.48	1.51	1.55	1.61	1.65
平 谷 区	2.39	2.19	2.03	1.85	1.67	1.59	1.56	1.55	1.60	1.67
密 云 县	2.46	2.31	2.40	2.22	2.04	1.97	1.96	1.97	2.04	2.13
延 庆 县	1.61	1.55	1.63	1.52	1.40	1.32	1.26	1.19	1.18	1.19

注：从2007年开始，普通中学、小学、工读学校、特殊教育、学前教育在校学生数包括外省市户口借读学生。

资料来源：北京市教育委员会。

2-19 普通中学在校学生数(2005-2014年)

单位：万人

区 县	2005	2006	2007	2008	2009	2010	2011	2012	2013	2014
全 市	**59.99**	**54.77**	**57.68**	**54.43**	**52.24**	**50.83**	**49.73**	**49.90**	**49.82**	**48.43**
首都功能核心区	**12.89**	**11.96**	**11.76**	**10.80**	**10.30**	**9.92**	**9.72**	**9.59**	**9.45**	**9.09**
东 城 区	5.97	5.59	5.50	4.99	4.75	4.56	4.39	4.31	4.22	4.07
西 城 区	6.92	6.37	6.26	5.81	5.54	5.36	5.33	5.28	5.22	5.02
城市功能拓展区	**19.06**	**18.02**	**20.62**	**19.91**	**19.64**	**19.50**	**19.63**	**20.17**	**20.52**	**20.28**
朝 阳 区	5.29	4.86	5.66	5.26	5.05	5.00	5.19	5.49	5.63	5.43
丰 台 区	3.11	2.77	3.36	3.26	3.18	3.09	2.95	2.86	2.99	3.06
石景山区	1.42	1.35	1.52	1.48	1.47	1.46	1.44	1.47	1.52	1.47
海 淀 区	9.24	9.03	10.08	9.91	9.93	9.95	10.06	10.35	10.37	10.32
城市发展新区	**18.04**	**15.91**	**16.60**	**15.56**	**14.71**	**14.29**	**13.72**	**13.88**	**13.91**	**13.42**
房 山 区	4.52	3.94	3.75	3.44	3.26	3.14	2.96	2.89	2.81	2.74
通 州 区	4.06	3.58	3.74	3.50	3.20	3.06	2.94	2.88	2.83	2.72
顺 义 区	4.05	3.46	3.57	3.34	3.13	3.04	2.94	2.91	2.85	2.79
昌 平 区	1.98	1.87	2.30	2.24	2.18	2.19	2.20	2.46	2.58	2.45
大 兴 区	3.42	3.06	3.24	3.05	2.93	2.87	2.67	2.75	2.85	2.72
生态涵养发展区	**9.99**	**8.89**	**8.70**	**8.16**	**7.59**	**7.12**	**6.66**	**6.26**	**5.94**	**5.65**
门头沟区	1.01	0.94	0.99	0.94	0.88	0.82	0.76	0.73	0.73	0.72
怀 柔 区	1.63	1.53	1.59	1.52	1.47	1.38	1.30	1.22	1.17	1.11
平 谷 区	3.14	2.63	2.34	2.09	1.85	1.70	1.53	1.40	1.27	1.20
密 云 县	2.40	2.16	2.22	2.20	2.07	1.95	1.84	1.72	1.62	1.53
延 庆 县	1.81	1.63	1.56	1.41	1.33	1.27	1.23	1.19	1.15	1.09

注：普通中学范围为普通高中和普通初中。

资料来源：北京市教育委员会。

2-20 幼儿园在园幼儿数(2005-2014年)

单位：人

区 县	2005	2006	2007	2008	2009	2010	2011	2012	2013	2014
全 市	**202301**	**197546**	**214423**	**226681**	**247778**	**276994**	**311417**	**331524**	**348681**	**364954**
首都功能核心区	**24547**	**20124**	**23410**	**22751**	**24812**	**27051**	**28003**	**28583**	**29107**	**29891**
东 城 区	11908	9344	10364	9948	11124	11877	12355	12061	12722	13193
西 城 区	12639	10780	13046	12803	13688	15174	15648	16522	16385	16698
城市功能拓展区	**99967**	**102095**	**105094**	**111165**	**120954**	**136649**	**154756**	**163886**	**169090**	**174167**
朝 阳 区	33662	32252	35329	37709	41365	48324	53915	56171	58653	62329
丰 台 区	19481	19702	24699	25341	27388	31410	37040	40252	40694	40401
石景山区	6703	6144	6504	8194	9040	9879	11232	12393	13319	13409
海 淀 区	40121	43997	38562	39921	43161	47036	52569	55070	56424	58028
城市发展新区	**49554**	**48041**	**58513**	**64674**	**71619**	**80139**	**90881**	**99203**	**110689**	**121776**
房 山 区	14136	13460	15459	17013	18407	22466	24794	25953	28752	28878
通 州 区	8951	8629	10900	11701	13259	13514	14692	16505	20894	25455
顺 义 区	8112	7497	6924	9181	10043	12545	14247	15199	16962	19184
昌 平 区	10076	9346	13851	14140	15929	16069	17285	19885	20579	23294
大 兴 区	8279	9109	11379	12639	13981	15545	19863	21661	23502	24965
生态涵养发展区	**28233**	**27286**	**27406**	**28091**	**30393**	**33155**	**37777**	**39852**	**39795**	**39120**
门头沟区	4285	4259	4492	4754	5097	5229	5066	5470	5442	5241
怀 柔 区	4874	4461	4591	4914	5749	6190	9272	9534	9547	8642
平 谷 区	6451	6129	5411	4966	5229	6448	7149	7760	8113	8393
密 云 县	6564	6783	7711	8223	8881	9473	10065	10433	10253	10343
延 庆 县	6059	5654	5201	5234	5437	5815	6225	6655	6440	6501

资料来源：北京市教育委员会。

2-21 卫生机构数(2005-2014年)

单位：个

区 县	2005	2006	2007	2008	2009	2010	2011	2012	2013	2014
全 市	**4818**	**4878**	**6189**	**6523**	**6603**	**6539**	**9699**	**9974**	**10141**	**10265**
首都功能核心区	**1102**	**1017**	**1087**	**1053**	**1065**	**1073**	**1163**	**1144**	**1159**	**1196**
东 城 区	458	461	470	460	468	484	547	537	548	564
西 城 区	644	556	617	593	597	589	616	607	611	632
城市功能拓展区	**2065**	**2153**	**2564**	**2718**	**2804**	**2773**	**2863**	**2938**	**3072**	**3136**
朝 阳 区	798	842	1052	1247	1234	1185	1201	1239	1275	1337
丰 台 区	248	278	434	452	467	482	502	516	541	549
石景山区	203	187	177	158	176	192	196	197	205	214
海 淀 区	816	846	901	861	927	914	964	986	1051	1036
城市发展新区	**1109**	**1154**	**1875**	**2040**	**2046**	**2001**	**3661**	**3777**	**3816**	**3882**
房 山 区	227	220	434	494	516	472	1006	1009	1023	989
通 州 区	205	235	210	239	243	257	593	604	601	615
顺 义 区	165	170	209	229	233	275	502	606	608	651
昌 平 区	284	299	574	569	570	517	849	843	856	865
大 兴 区	228	230	448	509	484	480	711	715	728	762
生态涵养发展区	**542**	**554**	**663**	**712**	**688**	**692**	**2012**	**2100**	**2079**	**2036**
门头沟区	117	118	119	122	126	110	255	261	265	260
怀 柔 区	146	142	192	192	159	175	453	479	487	484
平 谷 区	68	71	68	104	109	113	309	431	434	430
密 云 县	106	119	185	195	208	208	672	662	641	610
延 庆 县	105	104	99	99	86	86	323	267	252	252

注：1.2011年开始，卫生机构中包含村卫生室。

2.2012年开始，全市卫生机构数中包含驻京部队医院，分区县数据中不包含驻京部队医院，所以区县数据相加不等于全市合计。

资料来源：北京市卫生和计划生育委员会。

2-22 卫生机构床位数(2005-2014年)

单位：张

区 县	2005	2006	2007	2008	2009	2010	2011	2012	2013	2014
全 市	**79067**	**81440**	**83736**	**86196**	**90100**	**92871**	**94735**	**100167**	**104034**	**109789**
首都功能核心区	**23074**	**22927**	**22887**	**22864**	**22956**	**23925**	**23853**	**24591**	**25510**	**26284**
东 城 区	10904	10766	10322	9999	9735	10106	10022	10440	10948	10930
西 城 区	12170	12161	12565	12865	13221	13819	13831	14151	14562	15354
城市功能拓展区	**30743**	**31807**	**32027**	**33021**	**36366**	**36946**	**37563**	**39719**	**41742**	**43914**
朝 阳 区	12064	13037	12978	13821	14948	15709	16107	17493	18252	19053
丰 台 区	6158	6194	6555	6518	7830	7876	7999	8275	8926	9347
石景山区	2897	2869	2951	3196	3239	3529	3515	3647	4007	4140
海 淀 区	9624	9707	9543	9486	10349	9832	9942	10304	10557	11374
城市发展新区	**18102**	**19181**	**21408**	**22421**	**22686**	**23725**	**24672**	**26959**	**27841**	**30457**
房 山 区	4569	4478	5097	5365	5587	6077	6152	6034	5864	6173
通 州 区	2351	2449	2503	2538	2527	2608	2593	3170	3203	3216
顺 义 区	2259	2313	3196	3120	3144	3149	3252	3202	3270	3283
昌 平 区	5885	6569	6859	7209	7147	7457	7982	9085	9430	11110
大 兴 区	3038	3372	3753	4189	4281	4434	4693	5468	6074	6675
生态涵养发展区	**7148**	**7525**	**7414**	**7890**	**8092**	**8275**	**8647**	**8898**	**8941**	**9134**
门头沟区	2381	2446	2376	2513	2534	2651	2653	2705	2842	2859
怀 柔 区	1284	1447	1339	1441	1401	1377	1534	1584	1576	1596
平 谷 区	1229	1339	1681	1863	1907	1900	1972	2043	2056	2001
密 云 县	1182	1211	1022	1055	1207	1270	1440	1535	1485	1696
延 庆 县	1072	1082	996	1018	1043	1077	1048	1031	982	982

资料来源：北京市卫生和计划生育委员会。

2015

北京区域统计年鉴

第三篇

BEIJING AREA STATISTICAL YEARBOOK

北京区县概览

简要说明

一、本章资料的主要内容

本章分区县数据主要涉及国民经济核算、财政、税收、金融、利用外资、产业（农业、工业、建筑业、旅游、文化创意等）、投资、消费、房地产、人口、资源、环境、科技、教育、文化、卫生、体育、法律、社会保险、社会保障、就业、城乡居民收入支出、城市公用事业、城市安全等多个领域的主要情况，重点反映主要指标的总量和增速。

二、本章资料的数据来源

分区县数据主要来源于两个方面：

一是来源于北京市统计局、国家统计局北京调查总队，由其直接调查、获取生成的数据，主要包括国民经济核算、产业、投资、消费、房地产、常住人口、能源消费、城乡居民收入支出等指标。

二是来源于政府相关委办局，由其通过相关调查或行政记录等方式获取生成的数据，主要包括户籍人口、土地、财政、税收、金融、利用外资、教育、文化、卫生、体育、城市公用事业、环境、专利、社会保险、社会保障、城市安全、资源、环境等方面指标，分别由市公安局、市国土资源局、市财政局、市地税局、中国人民银行营管部、市商务委、市教委、市文化局、市文物局、市档案局、市卫生局、市体育局、市交通委、市人力社会保障局、市水务局、市市政市容委、市环保局、市园林绿化局、市安监局、市知识产权局、市技术市场办公室和市司法局等部门提供。具体来源见每张表下的注解说明。

3-1 土地利用状况(2013年)

单位:公顷

区 县	耕 地	园 地	林 地	草 地	城镇村及工矿用地	交通运输用地	水域及水利设施用地
全 市	**221157.28**	**135573.37**	**738036.45**	**85348.82**	**300847.83**	**46626.41**	**78739.52**
首都功能核心区					**9215.17**		
东 城 区					4182.04		
西 城 区					5033.13		
城市功能拓展区	**6996.33**	**4163.34**	**20895.27**	**150.74**	**82151.54**	**6732.84**	**5371.34**
朝 阳 区	2690.88	713.27	3683.63	12.18	33556.90	2269.27	2163.96
丰 台 区	2178.84	769.65	4283.98	81.71	19093.02	2698.96	1230.71
石景山区	66.63	66.09	2371.88	7.09	5379.73	220.00	310.34
海 淀 区	2059.98	2614.33	10555.78	49.76	24121.89	1544.61	1666.33
城市发展新区	**145453.80**	**44940.95**	**153689.74**	**49351.66**	**157226.26**	**26252.75**	**34131.34**
房 山 区	25180.42	15671.89	60692.03	45634.31	30691.74	5115.84	7034.92
通 州 区	33799.52	3507.33	7893.73	121.86	29920.68	4785.45	8657.90
顺 义 区	33797.30	4952.40	15276.70	1754.73	28262.77	7195.30	7665.62
昌 平 区	11694.05	12617.01	63333.30	1498.64	33894.83	5095.68	4187.70
大 兴 区	40982.51	8192.32	6493.98	342.12	34456.24	4060.48	6585.20
生态涵养发展区	**68707.15**	**86469.08**	**563451.44**	**35846.42**	**52254.86**	**13640.82**	**39236.84**
门头沟区	883.42	5259.34	100231.30	22982.31	8205.51	1470.50	1564.87
怀 柔 区	10123.31	17706.56	162740.56	1651.37	10382.39	2893.45	4837.05
平 谷 区	11763.92	23484.72	34886.31	6118.73	10380.01	2506.61	4059.27
密 云 县	17550.07	29360.14	130062.92	2332.58	13929.81	3253.64	22368.45
延 庆 县	28386.43	10658.32	135530.35	2761.43	9357.14	3516.62	6407.20

注：表内数据为2013年土地变更调查数据。

资料来源：北京市国土资源局。

3-2 行政区划(2014年)

单位：个

区 县	街道办事处	建制镇	建制乡	社区居委会	村民委员会
全 市	**147**	**144**	**38**	**2932**	**3937**
首都功能核心区	**32**			**444**	
东 城 区	17			187	
西 城 区	15			257	
城市功能拓展区	**71**	**9**	**22**	**1434**	**303**
朝 阳 区	24		19	408	154
丰 台 区	16	2	3	305	65
石景山区	9			153	
海 淀 区	22	7		568	84
城市发展新区	**31**	**72**	**7**	**733**	**2189**
房 山 区	8	14	6	130	459
通 州 区	4	10	1	111	475
顺 义 区	6	19		99	426
昌 平 区	5	15		211	302
大 兴 区	8	14		182	527
生态涵养发展区	**13**	**63**	**9**	**321**	**1445**
门头沟区	4	9		119	178
怀 柔 区	2	12	2	34	284
平 谷 区	2	14	2	30	273
密 云 县	2	17	1	92	334
延 庆 县	3	11	4	46	376

资料来源：北京市民政局。

3-3 规模（限额）以上法人单位情况(2014年)

单位：个

区　县	法人单位数合计			#企业法人
		单产业法人	多产业法人	
全　市	**43640**	**36298**	**7342**	**38334**
首都功能核心区	**8070**	**6487**	**1583**	**6534**
东 城 区	3693	2977	716	3053
西 城 区	4377	3510	867	3481
城市功能拓展区	**24009**	**20198**	**3811**	**21844**
朝 阳 区	10251	8429	1822	9461
丰 台 区	3059	2685	374	2717
石景山区	987	814	173	838
海 淀 区	9712	8270	1442	8828
城市发展新区	**8492**	**7134**	**1358**	**7501**
房 山 区	1212	1023	189	1033
通 州 区	1412	1225	187	1235
顺 义 区	1837	1507	330	1615
昌 平 区	1698	1386	312	1472
大 兴 区	1565	1345	220	1391
北京经济技术开发区	768	648	120	755
生态涵养发展区	**3069**	**2479**	**590**	**2455**
门头沟区	478	404	74	371
怀 柔 区	751	585	166	623
平 谷 区	738	639	99	616
密 云 县	746	604	142	608
延 庆 县	356	247	109	237

3-4 户籍人口数

单位：万人

区 县	2014	男	女	2013
全 市	**1333.4**	**668.3**	**665.1**	**1316.3**
首都功能核心区	**240.9**	**119.7**	**121.2**	**238.2**
东 城 区	98.0	48.4	49.6	97.4
西 城 区	142.9	71.3	71.6	140.8
城市功能拓展区	**593.4**	**298.8**	**294.6**	**585.4**
朝 阳 区	204.2	102.3	101.9	201.2
丰 台 区	112.8	57.1	55.6	111.4
石景山区	38.0	19.6	18.4	37.6
海 淀 区	238.5	119.7	118.7	235.3
城市发展新区	**334.5**	**167.0**	**167.5**	**328.8**
房 山 区	79.4	39.8	39.6	78.6
通 州 区	70.5	35.0	35.5	69.3
顺 义 区	60.9	30.2	30.7	60.1
昌 平 区	58.5	29.5	29.1	57.3
大 兴 区	65.1	32.4	32.7	63.6
生态涵养发展区	**164.6**	**82.8**	**81.8**	**163.9**
门头沟区	24.9	12.7	12.2	24.9
怀 柔 区	28.1	14.1	14.0	27.9
平 谷 区	40.1	20.2	19.9	39.9
密 云 县	43.3	21.6	21.7	43.1
延 庆 县	28.2	14.2	14.0	28.1

注：户籍人口是指公民依照《中华人民共和国户口登记条例》已在其经常居住地的公安户籍管理机关登记了常住户口的人。
资料来源：北京市公安局。

3-5 户籍人口户数

单位：万户

区　县	2014	2013
全　市	**522.6**	**516.2**
首都功能核心区	**82.5**	**82.1**
东 城 区	34.6	34.6
西 城 区	47.9	47.5
城市功能拓展区	**212.1**	**209.1**
朝 阳 区	79.6	78.1
丰 台 区	46.6	46.1
石景山区	14.4	14.2
海 淀 区	71.6	70.7
城市发展新区	**150.8**	**148.3**
房 山 区	37.3	36.7
通 州 区	34.3	33.7
顺 义 区	26.9	26.7
昌 平 区	26.0	25.4
大 兴 区	26.3	25.8
生态涵养发展区	**77.1**	**76.7**
门头沟区	12.0	11.9
怀 柔 区	13.5	13.4
平 谷 区	17.0	16.9
密 云 县	20.7	20.6
延 庆 县	14.0	13.9

资料来源：北京市公安局。

3-6 户籍人口机械变动情况

单位：人

区 县	市外迁入人数		迁往市外人数		机械增加人数	
	2014	2013	2014	2013	2014	2013
全 市	**166600**	**198869**	**91946**	**89213**	**74654**	**109656**
首都功能核心区	**17224**	**23369**	**4465**	**3841**	**12759**	**19528**
东 城 区	6142	6317	1389	864	4753	5453
西 城 区	11082	17052	3076	2977	8006	14075
城市功能拓展区	**118818**	**143741**	**76872**	**74364**	**41946**	**69377**
朝 阳 区	25152	31701	14908	14342	10244	17359
丰 台 区	10007	11403	2400	2407	7607	8996
石景山区	3406	3857	1118	1089	2288	2768
海 淀 区	80253	96780	58446	56526	21807	40254
城市发展新区	**25137**	**25856**	**9778**	**9970**	**15359**	**15886**
房 山 区	3098	3174	378	591	2720	2583
通 州 区	3548	3509	677	747	2871	2762
顺 义 区	2528	2769	767	854	1761	1915
昌 平 区	10016	10481	6220	6262	3796	4219
大 兴 区	5947	5923	1736	1516	4211	4407
生态涵养发展区	**5421**	**5903**	**831**	**1038**	**4590**	**4865**
门头沟区	979	961	156	189	823	772
怀 柔 区	989	1055	122	165	867	890
平 谷 区	1014	1261	210	223	804	1038
密 云 县	1367	1473	216	240	1151	1233
延 庆 县	1072	1153	127	221	945	932

资料来源：北京市公安局。

3-7 户籍人口自然变动情况

单位：人

区 县	出生人数		死亡人数		自然增加人数	
	2014	2013	2014	2013	2014	2013
全 市	**171690**	**135925**	**75965**	**57252**	**95725**	**78673**
首都功能核心区	**29789**	**23351**	**14508**	**9303**	**15281**	**14048**
东 城 区	11816	9426	6695	3884	5121	5542
西 城 区	17973	13925	7813	5419	10160	8506
城市功能拓展区	**73037**	**58501**	**26690**	**19046**	**46347**	**39455**
朝 阳 区	27504	22211	10602	7445	16902	14766
丰 台 区	13559	10819	6291	4641	7268	6178
石景山区	4512	3549	2543	1506	1969	2043
海 淀 区	27462	21922	7254	5454	20208	16468
城市发展新区	**49850**	**38863**	**22664**	**18197**	**27186**	**20666**
房 山 区	10395	8201	5388	4576	5007	3625
通 州 区	10294	7993	5527	4155	4767	3838
顺 义 区	9399	6670	4023	3629	5376	3041
昌 平 区	8883	7240	3959	2723	4924	4517
大 兴 区	10879	8759	3767	3114	7112	5645
生态涵养发展区	**19014**	**15210**	**12103**	**10706**	**6911**	**4504**
门头沟区	2465	2050	2165	1491	300	559
怀 柔 区	3493	2694	1836	1887	1657	807
平 谷 区	4962	4037	3224	2564	1738	1473
密 云 县	5047	3727	3095	2955	1952	772
延 庆 县	3047	2702	1783	1809	1264	893

资料来源：北京市公安局。

3–8 常住人口及常住外来人口

单位：万人

区 县	常住人口		#常住外来人口	
	2014	2013	2014	2013
全 市	**2151.6**	**2114.8**	**818.7**	**802.7**
首都功能核心区	**221.3**	**221.2**	**54.0**	**55.4**
东 城 区	91.1	90.9	21.2	21.0
西 城 区	130.2	130.3	32.8	34.4
城市功能拓展区	**1055.0**	**1032.2**	**436.4**	**426.0**
朝 阳 区	392.2	384.1	179.8	176.1
丰 台 区	230.0	226.1	85.1	85.0
石景山区	65.0	64.4	21.2	21.4
海 淀 区	367.8	357.6	150.3	143.5
城市发展新区	**684.9**	**671.5**	**296.9**	**289.6**
房 山 区	103.6	101.0	26.7	24.6
通 州 区	135.6	132.6	55.5	53.6
顺 义 区	100.4	98.3	38.9	37.3
昌 平 区	190.8	188.9	100.2	100.6
大 兴 区	154.5	150.7	75.6	73.5
生态涵养发展区	**190.4**	**189.9**	**31.4**	**31.7**
门头沟区	30.6	30.3	4.9	5.0
怀 柔 区	38.1	38.2	10.4	10.6
平 谷 区	42.3	42.2	5.3	5.3
密 云 县	47.8	47.6	7.2	7.2
延 庆 县	31.6	31.6	3.6	3.6

注：表内数据根据人口抽样调查数据推算，为年末数。

3-9 常住人口(按城乡分)

单位：万人

区 县	常住人口		城镇人口		乡村人口	
	2014	2013	2014	2013	2014	2013
全 市	**2151.6**	**2114.8**	**1859.0**	**1825.1**	**292.6**	**289.7**
首都功能核心区	**221.3**	**221.2**	**221.3**	**221.2**		
东 城 区	91.1	90.9	91.1	90.9		
西 城 区	130.2	130.3	130.2	130.3		
城市功能拓展区	**1055.0**	**1032.2**	**1043.1**	**1022.4**	**11.9**	**9.8**
朝 阳 区	392.2	384.1	389.7	383.1	2.5	1.0
丰 台 区	230.0	226.1	228.6	224.6	1.4	1.5
石景山区	65.0	64.4	65.0	64.4		
海 淀 区	367.8	357.6	359.8	350.3	8.0	7.3
城市发展新区	**684.9**	**671.5**	**477.5**	**464.5**	**207.4**	**207.0**
房 山 区	103.6	101.0	71.4	70.4	32.2	30.6
通 州 区	135.6	132.6	87.1	84.5	48.5	48.1
顺 义 区	100.4	98.3	54.9	53.2	45.5	45.1
昌 平 区	190.8	188.9	154.7	154.4	36.1	34.5
大 兴 区	154.5	150.7	109.4	102.0	45.1	48.7
生态涵养发展区	**190.4**	**189.9**	**117.1**	**117.0**	**73.3**	**72.9**
门头沟区	30.6	30.3	26.4	26.0	4.2	4.3
怀 柔 区	38.1	38.2	25.1	26.2	13.0	12.0
平 谷 区	42.3	42.2	23.2	22.9	19.1	19.3
密 云 县	47.8	47.6	26.5	26.3	21.3	21.3
延 庆 县	31.6	31.6	15.9	15.6	15.7	16.0

注：表内数据根据人口抽样调查数据推算，为年末数。

3-10 常住人口(按性别分)

单位：万人

区 县	常住人口		男		女	
	2014	2013	2014	2013	2014	2013
全 市	**2151.6**	**2114.8**	**1106.5**	**1090.7**	**1045.1**	**1024.1**
首都功能核心区	**221.3**	**221.2**	**109.6**	**110.8**	**111.7**	**110.4**
东 城 区	91.1	90.9	44.7	45.9	46.4	45.0
西 城 区	130.2	130.3	64.9	64.9	65.3	65.4
城市功能拓展区	**1055.0**	**1032.2**	**544.7**	**529.9**	**510.3**	**502.3**
朝 阳 区	392.2	384.1	201.0	197.4	191.2	186.7
丰 台 区	230.0	226.1	117.0	115.1	113.0	111.0
石景山区	65.0	64.4	32.9	32.6	32.1	31.8
海 淀 区	367.8	357.6	193.8	184.8	174.0	172.8
城市发展新区	**684.9**	**671.5**	**355.0**	**351.8**	**329.9**	**319.7**
房 山 区	103.6	101.0	53.0	51.2	50.6	49.8
通 州 区	135.6	132.6	70.1	68.9	65.5	63.7
顺 义 区	100.4	98.3	51.3	50.7	49.1	47.6
昌 平 区	190.8	188.9	100.8	99.8	90.0	89.1
大 兴 区	154.5	150.7	79.8	81.2	74.7	69.5
生态涵养发展区	**190.4**	**189.9**	**97.2**	**98.2**	**93.2**	**91.7**
门头沟区	30.6	30.3	15.4	15.6	15.2	14.7
怀 柔 区	38.1	38.2	19.8	20.3	18.3	17.9
平 谷 区	42.3	42.2	21.5	21.5	20.8	20.7
密 云 县	47.8	47.6	24.4	24.5	23.4	23.1
延 庆 县	31.6	31.6	16.1	16.3	15.5	15.3

注：表内数据根据人口抽样调查数据推算，为年末数。

3-11 常住人口(按年龄分)

单位：万人

区 县	常住人口		0—14岁		15—64岁		65岁及以上	
	2014	2013	2014	2013	2014	2013	2014	2013
全 市	**2151.6**	**2114.8**	**213.0**	**200.1**	**1726.3**	**1720.2**	**212.3**	**194.5**
首都功能核心区	**221.3**	**221.2**	**22.0**	**18.6**	**167.3**	**172.5**	**32.0**	**30.1**
东 城 区	91.1	90.9	8.2	7.3	70.0	71.9	12.9	11.7
西 城 区	130.2	130.3	13.8	11.3	97.3	100.6	19.1	18.4
城市功能拓展区	**1055.0**	**1032.2**	**97.6**	**95.3**	**856.4**	**846.8**	**101.0**	**90.1**
朝 阳 区	392.2	384.1	36.7	35.9	317.3	313.2	38.2	35.0
丰 台 区	230.0	226.1	22.7	22.0	184.3	182.1	23.0	22.0
石景山区	65.0	64.4	5.9	5.7	52.5	52.1	6.6	6.6
海 淀 区	367.8	357.6	32.3	31.7	302.3	299.4	33.2	26.5
城市发展新区	**684.9**	**671.5**	**72.9**	**65.9**	**554.0**	**551.7**	**58.0**	**53.9**
房 山 区	103.6	101.0	11.1	11.1	81.1	79.7	11.4	10.2
通 州 区	135.6	132.6	13.2	12.2	111.1	109.0	11.3	11.4
顺 义 区	100.4	98.3	11.0	9.4	81.5	81.3	7.9	7.6
昌 平 区	190.8	188.9	20.3	18.0	155.3	156.8	15.2	14.1
大 兴 区	154.5	150.7	17.3	15.2	125.0	124.9	12.2	10.6
生态涵养发展区	**190.4**	**189.9**	**20.5**	**20.3**	**148.6**	**149.2**	**21.3**	**20.4**
门头沟区	30.6	30.3	3.4	3.1	23.4	23.5	3.8	3.7
怀 柔 区	38.1	38.2	4.4	4.3	29.7	30.2	4.0	3.7
平 谷 区	42.3	42.2	4.3	4.3	33.2	33.2	4.8	4.7
密 云 县	47.8	47.6	5.2	5.1	37.5	37.5	5.1	5.0
延 庆 县	31.6	31.6	3.2	3.5	24.8	24.8	3.6	3.3

注：表内数据根据人口抽样调查数据推算，为年末数。

3-12 常住人口密度(2014年)

区 县	土地面积(平方公里)	常住人口(万人)	常住人口密度(人/平方公里)
全 市	**16410.54**	**2151.6**	**1311**
首都功能核心区	**92.39**	**221.3**	**23953**
东城区	41.86	91.1	21763
西城区	50.53	130.2	25767
城市功能拓展区	**1275.93**	**1055.0**	**8268**
朝阳区	455.08	392.2	8618
丰台区	305.80	230.0	7521
石景山区	84.32	65.0	7709
海淀区	430.73	367.8	8539
城市发展新区	**6295.57**	**684.9**	**1088**
房山区	1989.54	103.6	521
通州区	906.28	135.6	1496
顺义区	1019.89	100.4	984
昌平区	1343.54	190.8	1420
大兴区	1036.32	154.5	1491
生态涵养发展区	**8746.65**	**190.4**	**218**
门头沟区	1450.70	30.6	211
怀柔区	2122.62	38.1	179
平谷区	950.13	42.3	445
密云县	2229.45	47.8	214
延庆县	1993.75	31.6	158

注：表内人口数据根据人口抽样调查数据推算，为年末数。

资料来源：表内“土地面积”使用的是2008年数据，由北京市国土资源局提供。

3-13 城镇单位从业人员年末人数、工资总额

区 县	从业人员年末人数(人)			从业人员工资总额(万元)		
	2014	2013	增长速度(%)	2014	2013	增长速度(%)
全 市	**7558601**	**7422565**	**1.8**	**76876021**	**68697616**	**11.9**
首都功能核心区	**1604880**	**1575692**	**1.9**	**20498608**	**18126604**	**13.1**
东 城 区	651405	631899	3.1	7140725	6280545	13.7
西 城 区	953475	943793	1.0	13357883	11846059	12.8
城市功能拓展区	**3891693**	**3819130**	**1.9**	**40468653**	**36534382**	**10.8**
朝 阳 区	1407970	1423694	-1.1	15951823	14872987	7.3
丰 台 区	639057	609567	4.8	4524855	3929091	15.2
石景山区	200521	200963	-0.2	1625229	1425505	14.0
海 淀 区	1644145	1584906	3.7	18366746	16306799	12.6
城市发展新区	**1617112**	**1595016**	**1.4**	**13167950**	**11614251**	**13.4**
房 山 区	160552	165682	-3.1	1111077	1007750	10.3
通 州 区	228131	223057	2.3	1507703	1329255	13.4
顺 义 区	474187	452398	4.8	4167454	3604232	15.6
昌 平 区	282392	291572	-3.1	2268735	2012309	12.7
大 兴 区	471850	462307	2.1	4112981	3660705	12.4
生态涵养发展区	**444916**	**432727**	**2.8**	**2740810**	**2422379**	**13.1**
门头沟区	58423	60824	-3.9	429448	387606	10.8
怀 柔 区	91434	91033	0.4	697247	580239	20.2
平 谷 区	120678	101770	18.6	618559	539770	14.6
密 云 县	104123	109579	-5.0	646197	596962	8.2
延 庆 县	70258	69521	1.1	349359	317802	9.9

注：城镇单位是指不包括私营单位和个体工商户的独立核算法人单位。

3-14 城镇单位在岗职工年末人数、工资总额、平均工资

区 县	在岗职工年末人数(人)			在岗职工工资总额(万元)			在岗职工平均工资(元)		
	2014	2013	增长速度(%)	2014	2013	增长速度(%)	2014	2013	增长速度(%)
全 市	**7087922**	**6954597**	**1.9**	**72933475**	**65020386**	**12.2**	**103400**	**93997**	**10.0**
首都功能核心区	**1447303**	**1420160**	**1.9**	**19463858**	**17153870**	**13.5**	**134450**	**122149**	**10.1**
东 城 区	578574	562725	2.8	6676885	5865670	13.8	114833	105918	8.4
西 城 区	868729	857435	1.3	12786973	11288200	13.3	147618	132717	11.2
城市功能拓展区	**3660462**	**3582970**	**2.2**	**38167752**	**34377899**	**11.0**	**105306**	**96458**	**9.2**
朝 阳 区	1316561	1328463	-0.9	14603570	13513315	8.1	111988	102100	9.7
丰 台 区	612190	583030	5.0	4397839	3817512	15.2	71824	65533	9.6
石景山区	186017	186594	-0.3	1556397	1372821	13.4	83743	74606	12.2
海 淀 区	1545694	1484883	4.1	17609946	15674251	12.3	115682	106341	8.8
城市发展新区	**1561384**	**1539293**	**1.4**	**12654150**	**11140679**	**13.6**	**80794**	**72551**	**11.4**
房 山 区	156922	161671	-2.9	1095159	992005	10.4	68813	60668	13.4
通 州 区	223217	217510	2.6	1477365	1300445	13.6	66194	60068	10.2
顺 义 区	456627	438554	4.1	3973348	3427701	15.9	86764	79022	9.8
昌 平 区	270268	277363	-2.6	2197814	1941015	13.2	80127	70910	13.0
大 兴 区	454350	444195	2.3	3910464	3479513	12.4	86583	77659	11.5
生态涵养发展区	**418773**	**412174**	**1.6**	**2647716**	**2347938**	**12.8**	**63773**	**56806**	**12.3**
门头沟区	55453	58598	-5.4	416719	378491	10.1	73228	65689	11.5
怀 柔 区	87245	88630	-1.6	670705	558033	20.2	76161	64099	18.8
平 谷 区	112651	98548	14.3	592447	521789	13.5	56163	52251	7.5
密 云 县	96137	99950	-3.8	628731	581089	8.2	64502	56540	14.1
延 庆 县	67287	66448	1.3	339114	308536	9.9	50431	46737	7.9

注：城镇单位是指不包括私营单位和个体工商户的独立核算法人单位。

3–15 年末实有登记失业人员

单位：人

区 县	2014	2013
全 市	**87664**	**75345**
首都功能核心区	**10473**	**9993**
东 城 区	4458	4233
西 城 区	6015	5760
城市功能拓展区	**33450**	**30191**
朝 阳 区	8501	7755
丰 台 区	10883	9040
石景山区	4561	4077
海 淀 区	9505	9319
城市发展新区	**31162**	**23176**
房 山 区	7126	6663
通 州 区	5203	4787
顺 义 区	3859	3105
昌 平 区	5247	5114
大 兴 区	9707	3494
北京经济技术开发区	20	13
生态涵养发展区	**12579**	**11985**
门头沟区	3887	3966
怀 柔 区	2229	2125
平 谷 区	2361	2053
密 云 县	1946	1732
延 庆 县	2156	2109

资料来源：北京市人力资源和社会保障局。

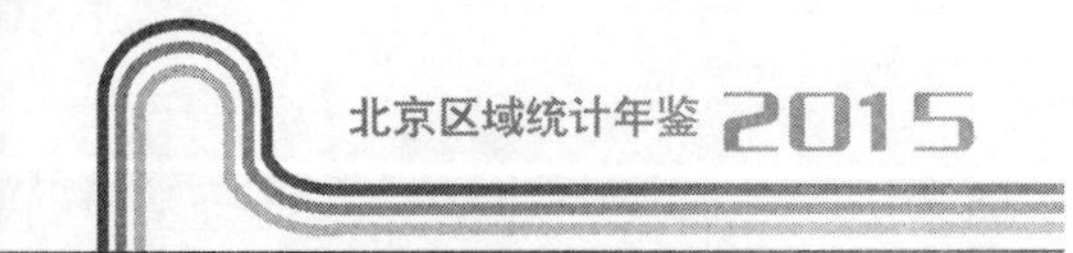

3-16 地区生产总值

单位：万元

区 县	地区生产总值			第一产业		
	2014	2013	增长速度(%)	2014	2013	增长速度(%)
全 市	**213308300**	**198008100**	**7.3**	**1589900**	**1596400**	**…**
首都功能核心区	**47852866**	**44473368**	**7.6**			
东 城 区	17330098	16116635	7.5			
西 城 区	30522768	28356733	7.6			
城市功能拓展区	**101198788**	**93621944**	**8.1**	**41723**	**45047**	**-7.4**
朝 阳 区	43373344	40305974	7.6	14098	14012	0.6
丰 台 区	10916146	10077978	8.3	8052	12100	-33.5
石景山区	4009076	3737595	7.3			
海 淀 区	42900222	39500397	8.6	19573	18935	3.4
城市发展新区	**44915683**	**41435900**	**8.4**	**991286**	**961765**	**3.1**
房 山 区	5192997	4817612	7.8	183269	172399	6.3
通 州 区	5489086	5052283	8.7	219974	209956	4.8
顺 义 区	13397471	12402200	8.0	255274	251425	1.5
昌 平 区	6111387	5657585	8.0	92462	99421	-7.0
大 兴 区	4750244	4371658	8.7	240307	228564	5.1
北京经济技术开发区	9974498	9134562	9.2			
生态涵养发展区	**8482714**	**7855704**	**8.0**	**550608**	**586247**	**-6.1**
门头沟区	1338295	1241987	7.8	12081	19629	-38.5
怀 柔 区	2193279	2034091	7.8	82899	79883	3.8
平 谷 区	1834287	1687442	8.7	195881	187717	4.3
密 云 县	2118809	1969557	7.6	162142	189512	-14.4
延 庆 县	998044	922627	8.2	97604	109507	-10.9

注：1. 行业按国家2011年国民经济行业分类标准核算(下同)。

2. 表内全市增长速度为可比价速度，区县为现价速度(续表同此)。

3. 地区生产总值区县合计数不等于全市是由于区县的数据中扣除了划归市一级核算部分。

4. 2013年数据为第三次全国经济普查数据。

3-16 续表1

单位：万元

区 县	第二产业			第三产业		
	2014	2013	增长速度(%)	2014	2013	增长速度(%)
全 市	**45448000**	**42925600**	**6.9**	**166270400**	**153486100**	**7.5**
首都功能核心区	**3680434**	**3411787**	**7.9**	44172432	41061581	7.6
东 城 区	702239	656369	7.0	16627859	15460266	7.6
西 城 区	2978195	2755418	8.1	27544573	25601315	7.6
城市功能拓展区	**13104302**	**12140534**	**7.9**	**88052763**	**81436363**	**8.1**
朝 阳 区	3465861	3393367	2.1	39893385	36898595	8.1
丰 台 区	2533337	2344032	8.1	8374757	7721846	8.5
石景山区	1361402	1335299	2.0	2647674	2402296	10.2
海 淀 区	5743702	5067836	13.3	37136947	34413626	7.9
城市发展新区	**22467159**	**20892347**	**7.5**	**21457239**	**19581788**	**9.6**
房 山 区	3080173	2800087	10.0	1929556	1845126	4.6
通 州 区	2765694	2490117	11.1	2503419	2352210	6.4
顺 义 区	5796487	5511009	5.2	7345710	6639766	10.6
昌 平 区	2509659	2427857	3.4	3509266	3130307	12.1
大 兴 区	1918500	1708614	12.3	2591437	2434480	6.5
北京经济技术开发区	6396647	5954663	7.4	3577851	3179899	12.5
生态涵养发展区	**4114404**	**3745688**	**9.8**	**3817703**	**3523769**	**8.3**
门头沟区	681414	620396	9.8	644799	601962	7.1
怀 柔 区	1279550	1183521	8.1	830830	770688	7.8
平 谷 区	880094	787680	11.7	758312	712045	6.5
密 云 县	997385	919665	8.5	959282	860380	11.5
延 庆 县	275960	234426	17.7	624480	578694	7.9

3-16 续表2

单位：万元

区 县	地区生产总值按行业分								
	农林牧渔业			工 业			建筑业		
	2014	2013	增长速度(%)	2014	2013	增长速度(%)	2014	2013	增长速度(%)
全 市	**1613100**	**1618300**	**…**	**37467700**	**35664300**	**6.0**	**9026600**	**8315500**	**10.2**
首都功能核心区				**2616807**	**2474459**	**5.8**	**1063751**	**937444**	**13.5**
东 城 区				364515	343502	6.1	337848	312983	7.9
西 城 区				2252292	2130957	5.7	725903	624461	16.2
城市功能拓展区	**44761**	**47906**	**-6.6**	**9071189**	**8454230**	**7.3**	**4672017**	**4310456**	**8.4**
朝 阳 区	14908	14783	0.8	3059903	3011459	1.6	1025488	988478	3.7
丰 台 区	8430	12457	-32.3	1340810	1233580	8.7	1199609	1117006	7.4
石景山区				799356	824630	-3.1	563919	512506	10.0
海 淀 区	21424	20666	3.7	3871120	3384561	14.4	1883000	1692467	11.3
城市发展新区	**1006691**	**976359**	**3.1**	**20170318**	**18817894**	**7.2**	**2645724**	**2408107**	**9.9**
房 山 区	186905	175856	6.3	2712481	2421544	12.0	376876	386892	-2.6
通 州 区	222610	212443	4.8	1904420	1757738	8.3	862204	733216	17.6
顺 义 区	260008	255908	1.6	5538794	5298760	4.5	445292	391031	13.9
昌 平 区	94466	101310	-6.8	2345982	2270277	3.3	301491	290900	3.6
大 兴 区	242702	230843	5.1	1544481	1383930	11.6	375730	326208	15.2
北京经济技术开发区				6124160	5685645	7.7	284132	279859	1.5
生态涵养发展区	**555349**	**590707**	**-6.0**	**3319913**	**3033985**	**9.4**	**797369**	**714335**	**11.6**
门头沟区	12320	19855	-38.0	598735	537313	11.4	83421	83758	-0.4
怀 柔 区	83138	80107	3.8	1091821	1025494	6.5	188716	158938	18.7
平 谷 区	196292	188074	4.4	636510	572742	11.1	244058	215362	13.3
密 云 县	164509	191750	-14.2	796773	732769	8.7	201254	187489	7.3
延 庆 县	99090	110921	-10.7	196074	165667	18.4	79920	68788	16.2

3-16 续表3

单位：万元

区 县	地区生产总值按行业分								
	批发和零售业			交通运输、仓储和邮政业			住宿和餐饮业		
	2014	2013	增长速度(%)	2014	2013	增长速度(%)	2014	2013	增长速度(%)
全 市	**24111400**	**23407400**	**5.0**	**9481000**	**8717600**	**6.8**	**3637600**	**3747500**	**-0.9**
首都功能核心区	**4676079**	**4666437**	**0.2**	**946085**	**916284**	**3.3**	**981026**	**957977**	**2.4**
东 城 区	2049463	2020714	1.4	347369	331295	4.9	561225	542318	3.5
西 城 区	2626616	2645723	-0.7	598716	584989	2.4	419801	415659	1.0
城市功能拓展区	**14406322**	**13842584**	**4.1**	**2724442**	**2535377**	**7.5**	**2050997**	**2035701**	**0.8**
朝 阳 区	10007789	9640712	3.8	1951568	1814397	7.6	1032916	1019251	1.3
丰 台 区	1081323	1039404	4.0	358801	331372	8.3	266577	258492	3.1
石景山区	234213	223803	4.7	63468	59614	6.5	62998	60835	3.6
海 淀 区	3082997	2938665	4.9	350605	329994	6.3	688506	697123	-1.2
城市发展新区	**3627279**	**3289813**	**10.3**	**4212914**	**3830880**	**10.0**	**634041**	**604659**	**4.9**
房 山 区	199478	187971	6.1	115093	107290	7.3	52814	50331	4.9
通 州 区	407438	367104	11.0	74460	69338	7.4	74095	71372	3.8
顺 义 区	564633	534958	5.6	3591773	3269500	9.9	138909	131801	5.4
昌 平 区	228019	219173	4.0	27990	24122	16.0	165250	163158	1.3
大 兴 区	307199	281781	9.0	143305	124916	14.7	42798	40346	6.1
北京经济技术开发区	1920512	1698826	13.1	260293	235714	10.4	160175	147651	8.5
生态涵养发展区	**286110**	**275933**	**3.7**	**242510**	**221825**	**9.3**	**153430**	**148405**	**3.4**
门头沟区	62333	60773	2.6	18657	17806	4.8	17801	16909	5.3
怀 柔 区	45119	43244	4.3	29240	26865	8.8	44215	42393	4.3
平 谷 区	65442	61723	6.0	52387	46642	12.3	29195	28075	4.0
密 云 县	76129	73964	2.9	16706	15070	10.9	41669	41102	1.4
延 庆 县	37087	36229	2.4	125520	115442	8.7	20550	19926	3.1

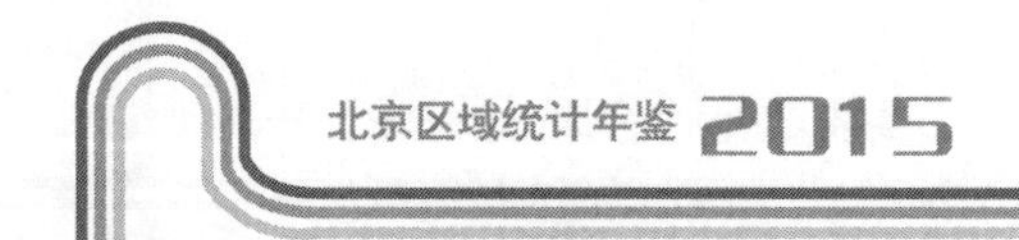

3–16　续表4

单位：万元

区　县	地区生产总值按行业分								
	信息传输、软件和信息技术服务业			金融业			房地产业		
	2014	2013	增长速度(%)	2014	2013	增长速度(%)	2014	2013	增长速度(%)
全　市	**20819000**	**18522000**	**11.9**	**33577100**	**29431300**	**12.7**	**13292000**	**13395200**	**-2.2**
首都功能核心区	**3026280**	**2752761**	**9.9**	**17737316**	**15806087**	**12.2**	**2189098**	**2121519**	**3.2**
东 城 区	1927119	1771680	8.8	4181194	3638887	14.9	978125	882682	10.8
西 城 区	1099161	981081	12.0	13556122	12167200	11.4	1210973	1238837	-2.3
城市功能拓展区	**14884518**	**13377856**	**11.3**	**10560033**	**9720219**	**8.6**	**7337915**	**7335541**	**…**
朝 阳 区	2352180	2090295	12.5	4771911	4436095	7.6	4083038	4112205	-0.7
丰 台 区	415993	380607	9.3	1121187	990962	13.1	908165	903011	0.6
石景山区	659500	570524	15.6	274782	241840	13.6	218452	202546	7.9
海 淀 区	11456845	10336430	10.8	4392153	4051322	8.4	2128260	2117779	0.5
城市发展新区	**614250**	**551117**	**11.5**	**2161845**	**1852145**	**16.7**	**3244289**	**3261684**	**-0.5**
房 山 区	27634	24980	10.6	203422	187202	8.7	495590	500894	-1.1
通 州 区	14268	12417	14.9	357710	321304	11.3	727249	745230	-2.4
顺 义 区	10810	10030	7.8	826508	633291	30.5	570823	580024	-1.6
昌 平 区	186729	168042	11.1	311424	287186	8.4	714309	687316	3.9
大 兴 区	19177	16985	12.9	240100	222422	8.0	667025	680934	-2.0
北京经济技术开发区	355632	318663	11.6	222681	200740	10.9	69293	67286	3.0
生态涵养发展区	**11349**	**10184**	**11.4**	**357863**	**339651**	**5.4**	**666266**	**617934**	**7.8**
门头沟区	1082	931	16.2	71764	63792	12.5	114349	104065	9.9
怀 柔 区	4444	3807	16.7	81054	84848	-4.5	138858	126884	9.4
平 谷 区	3110	2916	6.7	71857	68857	4.4	142890	136746	4.5
密 云 县	2582	2411	7.1	91406	85043	7.5	194493	177371	9.7
延 庆 县	131	119	10.1	41782	37111	12.6	75676	72868	3.9

3-16 续表5

单位：万元

区 县	地区生产总值按行业分								
	租赁与商务服务业			科学研究和技术服务业			水利、环境和公共设施管理业		
	2014	2013	增长速度(%)	2014	2013	增长速度(%)	2014	2013	增长速度(%)
全 市	**17002500**	**15664500**	**5.8**	**16626600**	**14727700**	**11.1**	**1360000**	**1201300**	**11.4**
首都功能核心区	**4744371**	**4397450**	**7.9**	**3130048**	**2946979**	**6.2**	**180736**	**162057**	**11.5**
东 城 区	2018174	1883173	7.2	1599812	1564928	2.2	69022	63530	8.6
西 城 区	2726197	2514277	8.4	1530236	1382051	10.7	111714	98527	13.4
城市功能拓展区	**10591751**	**9514973**	**11.3**	**11155359**	**9939080**	**12.2**	**729820**	**646549**	**12.9**
朝 阳 区	7587515	6759505	12.3	3341378	2725928	22.6	273757	239697	14.2
丰 台 区	1047023	938505	11.6	1629691	1465039	11.2	96447	92018	4.8
石景山区	176137	162696	8.3	250816	234931	6.8	27602	27657	-0.2
海 淀 区	1781076	1654267	7.7	5933474	5513182	7.6	332014	287177	15.6
城市发展新区	**1206277**	**1084471**	**11.2**	**1700768**	**1359086**	**25.1**	**201851**	**167099**	**20.8**
房 山 区	79075	74662	5.9	150288	130919	14.8	28477	27155	4.9
通 州 区	83158	75029	10.8	120622	96167	25.4	32193	27153	18.6
顺 义 区	559671	502350	11.4	272102	211067	28.9	30314	27569	10.0
昌 平 区	236961	209533	13.1	598668	441811	35.5	75423	52014	45.0
大 兴 区	118110	104153	13.4	164987	142966	15.4	25487	22466	13.5
北京经济技术开发区	129302	118744	8.9	394101	336156	17.2	9957	10742	-7.3
生态涵养发展区	**179515**	**163951**	**9.5**	**148225**	**109503**	**35.4**	**143245**	**113942**	**25.7**
门头沟区	28971	28147	2.9	57431	51548	11.4	6988	7816	-10.6
怀 柔 区	40186	37806	6.3	35526	18384	93.2	36035	33602	7.2
平 谷 区	32423	28523	13.7	14561	12416	17.3	9352	8074	15.8
密 云 县	65118	57444	13.4	30657	16907	81.3	59392	37653	57.7
延 庆 县	12817	12031	6.5	10050	10248	-1.9	31478	26797	17.5

3–16 续表6

单位：万元

区 县	地区生产总值按行业分								
	居民服务、修理和其他服务业			教 育			卫生和社会工作		
	2014	2013	增长速度(%)	2014	2013	增长速度(%)	2014	2013	增长速度(%)
全 市	**1550000**	**1399300**	**12.8**	**8589900**	**7705400**	**9.7**	**4681400**	**4161200**	**10.7**
首都功能核心区	**253547**	**219314**	**15.6**	**1010500**	**948755**	**6.5**	**1473947**	**1361330**	**8.3**
东 城 区	107226	94398	13.6	424794	376643	12.8	619974	592717	4.6
西 城 区	146321	124916	17.1	585706	572112	2.4	853973	768613	11.1
城市功能拓展区	**911886**	**779464**	**17.0**	**5210741**	**4629131**	**12.6**	**2071993**	**1772752**	**16.9**
朝 阳 区	396062	336671	17.6	1262187	1096408	15.1	867286	697069	24.4
丰 台 区	172986	152120	13.7	371744	324889	14.4	270969	226189	19.8
石景山区	64317	53739	19.7	220222	177362	24.2	125135	116465	7.4
海 淀 区	278521	236934	17.6	3356588	3030472	10.8	808603	733029	10.3
城市发展新区	**325354**	**286512**	**13.6**	**1479124**	**1319240**	**12.1**	**596501**	**539304**	**10.6**
房 山 区	35552	30808	15.4	215386	202609	6.3	118487	111090	6.7
通 州 区	52962	47469	11.6	211841	191569	10.6	120511	107504	12.1
顺 义 区	73712	64475	14.3	232175	221483	4.8	100986	92116	9.6
昌 平 区	92666	81562	13.6	406381	347840	16.8	137003	122279	12.0
大 兴 区	49801	44225	12.6	400992	349508	14.7	112700	100275	12.4
北京经济技术开发区	20661	17973	15.0	12349	6231	98.2	6814	6040	12.8
生态涵养发展区	**99179**	**87286**	**13.6**	**533104**	**478597**	**11.4**	**261449**	**244483**	**6.9**
门头沟区	27438	24502	12.0	66109	60600	9.1	52736	52156	1.1
怀 柔 区	17095	15041	13.7	108634	97765	11.1	54637	50176	8.9
平 谷 区	22530	19936	13.0	118353	110748	6.9	64438	57584	11.9
密 云 县	20768	17698	17.4	141063	121503	16.1	55253	51392	7.5
延 庆 县	11348	10109	12.3	98945	87981	12.5	34385	33175	3.7

3-16 续表7

单位：万元

区 县	地区生产总值按行业分					
	文化、体育和娱乐业			公共管理、社会保障和社会组织		
	2014	2013	增长速度(%)	2014	2013	增长速度(%)
全 市	**4703800**	**4502700**	**1.9**	**5768600**	**5826900**	**-2.6**
首都功能核心区	**1509224**	**1476226**	**2.2**	**2314051**	**2328289**	**-0.6**
东 城 区	714115	692930	3.1	1030123	1004255	2.6
西 城 区	795109	783296	1.5	1283928	1324034	-3.0
城市功能拓展区	**2826310**	**2712393**	**4.2**	**1948734**	**1967732**	**-1.0**
朝 阳 区	603743	574893	5.0	741715	748129	-0.9
丰 台 区	234495	223111	5.1	391896	389216	0.7
石景山区	129020	126907	1.7	139139	141540	-1.7
海 淀 区	1859052	1787482	4.0	675984	688847	-1.9
城市发展新区	**103096**	**99783**	**3.3**	**985361**	**987747**	**-0.2**
房 山 区	15723	14362	9.5	179716	183047	-1.8
通 州 区	13753	13710	0.3	209592	203520	3.0
顺 义 区	18756	18482	1.5	162205	159355	1.8
昌 平 区	26475	26383	0.4	162151	164679	-1.5
大 兴 区	27051	25565	5.8	268599	274135	-2.0
北京经济技术开发区	1338	1281	4.5	3098	3011	2.9
生态涵养发展区	**133604**	**125662**	**6.3**	**594234**	**579321**	**2.6**
门头沟区	10605	9969	6.4	107555	102047	5.4
怀 柔 区	80327	75051	7.0	114234	113686	0.5
平 谷 区	17580	17358	1.3	113309	111666	1.5
密 云 县	7611	7076	7.6	153426	152915	0.3
延 庆 县	17481	16208	7.9	105710	99007	6.8

3-17 地方财政收入

单位：万元

区 县	地方财政收入			#地方公共财政预算收入		
	2014	2013	增长速度(%)	2014	2013	增长速度(%)
全 市	**72145371**	**55660805**	**29.6**	**40271609**	**36611097**	**10.0**
首都功能核心区	**5625096**	**5010471**	**12.3**	**5287072**	**4890775**	**8.1**
东 城 区	1582286	1555475	1.7	1559500	1471294	6.0
西 城 区	4042810	3454996	17.0	3727572	3419481	9.0
城市功能拓展区	**14127795**	**10801391**	**30.8**	**8520973**	**7754563**	**9.9**
朝 阳 区	6404977	5214635	22.8	4118281	3764732	9.4
丰 台 区	2614265	1549474	68.7	861408	769263	12.0
石景山区	1353806	675383	100.5	379716	306090	24.1
海 淀 区	3754747	3361899	11.7	3161568	2914478	8.5
城市发展新区	**14014238**	**9239191**	**51.7**	**3448775**	**3084924**	**11.8**
房 山 区	1352176	1923372	-29.7	456020	450807	1.2
通 州 区	4242248	2195562	93.2	608552	529114	15.0
顺 义 区	3086427	1639132	88.3	1106151	980255	12.8
昌 平 区	2242866	1546998	45.0	662835	600821	10.3
大 兴 区	3090521	1934127	59.8	615217	523927	17.4
生态涵养发展区	**3955914**	**2192820**	**80.4**	**1177399**	**1068357**	**10.2**
门头沟区	2020197	689836	192.9	220341	207234	6.3
怀 柔 区	871538	515972	68.9	303441	267025	13.6
平 谷 区	467965	352707	32.7	265477	239711	10.7
密 云 县	453549	495164	-8.4	277940	254207	9.3
延 庆 县	142665	139141	2.5	110200	100180	10.0

注：1.地方财政收入是指国家财政参与社会产品分配所得的收入，是实现国家职能的财力保证，包括地方公共财政预算收入和基金预算收入。

2.分区县财政收入为区县级财政收入。

3.地方财政收入中含国有资本经营预算收入。

资料来源：北京市财政局。

3-17 续表1

单位：万元

区 县	地方公共财政预算收入中					
	#税收收入			#增值税		
	2014	2013	增长速度(%)	2014	2013	增长速度(%)
全 市	**38612922**	**35145169**	**9.9**	**6466927**	**5748900**	**12.5**
首都功能核心区	**5048739**	**4745685**	**6.4**	**631318**	**511139**	**23.5**
东 城 区	1478487	1432406	3.2	260265	201736	29.0
西 城 区	3570252	3313279	7.8	371053	309403	19.9
城市功能拓展区	**8106972**	**7407648**	**9.4**	**1762508**	**1584662**	**11.2**
朝 阳 区	3990139	3616201	10.3	722539	706009	2.3
丰 台 区	800803	719054	11.4	122619	104401	17.5
石景山区	363316	292749	24.1	75923	55677	36.4
海 淀 区	2952714	2779644	6.2	841427	718575	17.1
城市发展新区	**3067372**	**2811983**	**9.1**	**516370**	**454954**	**13.5**
房 山 区	361470	363214	-0.5	59353	35605	66.7
通 州 区	543770	499900	8.8	95896	86041	11.5
顺 义 区	1015754	912206	11.4	199715	189924	5.2
昌 平 区	597212	547155	9.1	90296	80397	12.3
大 兴 区	549166	489508	12.2	71110	62987	12.9
生态涵养发展区	**899638**	**869406**	**3.5**	**156656**	**141999**	**10.3**
门头沟区	176074	177692	-0.9	28663	27341	4.8
怀 柔 区	263313	237668	10.8	55242	50640	9.1
平 谷 区	206484	194423	6.2	31896	27129	17.6
密 云 县	190116	193554	-1.8	32832	28786	14.1
延 庆 县	63651	66069	-3.7	8023	8103	-1.0

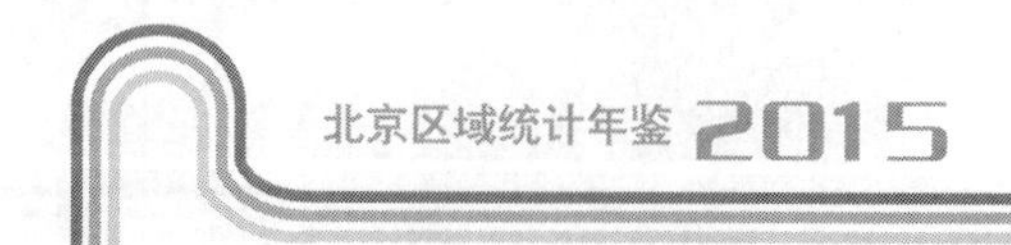

3-17 续表2

单位：万元

区 县	地方财政收入中								
	地方公共财政预算收入中						#政府性基金预算收入		
	税收收入中								
	#营业税			#企业所得税					
	2014	2013	增长速度(%)	2014	2013	增长速度(%)	2014	2013	增长速度(%)
全 市	**10686441**	**10347918**	**3.3**	**9158440**	**8021152**	**14.2**	**31229135**	**18417585**	**69.6**
首都功能核心区	**1778161**	**1603259**	**10.9**	**1417702**	**1519807**	**-6.7**	**309308**	**102718**	**201.1**
东 城 区	485845	444350	9.3	293113	377269	-22.3	19541	81700	-76.1
西 城 区	1292316	1158909	11.5	1124589	1142538	-1.6	289767	21018	1278.7
城市功能拓展区	**2130865**	**2131316**	**0.0**	**1799738**	**1534151**	**17.3**	**5582771**	**3046828**	**83.2**
朝 阳 区	1010582	1040262	-2.9	979584	752765	30.1	2279354	1449903	57.2
丰 台 区	325913	287569	13.3	122981	103047	19.3	1751257	780211	124.5
石景山区	129641	106504	21.7	57493	45983	25.0	973981	369293	163.7
海 淀 区	664729	696981	-4.6	639680	632356	1.2	578179	447421	29.2
城市发展新区	**1019976**	**1003857**	**1.6**	**560234**	**475221**	**17.9**	**10553803**	**6147097**	**71.7**
房 山 区	133915	147735	-9.4	40413	32827	23.1	894828	1472565	-39.2
通 州 区	188792	199167	-5.2	79024	64328	22.8	3632669	1666448	118.0
顺 义 区	256267	237694	7.8	270684	221154	22.4	1975193	655105	201.5
昌 平 区	196906	199534	-1.3	98793	86697	14.0	1579032	944930	67.1
大 兴 区	244096	219727	11.1	71320	70215	1.6	2472081	1408049	75.6
生态涵养发展区	**286353**	**274572**	**4.3**	**147195**	**136352**	**8.0**	**2777768**	**1124165**	**147.1**
门头沟区	70550	63746	10.7	18619	22171	-16.0	1799499	482602	272.9
怀 柔 区	65498	64665	1.3	53696	44216	21.4	568037	248947	128.2
平 谷 区	64058	60410	6.0	35611	31394	13.4	202238	112753	79.4
密 云 县	60847	60064	1.3	28747	30119	-4.6	175591	240957	-27.1
延 庆 县	25400	25687	-1.1	10522	8452	24.5	32403	38906	-16.7

3-18 地方财政支出

单位：万元

区 县	地方财政支出			#地方公共财政预算支出		
	2014	2013	增长速度(%)	2014	2013	增长速度(%)
全 市	**71477458**	**60394197**	**18.4**	**45246690**	**41736563**	**8.4**
首都功能核心区	**5645822**	**4803745**	**17.5**	**5138279**	**4556026**	**12.8**
东 城 区	2057555	1854748	10.9	1953685	1689572	15.6
西 城 区	3588267	2948997	21.7	3184594	2866454	11.1
城市功能拓展区	**15306966**	**12320167**	**24.2**	**9961559**	**9170004**	**8.6**
朝 阳 区	5933665	4629591	28.2	3807947	3167743	20.2
丰 台 区	3103876	2244166	38.3	1529160	1506250	1.5
石景山区	1697137	1018679	66.6	688258	612543	12.4
海 淀 区	4572288	4427731	3.3	3936194	3883468	1.4
城市发展新区	**16815101**	**12974925**	**29.6**	**7518886**	**6754525**	**11.3**
房 山 区	2526339	2878444	-12.2	1541172	1448118	6.4
通 州 区	3740315	2612820	43.2	1318399	1254555	5.1
顺 义 区	3541867	2289880	54.7	1678379	1466880	14.4
昌 平 区	2788648	2446479	14.0	1384384	1232493	12.3
大 兴 区	4217932	2747302	53.5	1596552	1352479	18.0
生态涵养发展区	**7064416**	**5860852**	**20.5**	**4197217**	**4235933**	**-0.9**
门头沟区	2041564	1345111	51.8	688916	761000	-9.5
怀 柔 区	1703544	1292411	31.8	978864	964695	1.5
平 谷 区	1149155	1041024	10.4	832539	823623	1.1
密 云 县	1292109	1266645	2.0	955855	896248	6.7
延 庆 县	878044	915661	-4.1	741043	790367	-6.2

注：1.地方财政支出是以国家为主体，以财政的事权为依据进行的一种财政资金分配活动，集中反映了国家的职能活动范围及其所发生的耗费，包括地方公共财政预算支出和基金预算支出。

2.分区县财政支出为区县级实际支出，含市级下拨部分。

3.地方财政支出中含国有资本经营预算支出。

资料来源：北京市财政局。

3-18 续表1

单位：万元

区 县	地方公共财政预算支出中					
	#一般公共服务			#社会保障和就业		
	2014	2013	增长速度(%)	2014	2013	增长速度(%)
全 市	**2722329**	**2971203**	**-8.4**	**5090079**	**4691317**	**8.5**
首都功能核心区	**292526**	**362847**	**-19.4**	**814918**	**743854**	**9.6**
东 城 区	113045	125733	-10.1	362692	348185	4.2
西 城 区	179481	237114	-24.3	452226	395669	14.3
城市功能拓展区	**563562**	**621640**	**-9.3**	**1834177**	**1539223**	**19.2**
朝 阳 区	187481	178332	5.1	777475	612610	26.9
丰 台 区	142273	213122	-33.2	295071	248218	18.9
石景山区	44269	48919	-9.5	135181	118650	13.9
海 淀 区	189539	181267	4.6	626450	559745	11.9
城市发展新区	**559841**	**576051**	**-2.8**	**846110**	**864082**	**-2.1**
房 山 区	151730	161757	-6.2	178694	216837	-17.6
通 州 区	90714	100078	-9.4	167548	173132	-3.2
顺 义 区	113754	112247	1.3	183890	180783	1.7
昌 平 区	98723	94584	4.4	165472	156898	5.5
大 兴 区	104920	107385	-2.3	150506	136432	10.3
生态涵养发展区	**342136**	**358915**	**-4.7**	**536320**	**478477**	**12.1**
门头沟区	54511	58021	-6.0	103362	95167	8.6
怀 柔 区	79496	80123	-0.8	94805	86551	9.5
平 谷 区	73097	71323	2.5	114458	98827	15.8
密 云 县	83777	96695	-13.4	127660	109666	16.4
延 庆 县	51255	52753	-2.8	96035	88266	8.8

3-18 续表2

单位：万元

区 县	地方公共财政预算支出中					
	#科学技术			#教 育		
	2014	2013	增长速度(%)	2014	2013	增长速度(%)
全 市	**2827117**	**2346742**	**20.5**	**7420541**	**6811775**	**8.9**
首都功能核心区	**36791**	**38114**	**-3.5**	**862900**	**852332**	**1.2**
东 城 区	13586	12056	12.7	362511	359299	0.9
西 城 区	23205	26058	-10.9	500389	493033	1.5
城市功能拓展区	**270600**	**266636**	**1.5**	**1895119**	**1690839**	**12.1**
朝 阳 区	80248	66237	21.2	766825	666885	15.0
丰 台 区	51516	48001	7.3	329418	289538	13.8
石景山区	13793	13078	5.5	112249	92786	21.0
海 淀 区	125043	139320	-10.2	686627	641630	7.0
城市发展新区	**78370**	**63672**	**23.1**	**1069926**	**944004**	**13.3**
房 山 区	10197	12384	-17.7	226311	194878	16.1
通 州 区	17331	16753	3.5	173782	140901	23.3
顺 义 区	7299	7091	2.9	205700	199072	3.3
昌 平 区	25957	22106	17.4	209965	172303	21.9
大 兴 区	17586	5338	229.4	254168	236850	7.3
生态涵养发展区	**42033**	**43656**	**-3.7**	**595593**	**532836**	**11.8**
门头沟区	2649	4515	-41.3	92322	101929	-9.4
怀 柔 区	6302	5872	7.3	126834	108276	17.1
平 谷 区	11409	11016	3.6	140114	99945	40.2
密 云 县	18994	16586	14.5	129910	118109	10.0
延 庆 县	2679	5667	-52.7	106413	104577	1.8

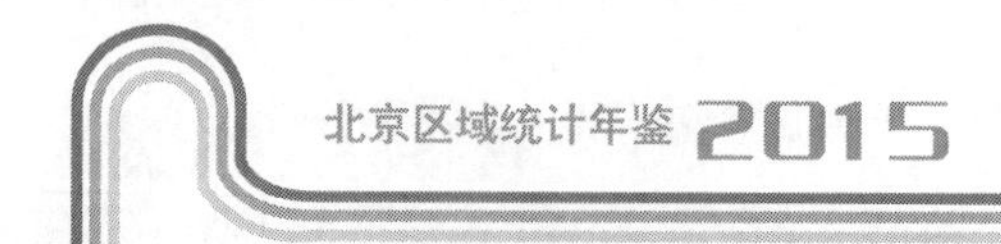

3-18 续表3

单位：万元

区 县	地方公共财政预算支出中					
	#医疗卫生与计划生育			#节能环保		
	2014	2013	增长速度(%)	2014	2013	增长速度(%)
全 市	**3222919**	**2761274**	**16.7**	**2133553**	**1381672**	**54.4**
首都功能核心区	**301659**	**284419**	**6.1**	**201471**	**253177**	**-20.4**
东 城 区	103095	109755	-6.1	79867	132115	-39.5
西 城 区	198564	174664	13.7	121604	121062	0.4
城市功能拓展区	**690211**	**557615**	**23.8**	**408670**	**262272**	**55.8**
朝 阳 区	345303	282569	22.2	156181	93706	66.7
丰 台 区	93782	82435	13.8	66110	29704	122.6
石景山区	42445	35928	18.1	43988	13998	214.2
海 淀 区	208681	156683	33.2	142391	124864	14.0
城市发展新区	**605210**	**509858**	**18.7**	**287925**	**201447**	**42.9**
房 山 区	99693	93094	7.1	44603	48115	-7.3
通 州 区	149117	126769	17.6	32524	32609	-0.3
顺 义 区	138450	116991	18.3	98033	51376	90.8
昌 平 区	100002	80241	24.6	83635	41007	104.0
大 兴 区	117948	92763	27.1	29130	28340	2.8
生态涵养发展区	**321811**	**302576**	**6.4**	**206109**	**130240**	**58.3**
门头沟区	33422	34143	-2.1	27654	29912	-7.5
怀 柔 区	82843	70355	17.7	48496	26579	82.5
平 谷 区	60577	54186	11.8	29622	19849	49.2
密 云 县	95922	103799	-7.6	65958	38439	71.6
延 庆 县	49047	40093	22.3	34379	15461	122.4

3-18 续表4

单位：万元

区 县	地方公共财政预算支出中					
	#交通运输			#农林水事务		
	2014	2013	增长速度(%)	2014	2013	增长速度(%)
全 市	**2145513**	**2317948**	**-7.4**	**3436680**	**2976191**	**15.5**
首都功能核心区	**11756**	**1980**	**493.7**	**16665**	**656**	**2440.4**
东 城 区	683			16531	501	3199.6
西 城 区	11073	1980	459.2	134	155	-13.5
城市功能拓展区	**7181**	**26099**	**-72.5**	**572841**	**482067**	**18.8**
朝 阳 区	6601	2499	164.1	319185	259035	23.2
丰 台 区	425	12260	-96.5	87698	98499	-11.0
石景山区				38684	22255	73.8
海 淀 区	155	11340	-98.6	127274	102278	24.4
城市发展新区	**122444**	**131709**	**-7.0**	**1446468**	**1045959**	**38.3**
房 山 区	22278	35939	-38.0	265807	226529	17.3
通 州 区	25963	17646	47.1	298788	236135	26.5
顺 义 区	42023	34957	20.2	364424	228734	59.3
昌 平 区	26076	31112	-16.2	196068	154062	27.3
大 兴 区	6104	12055	-49.4	321381	200499	60.3
生态涵养发展区	**66366**	**51950**	**27.7**	**791694**	**678247**	**16.7**
门头沟区	6903	5819	18.6	98743	89332	10.5
怀 柔 区	9484	6303	50.5	154472	119565	29.2
平 谷 区	28059	18922	48.3	130070	117878	10.3
密 云 县	10403	8932	16.5	211378	166515	26.9
延 庆 县	11517	11974	-3.8	197031	184957	6.5

3-18 续表5

单位：万元

区 县	地方财政支出中					
	地方公共财政预算支出中 #城乡社区事务			#政府性基金预算支出		
	2014	2013	增长速度(%)	2014	2013	增长速度(%)
全 市	**5673982**	**5106691**	**11.1**	**25590902**	**17988141**	**42.3**
首都功能核心区	**1276496**	**1219677**	**4.7**	**492864**	**232517**	**112.0**
东 城 区	464141	277999	67.0	100822	161624	-37.6
西 城 区	812355	941678	-13.7	392042	70893	453.0
城市功能拓展区	**1636411**	**1498634**	**9.2**	**5322041**	**3150163**	**68.9**
朝 阳 区	475289	384346	23.7	2118376	1461848	44.9
丰 台 区	225643	261934	-13.9	1573116	737916	113.2
石景山区	130107	119120	9.2	1008879	406136	148.4
海 淀 区	805372	733234	9.8	621670	544263	14.2
城市发展新区	**1043088**	**891219**	**17.0**	**9287065**	**6216908**	**49.4**
房 山 区	231406	161189	43.6	984417	1430326	-31.2
通 州 区	129339	141351	-8.5	2421916	1358265	78.3
顺 义 区	216966	167183	29.8	1858941	822800	125.9
昌 平 区	229086	223112	2.7	1403548	1212412	15.8
大 兴 区	236291	198384	19.1	2618243	1393105	87.9
生态涵养发展区	**499881**	**731437**	**-31.7**	**2866581**	**1624670**	**76.4**
门头沟区	100378	133661	-24.9	1352408	584111	131.5
怀 柔 区	167546	258707	-35.2	724620	327716	121.1
平 谷 区	80652	90334	-10.7	316366	217202	45.7
密 云 县	70008	91232	-23.3	336236	370397	-9.2
延 庆 县	81297	157503	-48.4	136951	125244	9.3

3-19 地税税费收入情况(2014年)

单位：万元

区 县	各项税费收入	#营业税	#交通运输仓储及邮政业	#信息传输、软件和信息技术服务业	#房地产业	#租赁和商务服务业	#居民服务、修理和其他服务业	#文化体育和娱乐业
全 市	**33878007**	**10679197**	**69754**	**199236**	**2365825**	**672887**	**653344**	**83043**
首都功能核心区	**9569692**	**3568126**	**6766**	**96477**	**284670**	**171286**	**158628**	**22756**
东 城 区	3504928	978117	3112	34358	118906	85015	27424	12754
西 城 区	6064764	2590009	3654	62119	165764	86271	131204	10002
城市功能拓展区	**15487238**	**4266140**	**14507**	**90764**	**931514**	**325731**	**294439**	**47205**
朝 阳 区	7421106	2023471	4624	16948	549052	167416	104137	25040
丰 台 区	1624448	652289	3996	906	165793	57560	77724	3911
石景山区	749140	259617	586	20189	34437	15358	19313	2328
海 淀 区	5692544	1330763	5301	52721	182232	85397	93265	15926
城市发展新区	**6899776**	**2196168**	**41570**	**7793**	**976069**	**124844**	**137813**	**10722**
房 山 区	661847	254009	279	576	124177	11204	10450	1308
通 州 区	1010083	377974	1573	1175	187177	24177	43314	2103
顺 义 区	1586337	513209	33036	705	138934	36883	15408	2244
昌 平 区	1208831	394352	2865	1126	195201	14023	10566	2955
大 兴 区	1133116	488484	3400	753	267663	29178	50100	1463
北京经济技术开发区	1162212	153694	304	3458	62221	9064	7263	625
燕 山	137350	14446	113	0	696	315	712	24
生态涵养发展区	**1670285**	**574633**	**6666**	**4188**	**171554**	**26172**	**60301**	**2306**
门头沟区	356586	141259	342	841	49656	6136	7413	607
怀 柔 区	474028	131456	616	438	28755	6217	23925	601
平 谷 区	380482	128286	4138	1031	48952	6189	5878	633
密 云 县	328444	122701	338	1693	39026	6960	13974	356
延 庆 县	130745	50931	1232	185	5165	670	9111	109
其 他	**251016**	**74130**	**245**	**14**	**2018**	**24854**	**2163**	**54**
西 站	45414	31136	237	0	1954	277	1861	1
涉 外	205602	42994	8	14	64	24577	302	53

注：统计范围为北京地区上缴地方税务局税费的全部单位及自然人。

资料来源：北京市地方税务局。

3-20 全社会固定资产投资额

单位：亿元

区 县	全社会固定资产投资			#基础设施投资		
	2014	2013	增长速度(%)	2014	2013	增长速度(%)
全 市	**7562.3**	**7032.2**	**7.5**	**2018.1**	**1785.7**	**13.0**
首都功能核心区	**455.9**	**408.1**	**11.7**	**145.0**	**138.8**	**4.5**
东 城 区	214.7	195.1	10.0	97.7	87.8	11.3
西 城 区	241.2	213.0	13.3	47.3	51.0	-7.2
城市功能拓展区	**3073.5**	**2906.7**	**5.7**	**991.1**	**787.3**	**25.9**
朝 阳 区	1235.4	1216.7	1.5	397.2	372.0	6.8
丰 台 区	812.3	752.0	8.0	249.4	197.6	26.2
石景山区	184.1	162.9	13.0	54.5	62.4	-12.7
海 淀 区	841.7	775.1	8.6	290.0	155.3	86.7
城市发展新区	**3188.1**	**2947.4**	**8.2**	**684.7**	**609.5**	**12.3**
房 山 区	505.8	493.7	2.5	126.1	146.6	-14.0
通 州 区	687.7	590.8	16.4	144.9	134.6	7.6
顺 义 区	432.3	429.7	0.6	96.2	94.0	2.3
昌 平 区	614.5	551.9	11.3	141.6	113.7	24.5
大 兴 区	556.7	506.2	10.0	107.3	93.2	15.1
北京经济技术开发区	391.0	375.2	4.2	68.6	27.3	151.3
生态涵养发展区	**844.7**	**769.9**	**9.7**	**197.4**	**250.1**	**-21.1**
门头沟区	267.8	230.1	16.4	48.0	63.4	-24.2
怀 柔 区	167.1	156.0	7.1	46.6	42.3	10.2
平 谷 区	162.7	141.2	15.2	32.8	29.7	10.3
密 云 县	177.3	165.1	7.4	51.3	77.3	-33.6
延 庆 县	69.9	77.6	-9.8	18.7	37.5	-50.1

注：本资料按项目所在建设地地址划分。

3-20 续表

单位：亿元

区 县	城镇固定资产投资						农村固定资产投资		
				#房地产开发投资					
	2014	2013	增长速度(%)	2014	2013	增长速度(%)	2014	2013	增长速度(%)
全 市	**6926.6**	**6352.6**	**9.0**	**3911.3**	**3483.4**	**12.3**	**635.7**	**679.6**	**-6.5**
首都功能核心区	**455.9**	**408.1**	**11.7**	**244.4**	**190.9**	**28.0**			
东 城 区	214.7	195.1	10.0	90.6	76.2	19.0			
西 城 区	241.2	213.0	13.3	153.8	114.8	34.0			
城市功能拓展区	**2991.9**	**2851.0**	**4.9**	**1416.3**	**1536.9**	**-7.8**	**81.6**	**55.7**	**46.5**
朝 阳 区	1199.6	1197.5	0.2	706.3	656.9	7.5	35.9	19.2	87.0
丰 台 区	786.0	730.3	7.6	377.9	444.2	-14.9	26.3	21.7	21.4
石景山区	184.1	162.9	13.0	113.9	82.6	38.0			
海 淀 区	822.3	760.2	8.2	218.1	353.3	-38.3	19.5	14.9	30.9
城市发展新区	**2801.6**	**2526.0**	**10.9**	**1852.8**	**1505.9**	**23.0**	**386.5**	**421.5**	**-8.3**
房 山 区	401.2	350.0	14.6	269.1	183.3	46.8	104.6	143.7	-27.2
通 州 区	600.9	504.8	19.0	446.8	360.9	23.8	86.9	86.0	1.0
顺 义 区	355.6	371.7	-4.3	245.5	195.8	25.4	76.7	58.0	32.1
昌 平 区	577.4	520.6	10.9	379.0	314.8	20.4	37.1	31.3	18.3
大 兴 区	475.4	403.8	17.7	359.7	309.3	16.3	81.3	102.4	-20.6
北京经济技术开发区	391.0	375.2	4.2	152.7	141.9	7.6			
生态涵养发展区	**677.2**	**567.5**	**19.3**	**397.8**	**249.6**	**59.4**	**167.5**	**202.4**	**-17.2**
门头沟区	255.6	199.1	28.4	168.3	96.0	75.3	12.2	31.0	-60.6
怀 柔 区	134.5	125.2	7.4	67.4	50.6	33.0	32.6	30.8	5.8
平 谷 区	117.5	89.0	32.1	91.6	54.5	68.0	45.1	52.2	-13.5
密 云 县	136.2	105.1	29.6	64.7	37.5	72.4	41.1	60.0	-31.5
延 庆 县	33.4	49.1	-32.0	5.9	10.9	-46.4	36.5	28.5	28.4

注：城镇固定资产投资中包括房地产开发投资。

3–21 全社会房屋建筑施工及竣工面积

单位：万平方米

区 县	施工面积			竣工面积		
	2014	2013	增长速度(%)	2014	2013	增长速度(%)
全 市	**21677.7**	**21526.0**	**0.7**	**4967.5**	**3989.7**	**24.5**
首都功能核心区	**490.3**	**501.3**	**-2.2**	**94.4**	**93.4**	**1.0**
东 城 区	222.6	232.2	-4.1	55.2	37.1	48.7
西 城 区	267.8	269.1	-0.5	39.2	56.3	-30.3
城市功能拓展区	**7906.1**	**7905.8**	**…**	**1831.4**	**1137.8**	**61.0**
朝 阳 区	3449.4	3866.8	-10.8	1004.9	551.7	82.1
丰 台 区	1989.0	1885.8	5.5	336.7	198.1	70.0
石景山区	427.2	363.4	17.6	78.3	118.1	-33.7
海 淀 区	2040.5	1789.9	14.0	411.5	269.9	52.5
城市发展新区	**11055.1**	**10983.6**	**0.7**	**2380.8**	**2181.9**	**9.1**
房 山 区	1482.7	1452.8	2.1	327.9	254.8	28.7
通 州 区	2054.0	1908.6	7.6	495.5	322.5	53.6
顺 义 区	1798.3	1883.7	-4.5	331.2	318.3	4.1
昌 平 区	2204.3	2184.3	0.9	388.6	579.6	-33.0
大 兴 区	2285.1	1949.2	17.2	625.7	341.5	83.2
北京经济技术开发区	1230.7	1605.0	-23.3	211.8	365.2	-42.0
生态涵养发展区	**2226.1**	**2135.3**	**4.3**	**661.0**	**576.6**	**14.6**
门头沟区	645.7	684.4	-5.7	94.7	142.1	-33.4
怀 柔 区	429.9	449.7	-4.4	109.3	116.2	-5.9
平 谷 区	469.1	446.0	5.2	169.0	122.5	38.0
密 云 县	463.7	402.8	15.1	180.5	151.2	19.4
延 庆 县	217.8	152.2	43.0	107.4	44.7	140.4

注：此表为全社会口径，包括城镇、房地产开发、农村农户和非农户数据。

3-22 商品房基本情况

单位：万平方米

区 县	商品房施工面积			商品房竣工面积		
	2014	2013	增长速度(%)	2014	2013	增长速度(%)
全 市	**13641.5**	**13886.9**	**-1.8**	**3054.1**	**2666.4**	**14.5**
首都功能核心区	**319.5**	**325.3**	**-1.7**	**72.8**	**65.9**	**10.6**
东 城 区	144.8	151.9	-4.5	50.1	27.3	83.6
西 城 区	174.6	173.4	0.7	22.8	38.6	-41.1
城市功能拓展区	**5317.3**	**5417.4**	**-1.8**	**1251.7**	**962.0**	**30.1**
朝 阳 区	2543.0	2693.8	-5.6	778.9	494.0	57.7
丰 台 区	1410.9	1382.5	2.0	175.2	155.6	12.6
石景山区	351.5	285.1	23.3	70.8	98.1	-27.8
海 淀 区	1011.9	1056.0	-4.2	226.8	214.4	5.8
城市发展新区	**6909.2**	**7037.2**	**-1.8**	**1519.0**	**1331.6**	**14.1**
房 山 区	906.5	752.4	20.5	214.2	138.7	54.4
通 州 区	1510.0	1367.5	10.4	317.9	173.0	83.7
顺 义 区	1263.6	1257.3	0.5	201.4	230.1	-12.5
昌 平 区	1302.7	1524.5	-14.6	244.9	405.8	-39.6
大 兴 区	1392.1	1320.4	5.4	466.1	221.7	110.2
北京经济技术开发区	534.4	815.0	-34.4	74.6	162.3	-54.1
生态涵养发展区	**1095.6**	**1107.0**	**-1.0**	**210.6**	**306.9**	**-31.4**
门头沟区	341.0	366.1	-6.9	55.2	112.4	-50.9
怀 柔 区	125.3	169.9	-26.3	28.4	58.6	-51.5
平 谷 区	327.0	252.4	29.5	64.5	28.0	130.3
密 云 县	242.5	262.2	-7.5	45.1	97.1	-53.5
延 庆 县	59.8	56.4	6.1	17.3	10.8	60.2

3–22 续表

单位：万平方米

区县	商品房销售面积			#住宅销售面积		
	2014	2013	增长速度(%)	2014	2013	增长速度(%)
全市	**1459.0**	**1903.1**	**-23.3**	**1141.3**	**1363.7**	**-16.3**
首都功能核心区	**7.2**	**48.4**	**-85.2**	**3.9**	**30.8**	**-87.4**
东城区	3.0	14.3	-78.8	1.6	5.1	-67.4
西城区	4.1	34.2	-87.9	2.2	25.7	-91.3
城市功能拓展区	**428.2**	**635.9**	**-32.7**	**311.1**	**411.2**	**-24.3**
朝阳区	285.2	371.8	-23.3	205.9	233.8	-12.0
丰台区	82.9	130.0	-36.2	63.5	94.1	-32.5
石景山区	13.8	54.2	-74.5	7.3	33.8	-78.5
海淀区	46.2	80.0	-42.2	34.4	49.4	-30.3
城市发展新区	**873.3**	**1053.0**	**-17.1**	**693.4**	**771.2**	**-10.1**
房山区	161.4	185.0	-12.8	130.3	165.0	-21.1
通州区	169.5	257.0	-34.1	119.3	183.0	-34.8
顺义区	114.2	217.2	-47.4	90.8	164.7	-44.9
昌平区	142.0	149.1	-4.8	129.9	124.9	4.0
大兴区	247.0	201.5	22.6	211.5	133.2	58.8
北京经济技术开发区	39.3	43.1	-8.9	11.6	0.3	3490.2
生态涵养发展区	**150.3**	**165.8**	**-9.4**	**132.9**	**150.5**	**-11.7**
门头沟区	59.9	22.5	166.3	53.5	16.9	216.6
怀柔区	13.5	45.2	-70.2	11.7	39.9	-70.7
平谷区	32.7	23.4	39.9	29.4	22.9	28.6
密云县	40.9	64.1	-36.2	36.8	62.4	-40.9
延庆县	3.2	10.6	-69.8	1.4	8.4	-82.8

注：销售面积为期房与现房销售面积之和。

3-23 能源消费基本情况

区 县	能源消费总量(万吨标准煤)		万元地区生产总值能耗下降率(%)	
	2014	2013	2014	2013
全 市	**6831.2**	**6723.9**	**5.29**	**4.88**
首都功能核心区	**657.3**	**650.8**	**5.15**	**4.60**
东 城 区	280.7	278.7	5.44	4.35
西 城 区	376.6	372.1	4.95	4.78
城市功能拓展区	**2137.4**	**2132.3**	**7.02**	**6.30**
朝 阳 区	859.4	870.4	7.94	8.11
丰 台 区	424.0	416.1	5.48	5.39
石景山区	146.7	149.6	10.30	6.78
海 淀 区	707.3	696.2	6.20	4.18
城市发展新区	**3042.0**	**2977.7**	**6.02**	**6.29**
房 山 区	851.2	848.0	7.90	10.02
通 州 区	307.2	302.3	5.59	5.29
顺 义 区	1082.5	1045.9	3.99	2.46
昌 平 区	357.1	345.7	4.51	5.49
大 兴 区	286.4	285.0	7.39	5.44
北京经济技术开发区	157.6	150.8	5.61	6.24
生态涵养发展区	**479.0**	**464.2**	**5.16**	**5.77**
门头沟区	65.1	61.6	3.98	9.37
怀 柔 区	114.9	112.3	5.43	5.20
平 谷 区	115.1	115.1	8.28	5.02
密 云 县	120.8	114.8	3.21	5.09
延 庆 县	63.1	60.4	3.18	4.98

注：1.2013年能源消费数据为第三次全国经济普查数据。2013年开始，能源消费数据按照新口径核算。

2.万元地区生产总值能耗下降率按可比价计算。

3.根据有关核算原则，在进行能源核算时，对部分无法进行区县分解的数据，由市统计局统一核算，故表中各区县及北京经济技术开发区能源消费量之和不等于全市能源消费量。

3-24 全社会用电量情况(2014年)

单位：万千瓦时

区 县	合 计	第一产业	第二产业	第三产业	居民生活
全 市	**9370485**	**185633**	**3352904**	**4139319**	**1692629**
首都功能核心区	**970952**		**38229**	**715388**	**217336**
东 城 区	438451		14106	331477	92868
西 城 区	532502		24123	383910	124468
城市功能拓展区	**3696679**	**23875**	**495042**	**2355635**	**822126**
朝 阳 区	1565930	4044	220700	994824	346362
丰 台 区	729895	4489	117273	417569	190563
石景山区	160588	361	32254	86941	41032
海 淀 区	1240266	14981	124815	856301	244169
城市发展新区	**3131491**	**129068**	**1591867**	**884220**	**526337**
房 山 区	566739	26297	384271	86485	69686
通 州 区	500221	30145	223111	129006	117958
顺 义 区	591045	27500	276771	192468	94306
昌 平 区	570432	18300	174654	244571	132907
大 兴 区	485802	26826	213650	150680	94647
北京经济技术开发区	417252		319411	81009	16832
生态涵养发展区	**615332**	**32690**	**271734**	**184077**	**126831**
门头沟区	91284	1330	32678	32202	25074
怀 柔 区	165622	6903	88771	43069	26880
平 谷 区	126957	12856	60813	24645	28644
密 云 县	153101	6129	79319	36898	30755
延 庆 县	78367	5472	10153	47264	15479

注：表内全市合计中包括输送损失，各区县及北京经济技术开发区用电量不含输送损失，故表中各区县及北京经济技术开发区用电量之和不等于全市。

资料来源：北京市电力公司。

3-25 农村基本情况

区 县	乡镇及行政村常住户数(万户)			乡镇及行政村常住人口(万人)			乡镇及行政村从业人员(万人)			乡镇及行政村农林牧渔业从业人员(万人)		
	2014	2013	增长速度(%)	2014	2013	增长速度(%)	2014	2013	增长速度(%)	2014	2013	增长速度(%)
全 市	**225.2**	**221.9**	**1.5**	**606.9**	**599.5**	**1.2**	**357.0**	**353.5**	**1.0**	**51.3**	**54.4**	**-5.6**
城市功能拓展区	**59.3**	**59.0**	**0.5**	**160.5**	**158.2**	**1.5**	**98.9**	**98.3**	**0.6**	**2.7**	**3.0**	**-8.1**
朝 阳 区	30.8	31.2	-1.5	79.8	80.6	-0.9	50.3	50.6	-0.7	0.5	0.6	-7.5
丰 台 区	13.2	12.7	4.1	38.5	36.0	6.9	23.9	22.9	4.1	1.0	1.2	-12.2
海 淀 区	15.3	15.1	1.6	42.2	41.7	1.4	24.7	24.7	持平	1.1	1.2	-4.4
城市发展新区	**117.9**	**115.8**	**1.9**	**328.7**	**324.3**	**1.4**	**192.1**	**189.4**	**1.4**	**27.6**	**29.4**	**-5.8**
房 山 区	26.9	25.9	3.8	60.2	58.4	3.1	31.2	30.3	3.2	6.7	7.2	-6.7
通 州 区	26.9	26.3	2.5	74.6	72.5	2.9	41.8	41.2	1.4	5.6	5.8	-3.4
顺 义 区	21.8	21.3	2.0	60.9	59.7	2.2	34.0	32.9	3.3	3.8	4.0	-5.4
昌 平 区	22.7	23.2	-2.3	70.3	71.6	-1.9	45.5	45.8	-0.7	3.9	4.1	-5.1
大 兴 区	19.7	19.1	3.2	62.7	62.1	0.9	39.5	39.2	1.0	7.6	8.2	-7.3
生态涵养发展区	**48.0**	**47.1**	**1.8**	**117.7**	**117.1**	**0.5**	**66.1**	**65.8**	**0.4**	**21.0**	**22.1**	**-5.1**
门头沟区	4.9	4.2	17.7	10.1	8.8	14.7	5.0	4.3	14.8	0.9	0.9	-7.1
怀 柔 区	9.4	9.5	-1.3	22.9	23.5	-2.7	12.3	12.8	-4.1	3.6	3.8	-4.7
平 谷 区	11.1	11.1	0.4	32.2	32.0	0.7	18.4	18.2	1.6	5.4	5.5	-1.7
密 云 县	13.1	13.0	0.6	31.6	31.7	-0.3	18.3	18.4	-0.4	6.8	7.1	-4.8
延 庆 县	9.4	9.3	1.1	21.0	21.1	-0.8	12.0	12.1	-0.6	4.2	4.7	-9.4

3-25 续表

区 县	农业机械总动力(万千瓦)			化肥施用量(折纯量)(吨)			农村用电量(万千瓦小时)			有效灌溉面积(千公顷)		
	2014	2013	增长速度(%)	2014	2013	增长速度(%)	2014	2013	增长速度(%)	2014	2013	增长速度(%)
全 市	**195.8**	**207.7**	**-5.8**	**116397.5**	**127808.9**	**-8.9**	**505558.6**	**485319.6**	**4.2**	**158.30**	**154.42**	**2.5**
城市功能拓展区	**8.1**	**11.3**	**-28.4**	**2160.0**	**1691.2**	**27.7**	**160425.5**	**152910.1**	**4.9**	**4.65**	**4.64**	**0.2**
朝阳区	0.6	0.9	-33.3	337.0	332.8	1.3	77824.1	76995.8	1.1	2.43	2.46	-1.4
丰台区	4.9	5.2	-5.0	133.1	139.7	-4.7	48882.8	43918.6	11.3	1.22	1.24	-1.6
海淀区	2.6	5.2	-50.6	1689.9	1218.7	38.7	33718.6	31995.7	5.4	1.00	0.93	6.8
城市发展新区	**106.2**	**112.6**	**-5.7**	**83539.8**	**93311.6**	**-10.5**	**250873.0**	**243728.2**	**2.9**	**119.83**	**115.93**	**3.4**
房山区	23.8	23.8	持平	10099.9	11947.8	-15.5	49596.1	46568.8	6.5	17.56	19.24	-8.8
通州区	17.1	18.8	-9.1	24523.1	25412.4	-3.5	62813.5	61029.4	2.9	27.39	27.08	1.1
顺义区	29.4	32.1	-8.4	19999.9	22869.5	-12.5	45422.7	44320.7	2.5	33.75	28.58	18.1
昌平区	7.6	7.9	-4.1	3149.1	3436.4	-8.4	60034.9	58929.3	1.9	5.04	5.74	-12.2
大兴区	28.3	30.0	-5.7	25767.8	29645.5	-13.1	33005.8	32880.0	0.4	36.09	35.29	2.3
生态涵养发展区	**74.8**	**78.4**	**-4.7**	**30697.7**	**32806.1**	**-6.4**	**94260.1**	**88681.3**	**6.3**	**33.82**	**33.85**	**-0.1**
门头沟区	2.0	2.0	1.5	153.7	140.3	9.6	9710.6	8275.4	17.3	0.08	0.08	持平
怀柔区	12.3	11.9	3.3	4628.1	5020.1	-7.8	18602.3	17850.4	4.2	6.27	6.66	-5.8
平谷区	22.7	22.7	0.0	8416.0	8586.7	-2.0	33867.6	32713.7	3.5	9.67	9.66	0.1
密云县	23.1	23.8	-3.1	6745.7	6933.8	-2.7	20769.0	19511.6	6.4	5.67	5.71	-0.7
延庆县	14.6	18.0	-18.6	10754.2	12125.2	-11.3	11310.6	10330.2	9.5	12.12	11.74	3.3

注：全市农业机械总动力包含首农集团未分配到各区县的农机具数据，故分区县数据相加不等于全市。

资料来源：农业机械总动力为北京市农业局提供。

3-26 农林牧渔业总产值

单位：万元

区 县	农林牧渔业总产值			农 业			林 业		
	2014	2013	增长速度(%)	2014	2013	增长速度(%)	2014	2013	增长速度(%)
全 市	**4200672.4**	**4217827.9**	**-0.4**	**1551014.9**	**1704065.2**	**-9.0**	**906852.3**	**758857.3**	**19.5**
城市功能拓展区	**126598.4**	**136767.8**	**-7.4**	**34717.3**	**37076.9**	**-6.4**	**58615.2**	**63432.7**	**-7.6**
朝 阳 区	42816.1	42471.0	0.8	8128.5	7764.0	4.7	21154.7	21461.9	-1.4
丰 台 区	25103.4	36377.1	-31.0	8745.9	10440.8	-16.2	12612.8	20367.7	-38.1
海 淀 区	58678.9	57919.7	1.3	17842.9	18872.1	-5.5	24847.7	21603.1	15.0
城市发展新区	**2678101.9**	**2634126.4**	**1.7**	**958487.8**	**1059380.9**	**-9.5**	**659039.7**	**485567.2**	**35.7**
房 山 区	524952.6	505758.3	3.8	171751.6	169092.4	1.6	138231.5	122251.5	13.1
通 州 区	578164.3	554136.5	4.3	234901.9	257769.7	-8.9	141572.3	110130.2	28.5
顺 义 区	684925.1	683390.3	0.2	223211.8	250407.8	-10.9	148889.4	74923.5	98.7
昌 平 区	257635.1	278450.1	-7.5	76293.4	96286.7	-20.8	73873.6	86666.1	-14.8
大 兴 区	632424.8	612391.2	3.3	252329.1	285824.3	-11.7	156472.9	91595.9	70.8
生态涵养发展区	**1378640.1**	**1437933.7**	**-4.1**	**557809.8**	**607607.4**	**-8.2**	**189197.4**	**209857.4**	**-9.8**
门头沟区	35335.3	53307.9	-33.7	10863.5	11310.4	-4.0	9757.4	28381.6	-65.6
怀 柔 区	203870.9	203304.0	0.3	52118.7	70651.2	-26.2	59622.6	31800.7	87.5
平 谷 区	482373.4	447042.5	7.9	253434.7	238691.3	6.2	26914.5	38847.1	-30.7
密 云 县	415951.2	473384.4	-12.1	186203.3	208385.5	-10.6	38449.1	55396.1	-30.6
延 庆 县	241109.3	260894.9	-7.6	55189.6	78569.0	-29.8	54453.8	55431.9	-1.8

注：全市渔业产值含远洋捕捞，区县不包括远洋捕捞数据，故分区县数据相加不等于全市。

3-26 续表

单位：万元

区 县	牧 业			渔 业			农林牧渔服务业		
	2014	2013	增长速度(%)	2014	2013	增长速度(%)	2014	2013	增长速度(%)
全 市	**1526589.6**	**1547519.2**	**-1.4**	**132024.0**	**127809.5**	**3.3**	**84191.6**	**79576.7**	**5.8**
城市功能拓展区	**17602.7**	**18465.5**	**-4.7**	**4632.0**	**7410.7**	**-37.5**	**11031.2**	**10382.0**	**6.3**
朝 阳 区	6250.5	5052.0	23.7	4343.3	5394.0	-19.5	2939.1	2799.1	5.0
丰 台 区	2280.5	2613.1	-12.7	93.0	1658.1	-94.4	1371.2	1297.4	5.7
海 淀 区	9071.7	10800.4	-16.0	195.7	358.6	-45.4	6720.9	6285.5	6.9
城市发展新区	**942141.9**	**973470.5**	**-3.2**	**62486.3**	**62705.9**	**-0.4**	**55946.2**	**53001.9**	**5.6**
房 山 区	192450.3	194553.9	-1.1	9309.7	7304.4	27.5	13209.5	12556.1	5.2
通 州 区	164684.6	148952.8	10.6	27431.6	28251.8	-2.9	9573.9	9032.0	6.0
顺 义 区	276424.0	321373.5	-14.0	19208.9	20403.9	-5.9	17191.0	16281.6	5.6
昌 平 区	97355.1	85244.7	14.2	2839.0	3396.8	-16.4	7274.0	6855.8	6.1
大 兴 区	211227.9	223345.6	-5.4	3697.1	3349.0	10.4	8697.8	8276.4	5.1
生态涵养发展区	**566845.0**	**555583.2**	**2.0**	**47573.7**	**48692.9**	**-2.3**	**17214.2**	**16192.8**	**6.3**
门头沟区	13849.2	12796.3	8.2				865.2	819.6	5.6
怀 柔 区	78016.0	86540.2	-9.8	13244.7	13496.0	-1.9	868.9	815.9	6.5
平 谷 区	181015.0	148221.9	22.1	19517.4	19985.0	-2.3	1491.8	1297.2	15.0
密 云 县	171608.8	190047.0	-9.7	11096.4	11430.9	-2.9	8593.6	8124.9	5.8
延 庆 县	122356.0	117977.8	3.7	3715.2	3781.0	-1.7	5394.7	5135.2	5.1

3-27 农作物播种面积

单位：公顷

区 县	农作物播种面积			#粮食作物			#蔬菜及食用菌		
	2014	2013	增长速度(%)	2014	2013	增长速度(%)	2014	2013	增长速度(%)
全 市	**199961**	**242458**	**-17.5**	**120174**	**158911**	**-24.4**	**57482**	**61985**	**-7.3**
城市功能拓展区	**2131**	**2549**	**-16.4**	**546**	**808**	**-32.4**	**1267**	**1400**	**-9.5**
朝 阳 区	461	519	-11.2	10	90	-88.6	311	364	-14.5
丰 台 区	390	687	-43.2	130	250	-48.1	159	255	-37.4
海 淀 区	1280	1343	-4.7	406	468	-13.2	797	781	2.0
城市发展新区	**130830**	**163513**	**-20.0**	**71854**	**100434**	**-28.5**	**44243**	**47968**	**-7.8**
房 山 区	21055	25464	-17.3	14283	18938	-24.6	4815	4787	0.6
通 州 区	26530	34999	-24.2	12887	19692	-34.6	12033	13824	-12.9
顺 义 区	33159	43499	-23.8	19144	29184	-34.4	9003	9596	-6.2
昌 平 区	4795	6074	-21.1	2495	3284	-24.0	1431	1608	-11.0
大 兴 区	45290	53477	-15.3	23046	29336	-21.4	16960	18153	-6.6
生态涵养发展区	**67001**	**76397**	**-12.3**	**47774**	**57669**	**-17.2**	**11972**	**12617**	**-5.1**
门头沟区	2896	2935	-1.3	1217	1543	-21.1	125	143	-12.8
怀 柔 区	9997	11126	-10.2	8149	9442	-13.7	1009	1115	-9.5
平 谷 区	14449	15814	-8.6	9096	10406	-12.6	4965	4959	0.1
密 云 县	19566	23037	-15.1	13773	17360	-20.7	3975	4098	-3.0
延 庆 县	20093	23485	-14.4	15538	18919	-17.9	1899	2302	-17.5

3-28 主要农产品产量

单位：吨

区 县	粮 食			蔬菜及食用菌			禽 蛋		
	2014	2013	增长速度(%)	2014	2013	增长速度(%)	2014	2013	增长速度(%)
全 市	**639369**	**961260**	**-33.5**	**2361635**	**2668593**	**-11.5**	**196454**	**175020**	**12.2**
城市功能拓展区	**2927**	**4485**	**-34.7**	**32310**	**35430**	**-8.8**	**1117**	**1193**	**-6.3**
朝 阳 区	67	514	-86.9	5800	6668	-13.0			
丰 台 区	387	1012	-61.8	3862	6072	-36.4	682	721	-5.4
海 淀 区	2474	2959	-16.4	22648	22689	-0.2	435	472	-7.8
城市发展新区	**414112**	**599820**	**-31.0**	**1783079**	**2044511**	**-12.8**	**55475**	**58615**	**-5.4**
房 山 区	71073	98649	-28.0	166404	164158	1.4	10438	10974	-4.9
通 州 区	79625	121831	-34.6	542459	617605	-12.2	8068	8030	0.5
顺 义 区	110843	174458	-36.5	385562	426514	-9.6	13339	14392	-7.3
昌 平 区	7277	14291	-49.1	40935	43931	-6.8	8277	8511	-2.7
大 兴 区	145294	190591	-23.8	647719	792304	-18.2	15353	16709	-8.1
生态涵养发展区	**197349**	**343770**	**-42.6**	**546246**	**588652**	**-7.2**	**139863**	**115212**	**21.4**
门头沟区	1028	2332	-55.9	4481	4668	-4.0	173	235	-26.2
怀 柔 区	30647	49098	-37.6	32100	37491	-14.4	1794	1783	0.6
平 谷 区	52462	60278	-13.0	233767	238624	-2.0	79249	52315	51.5
密 云 县	50220	88470	-43.2	203920	216098	-5.6	20995	23526	-10.8
延 庆 县	62991	143593	-56.1	71978	91772	-21.6	37652	37354	0.8

注：全市粮食产量为抽样调查推算数据，故与区县数据合计数不等。

3-28 续表1

单位：吨

区 县	干鲜果品			#鲜 果			瓜类及草莓		
	2014	2013	增长速度(%)	2014	2013	增长速度(%)	2014	2013	增长速度(%)
全 市	**745147**	**795071**	**-6.3**	**712897**	**741135**	**-3.8**	**251633**	**297352**	**-15.4**
城市功能拓展区	**6891**	**7324**	**-5.9**	**6875**	**7307**	**-5.9**	**749**	**297**	**152.6**
朝阳区	626	561	11.5	626	561	11.5	92	95	-3.4
丰台区	1410	1571	-10.2	1404	1565	-10.2	45	56	-19.4
海淀区	4855	5192	-6.5	4844	5181	-6.5	612	145	321.3
城市发展新区	**283909**	**316841**	**-10.4**	**281459**	**312967**	**-10.1**	**245950**	**292252**	**-15.8**
房山区	50321	52275	-3.7	49191	50717	-3.0	9912	10758	-7.9
通州区	51405	54180	-5.1	51324	54103	-5.1	25454	23750	7.2
顺义区	56562	69409	-18.5	56432	69325	-18.6	77354	86347	-10.4
昌平区	29288	34547	-15.2	28218	32414	-12.9	8088	9262	-12.7
大兴区	96333	106430	-9.5	96295	106408	-9.5	125141	162136	-22.8
生态涵养发展区	**454348**	**470905**	**-3.5**	**424563**	**420862**	**0.9**	**4934**	**4804**	**2.7**
门头沟区	3061	3149	-2.8	2768	2644	4.7	4	2	83.3
怀柔区	23960	36244	-33.9	16595	18993	-12.6	693	425	63.1
平谷区	339727	320696	5.9	335430	315664	6.3	2538	2666	-4.8
密云县	67802	82297	-17.6	51756	59529	-13.1	846	888	-4.7
延庆县	19797	28520	-30.6	18014	24032	-25.0	853	822	3.8

3-28 续表2

单位：吨

区 县	肉类			#猪牛羊肉			牛奶		
	2014	2013	增长速度(%)	2014	2013	增长速度(%)	2014	2013	增长速度(%)
全 市	**393214**	**418037**	**-5.9**	**268833**	**278772**	**-3.6**	**594805**	**614618**	**-3.2**
城市功能拓展区	**2230**	**2469**	**-9.7**	**2089**	**2245**	**-6.9**	**22181**	**23930**	**-7.3**
朝阳区	3	6	-51.8	3	6	-51.8	13510	12302	9.8
丰台区	347	488	-28.9	314	421	-25.5	466	893	-47.8
海淀区	1880	1976	-4.8	1772	1818	-2.5	8205	10734	-23.6
城市发展新区	**254125**	**268463**	**-5.3**	**191129**	**201324**	**-5.1**	**392538**	**399106**	**-1.6**
房山区	47297	49714	-4.9	37127	36940	0.5	46218	42733	8.2
通州区	40392	38137	5.9	23927	26787	-10.7	105683	104329	1.3
顺义区	95413	102998	-7.4	76324	85167	-10.4	53167	56142	-5.3
昌平区	10868	11671	-6.9	8866	8963	-1.1	52745	51944	1.5
大兴区	60155	65944	-8.8	44886	43468	3.3	134726	143958	-6.4
生态涵养发展区	**136859**	**147105**	**-7.0**	**75615**	**75203**	**0.5**	**180086**	**191583**	**-6.0**
门头沟区	6175	5608	10.1	623	649	-4.0	70	110	-36.1
怀柔区	24733	27163	-8.9	10475	10627	-1.4	41783	43094	-3.0
平谷区	44731	44080	1.5	34885	32911	6.0	3585	2428	47.6
密云县	37808	48351	-21.8	18686	20041	-6.8	72118	78679	-8.3
延庆县	23412	21904	6.9	10946	10975	-0.3	62530	67271	-7.0

3-28 续表3

单位：百枝、百盆

区 县	鲜切花			盆栽花			盆栽观叶植物		
	2014	2013	增长速度(%)	2014	2013	增长速度(%)	2014	2013	增长速度(%)
全 市	**349199**	**386394**	**-9.6**	**996457**	**1264709**	**-21.2**	**15764**	**12512**	**26.0**
城市功能拓展区	**500**	**500**	**持平**	**43732**	**56040**	**-22.0**	**8780**	**7671**	**14.5**
朝 阳 区				36	407	-91.2	424	296	43.3
丰 台 区	500	500	持平	31645	38344	-17.5	8300	7300	13.7
海 淀 区				12051	17289	-30.3	56	75	-25.5
城市发展新区	**246801**	**266135**	**-7.3**	**924837**	**1077710**	**-14.2**	**6873**	**4774**	**44.0**
房 山 区	5475	6345	-13.7	90991	98945	-8.0	4996	3936	27.0
通 州 区	128035	190310	-32.7	115652	96911	19.3	1653	208	693.2
顺 义 区	31118	25099	24.0	398605	513534	-22.4	50	35	42.9
昌 平 区	59707	33151	80.1	34463	59328	-41.9	120	140	-14.7
大 兴 区	22466	11230	100.1	285125	308992	-7.7	55	455	-87.9
生态涵养发展区	**101898**	**119759**	**-14.9**	**27888**	**130959**	**-78.7**	**111**	**67**	**66.1**
门头沟区					160				
怀 柔 区	833	1954	-57.4	12391	13643	-9.2	10	11	-9.1
平 谷 区	33020	35920	-8.1	623	610	2.2			
密 云 县	6724	20845	-67.7	72	445	-83.9		2	
延 庆 县	61321	61040	0.5	14802	116101	-87.3	101	54	86.0

3-29 水产品产量

单位：吨

区 县	2014	2013	增长速度(%)
全 市	**68184**	**63610**	**7.2**
城市功能拓展区	**838**	**1513**	**-44.6**
朝 阳 区	431	450	-4.2
丰 台 区	31	644	-95.2
海 淀 区	376	419	-10.3
城市发展新区	**27618**	**28495**	**-3.1**
房 山 区	3504	2944	19.0
通 州 区	9061	9409	-3.7
顺 义 区	11000	11800	-6.8
昌 平 区	1869	2200	-15.0
大 兴 区	2184	2142	2.0
生态涵养发展区	**26506**	**26595**	**-0.3**
门头沟区			
怀 柔 区	3921	3873	1.2
平 谷 区	14852	14816	0.2
密 云 县	4600	4800	-4.2
延 庆 县	3133	3106	0.9

注：全市合计数中含远洋捕捞数据(2014年为13222.3吨，2013年为7007吨)，分区县数据不包括，故分区县数据相加不等于全市。

数据来源：北京市农业局。

3-30 生猪饲养和产量情况(2014年)

区 县	年末生猪存栏 (头)	生猪出栏 (头)	猪肉产量 (吨)
全 市	**1796043**	**3057599**	**240114**
城市功能拓展区	**21817**	**23734**	**1921**
丰 台 区	2117	3219	242
海 淀 区	19700	20515	1680
城市发展新区	**1236314**	**2172403**	**171353**
房 山 区	274689	432212	33611
通 州 区	136549	251769	19985
顺 义 区	511998	878250	69249
昌 平 区	74257	104642	8007
大 兴 区	238821	505530	40501
生态涵养发展区	**537912**	**861462**	**66840**
门头沟区	4253	5238	407
怀 柔 区	84059	119667	9442
平 谷 区	248286	402599	31158
密 云 县	131232	216184	16548
延 庆 县	70082	117774	9287

3-31 农业观光园情况

区 县	农业观光园个数(个)		高峰期从业人员(人)		接待人次(人次)		经营总收入(万元)	
	2014	2013	2014	2013	2014	2013	2014	2013
全 市	**1301**	**1299**	**47088**	**50406**	**19112023**	**19443895**	**249154.7**	**273600.0**
城市功能拓展区	**83**	**84**	**5138**	**5320**	**2466273**	**2152930**	**45986.7**	**51562.5**
朝 阳 区	11	12	2018	2181	1438991	1173297	37069.7	42229.0
丰 台 区	12	12	691	636	680903	632903	2085.1	2283.4
海 淀 区	60	60	2429	2503	346379	346730	6831.9	7050.1
城市发展新区	**541**	**532**	**24239**	**27054**	**6383061**	**7150437**	**95852.2**	**122240.9**
房 山 区	111	105	3017	2973	1682147	1628726	15181.0	16904.9
通 州 区	58	55	3520	3248	833162	774100	18518.4	20572.7
顺 义 区	54	59	2366	2906	704509	948374	11594.3	13855.8
昌 平 区	198	199	6047	6868	1808213	1883582	37358.4	51225.6
大 兴 区	120	114	9289	11059	1355030	1915655	13200.1	19681.9
生态涵养发展区	**676**	**682**	**17706**	**17996**	**10262344**	**10139728**	**107312.5**	**99790.6**
门头沟区	55	61	1167	1477	414806	403925	4996.9	6289.7
怀 柔 区	217	217	2196	2247	1945623	1891901	17182.0	16286.7
平 谷 区	210	213	8592	8880	4037837	3764873	32438.7	29032.1
密 云 县	155	155	4349	4197	3277830	3572952	45960.6	42866.9
延 庆 县	39	36	1402	1195	586248	506077	6734.3	5315.2

注：全市合计数中含石景山区数据，故分区县数据相加不等于合计。

3-32 民俗旅游情况

区 县	民俗旅游接待户数(户)		高峰期从业人员(人)		民俗旅游接待人次(人次)		民俗旅游总收入(万元)	
	2014	2013	2014	2013	2014	2013	2014	2013
全 市	**8863**	**8530**	**21493**	**19578**	**19142166**	**18065498**	**112543.0**	**101958.7**
城市功能拓展区	**35**	**43**	**64**	**66**	**42104**	**47700**	**296.7**	**329.9**
朝 阳 区	5	8	6	12	1200	3308	9.0	19.5
海 淀 区	30	35	58	54	40904	44392	287.7	310.4
城市发展新区	**1901**	**1882**	**4643**	**4118**	**3414315**	**3217706**	**18485.7**	**17196.1**
房 山 区	1318	1294	2522	1987	1725410	1578682	9864.2	9022.9
通 州 区	77	77	138	138	29260	25435	1099.6	893.0
顺 义 区	25	25	39	39	22834	17965	83.0	74.8
昌 平 区	338	314	1254	1171	1200621	1186321	5856.1	5604.7
大 兴 区	143	172	690	783	436190	409303	1582.8	1600.7
生态涵养发展区	**6927**	**6605**	**16786**	**15394**	**15685747**	**14800092**	**93760.6**	**84432.7**
门头沟区	532	568	1267	1304	731650	649635	5792.3	5156.2
怀 柔 区	1442	1582	3421	3085	2175180	2193056	14917.0	14450.1
平 谷 区	2149	2213	5860	5681	4133403	4018251	25976.6	23724.2
密 云 县	1922	1438	3789	2875	4336142	3450732	24102.3	17914.2
延 庆 县	882	804	2449	2449	4309372	4488418	22972.4	23188.0

注：民俗旅游接待户数为实际经营的户数。

3-33 设施农业生产情况(2014年)

区 县	设施农业播种面积(公顷)	设施农业总收入(万元)		设施农业产品产量		
			#花卉苗木	蔬菜及食用菌(吨)	瓜 果(吨)	园林水果(吨)
全 市	**38115**	**512718.9**	**36102.2**	**1083607**	**192993**	**5592**
城市功能拓展区	**1040**	**16802.9**	**3339.3**	**20854**	**264**	**125**
朝 阳 区	214	4418.9		4140	89	
丰 台 区	203	5609.6	2777.6	3111	45	33
海 淀 区	623	6774.4	561.7	13603	130	92
城市发展新区	**32672**	**391908.8**	**29216.0**	**898817**	**189055**	**2968**
房 山 区	2999	47697.6	2056.7	87797	1901	72
通 州 区	7469	114459.6	8173.8	266757	8954	817
顺 义 区	6026	61840.2	7262.0	161257	54609	364
昌 平 区	1374	44019.7	4247.7	24790	7771	74
大 兴 区	14803	123891.7	7475.8	358215	115820	1641
生态涵养发展区	**4402**	**104007.2**	**3546.9**	**163937**	**3674**	**2499**
门头沟区	43	3990.5		3397	4	1
怀 柔 区	390	11797.3	381.5	10834	570	139
平 谷 区	1664	33072.8	615.7	58165	1467	1289
密 云 县	1663	41584.7	651.8	70802	839	909
延 庆 县	642	13561.9	1897.9	20740	793	161

3-34　种业发展情况(2014年)

区　县	种业收入(万元)	#销往外埠收入(万元)	种业产品产量						
			小麦种(公斤)	玉米种(公斤)	树　苗(百株)	种　猪(头)	种　羊(只)	种雏禽(万只)	种鱼苗(万尾)
全　市	**140354.0**	**79465.5**	**1470993**	**493627**	**9274**	**210746**	**1365**	**2903.9**	**7048.8**
城市功能拓展区	**1628.7**	**1362.5**			**150**	**2384**		**56.3**	**2697.0**
朝 阳 区	258.0	215.0							2697.0
海 淀 区	1370.7	1147.5			150	2384		56.3	
城市发展新区	**90780.3**	**55341.7**	**1470993**		**3906**	**195362**	**1365**	**1247.1**	**470.5**
房 山 区	6744.0	1346.4	582000			2485		178.3	
通 州 区	4287.4	2547.2	846993		3870	1324	85		470.0
顺 义 区	53814.8	36236.0				165397	1280	457.1	
昌 平 区	16108.4	9640.7			36	1944		579.7	0.5
大 兴 区	9825.7	5571.4	42000			24212		32.1	
生态涵养发展区	**47945.1**	**22761.3**		**493627**	**5218**	**13000**		**1600.6**	**3881.3**
门头沟区	2006.7				4345				
怀 柔 区	6155.4	3679.8		95557	115	7288		682.6	3471.0
平 谷 区	15243.2	4733.5				1735		522.6	
密 云 县	13939.8	8070.1		398070	358	3166		395.4	330.3
延 庆 县	10600.0	6277.9			400	811			80.0

3-35 郊区县乡镇企业主要经济指标(2014年)

区 县	企业个数 (个)	从业人员 (人)	总收入 (万元)	利润总额 (万元)	上缴税金 (万元)
全 市	**139809**	**1073852**	**55452169**	**3008559**	**2391783**
城市功能拓展区	**6485**	**125140**	**9141585**	**610028**	**379328**
朝 阳 区	366	41666	6566271	320022	210929
丰 台 区	3155	38409	1185751	124602	77421
海 淀 区	2964	45065	1389563	165404	90978
城市发展新区	**92010**	**757461**	**39534183**	**2106299**	**1758009**
房 山 区	28002	180588	5673607	269994	127601
通 州 区	23793	173479	7350098	295104	344526
顺 义 区	26982	216628	14209684	699264	629509
昌 平 区	2230	58675	3245616	306925	138102
大 兴 区	11003	128091	9055178	535012	518271
生态涵养发展区	**41314**	**191251**	**6776401**	**292232**	**254446**
门头沟区	7421	19538	541903	60277	10446
怀 柔 区	8062	41019	2088919	142106	82229
平 谷 区	9871	55901	1680622	1817	36416
密 云 县	12560	53393	1882567	68385	46408
延 庆 县	3400	21400	582390	19647	78947

数据来源：北京市经济和信息化委员会。

3-36 郊区县乡镇个体、私营企业主要经济指标(2014年)

区 县	企业个数(个)	从业人员(人)	总收入(万元)	利润总额(万元)	上缴税金(万元)
全 市	**118378**	**369644**	**5625284**	**591698**	**247095**
城市功能拓展区	**4029**	**10562**	**186179**	**18259**	**14786**
朝阳区					
丰台区	2780	6160	83340	9604	12820
海淀区	1249	4402	102839	8655	1966
城市发展新区	**75631**	**264437**	**3575267**	**370760**	**125268**
房山区	27182	131489	1602317	185525	30629
通州区	19223	43018	307215	35118	12286
顺义区	22713	67945	1080825	108961	62041
昌平区	1039	4584	54351	8433	728
大兴区	5474	17401	530559	32723	19584
生态涵养发展区	**38718**	**94645**	**1863838**	**202679**	**107041**
门头沟区	7325	16384	346906	49458	6239
怀柔区	7772	20019	670938	93454	21510
平谷区	8830	16528	57810	7587	2852
密云县	11879	27601	495093	37990	5579
延庆县	2912	14113	293091	14190	70861

数据来源：北京市经济和信息化委员会。

3-37 规模以上工业企业产值情况

单位：万元

区　县	工业总产值(当年价格)		#国有控股	
	2014	2013	2014	2013
全　市	**184528984**	**173708872**	**106747664**	**100544376**
首都功能核心区	**11274413**	**10067389**	**7482169**	**7148674**
东 城 区	1615998	1235472	566513	500563
西 城 区	9658415	8831916	6915656	6648111
城市功能拓展区	**38936526**	**34966254**	**20654008**	**20156252**
朝 阳 区	10067563	10931532	7132752	7971149
丰 台 区	4342259	4186163	2977545	2741000
石景山区	2414399	2765482	1994757	2340435
海 淀 区	22112305	17083078	8548954	7103668
城市发展新区	**89585827**	**86980193**	**44604931**	**41835142**
房 山 区	10646518	9707259	8747746	7964090
通 州 区	6910537	6677235	1855694	1595355
顺 义 区	29836106	28625277	16151877	15071131
昌 平 区	11336893	12709945	7280186	8359664
大 兴 区	6645870	6331090	1480632	1341018
北京经济技术开发区	24209903	22929388	9088796	7503883
生态涵养发展区	**12834019**	**12346094**	**2108358**	**2055366**
门头沟区	985074	807085	332780	426464
怀 柔 区	5526979	5532219	518395	540581
平 谷 区	2539141	2425858	72388	76027
密 云 县	3089563	2930625	917589	780693
延 庆 县	693262	650307	267206	231601

注：1. 统计范围为年主营业务收入2000万元及以上的工业法人单位。

2. 根据有关规定，国家电网公司、冀北电力有限公司的“工业总产值(当年价格)”、“工业销售产值 (当年价格)” 由北京市统计局统一核算，故表中“工业总产值(当年价格)”、“工业销售产值(当年价格)” 指标分区县数据之和不等于全市合计。

3-37 续表1

单位：万元

区 县	工业总产值					
	#内 资		#港澳台商投资企业		#外商投资企业	
	2014	2013	2014	2013	2014	2013
全 市	**112021231**	**106143995**	**18105818**	**11689034**	**54401935**	**55875844**
首都功能核心区	**8276717**	**7674353**	**2551568**	**123113**	**446129**	**2269922**
东 城 区	1137871	811421	73064	70712	405063	353339
西 城 区	7138846	6862932	2478504	52402	41066	1916583
城市功能拓展区	**26304859**	**25626396**	**9341933**	**6043293**	**3289735**	**3296565**
朝 阳 区	7858925	8917453	827575	741047	1381063	1273032
丰 台 区	3894013	3559774	118476	74691	329770	551698
石景山区	1974066	2321972	38010	63482	402323	380028
海 淀 区	12577855	10827198	8357872	5164073	1176579	1091807
城市发展新区	**39841911**	**38343287**	**5328385**	**4560954**	**44415530**	**44075952**
房 山 区	10219071	9234824	75308	57555	352140	414880
通 州 区	4456260	4073897	275462	288592	2178815	2314746
顺 义 区	5862187	5456985	868401	850188	23105519	22318103
昌 平 区	9473796	10902994	410354	489162	1452742	1317789
大 兴 区	4766880	4571019	814165	688094	1064824	1071977
北京经济技术开发区	5063717	4103567	2884695	2187364	16261490	16638458
生态涵养发展区	**5699545**	**5151017**	**883933**	**961672**	**6250542**	**6233405**
门头沟区	923905	738841	34724	38647	26445	29597
怀 柔 区	1653731	1567977	198120	285237	3675128	3679006
平 谷 区	844041	765188	112582	98157	1582518	1562513
密 云 县	1739175	1606929	454797	446901	895591	876794
延 庆 县	538693	472082	83710	92730	70860	85495

3-37 续表2

单位：万元

区 县	工业总产值					
	#大型企业		#中型企业		#小型企业	
	2014	2013	2014	2013	2014	2013
全 市	**119939196**	**109655442**	**30456204**	**29757166**	**31043245**	**33539972**
首都功能核心区	**9099972**	**7984712**	**1403962**	**1055781**	**757807**	**1013114**
东 城 区	332973	320748	965911	655361	307008	248577
西 城 区	8766999	7663964	438051	400420	450799	764537
城市功能拓展区	**19209241**	**15228947**	**9753905**	**9602882**	**9864488**	**10044662**
朝 阳 区	3348008	3442973	2414260	2667984	4277289	4800005
丰 台 区	1499391	1371124	1278665	1295566	1532607	1493817
石景山区	1626552	2140780	544631	363638	243216	261064
海 淀 区	12735290	8274070	5516349	5275694	3811376	3489776
城市发展新区	**51504938**	**51710978**	**15631631**	**15824375**	**16735970**	**18884033**
房 山 区	8346522	7662825	474313	442707	1741080	1532958
通 州 区	1262241	554871	2488998	3254852	2993836	2766789
顺 义 区	23114094	22476942	3319183	3112621	3291249	2981989
昌 平 区	1028505	4349907	2055031	1996126	3223018	6275120
大 兴 区	1236286	959340	2145778	1932263	3140478	3229414
北京经济技术开发区	16517290	15707093	5148328	5085807	2346309	2097762
生态涵养发展区	**5381571**	**5381865**	**3666707**	**3274127**	**3684981**	**3598163**
门头沟区	655017	458088	68932	100024	257517	240646
怀 柔 区	3268693	3487392	826090	644985	1411782	1373014
平 谷 区	382599	408283	1228474	1096743	895436	884519
密 云 县	993609	1028101	1161744	1008685	900657	879174
延 庆 县	81653		381467	423690	219589	220811

注：2011年开始，企业大中小型划分标准执行国家统计局《关于统计上大中小微型企业划分办法》(国统字[2011]75号)。

3-37 续表3

单位：万元

区 县	工业总产值			
	轻工业		重工业	
	2014	2013	2014	2013
全 市	**25680273**	**25415108**	**158848711**	**148293765**
首都功能核心区	**1592094**	**1589733**	**9682320**	**8477656**
东 城 区	907941	659788	708058	575684
西 城 区	684153	929945	8974262	7901971
城市功能拓展区	**3807976**	**4071768**	**35128550**	**30894486**
朝 阳 区	1535064	1529587	8532499	9401945
丰 台 区	703602	748010	3638657	3438153
石景山区	53910	67689	2360489	2697794
海 淀 区	1515400	1726483	20596905	15356594
城市发展新区	**16903927**	**16195947**	**72681901**	**70784246**
房 山 区	543771	509378	10102748	9197881
通 州 区	2559776	2519253	4350761	4157982
顺 义 区	3444629	3275790	26391477	25349487
昌 平 区	1732744	1692014	9604149	11017931
大 兴 区	2748405	2796224	3897465	3534866
北京经济技术开发区	5874602	5403289	18335301	17526100
生态涵养发展区	**3376278**	**3557659**	**9457742**	**8788435**
门头沟区	144810	167075	840264	640011
怀 柔 区	1539562	1654239	3987417	3877980
平 谷 区	588140	589947	1951001	1835911
密 云 县	866816	875171	2222747	2055454
延 庆 县	236950	271227	456313	379079

3-37 续表4

单位：万元

区 县	工业销售产值(当年价格)		#出口交货值	
	2014	2013	2014	2013
全 市	**182282093**	**171866014**	**14268774**	**15067218**
首都功能核心区	**11320567**	**10033198**	**265006**	**216563**
东 城 区	1648004	1226425	202746	134359
西 城 区	9672563	8806773	62260	82204
城市功能拓展区	**37917315**	**34140991**	**1633718**	**1543588**
朝 阳 区	9971995	10755867	468386	447205
丰 台 区	4277818	4151747	148256	90298
石景山区	2458993	2751576	101985	179970
海 淀 区	21208509	16481802	915091	826116
城市发展新区	**88514357**	**86142233**	**11503282**	**12497250**
房 山 区	10509691	9723055	97878	119536
通 州 区	6844470	6640026	518249	529044
顺 义 区	29879268	28350819	3812228	4114989
昌 平 区	11244850	12638697	480032	458006
大 兴 区	6303396	6003867	185623	214989
北京经济技术开发区	23732682	22785769	6409272	7060686
生态涵养发展区	**12631657**	**12200651**	**866769**	**809818**
门头沟区	839328	793738	168427	180839
怀 柔 区	5570134	5489788	248131	220696
平 谷 区	2498670	2392520	96695	80620
密 云 县	3067580	2907706	257838	221198
延 庆 县	655945	616899	95678	106464

3-38 规模以上工业企业主要财务指标

单位：个

区 县	企业单位个数		在2014年企业单位个数中				
	2014	2013	#大 型	#中 型	#小 型	轻工业	重工业
全 市	**3686**	**3641**	**164**	**584**	**2776**	**1259**	**2427**
首都功能核心区	**100**	**101**	**11**	**18**	**67**	**44**	**56**
东 城 区	40	42	3	9	26	21	19
西 城 区	60	59	8	9	41	23	37
城市功能拓展区	**1023**	**1044**	**51**	**177**	**767**	**246**	**777**
朝 阳 区	294	313	12	54	222	90	204
丰 台 区	206	209	11	37	151	50	156
石景山区	49	59	5	12	32	6	43
海 淀 区	474	463	23	74	362	100	374
城市发展新区	**2033**	**1987**	**85**	**301**	**1545**	**763**	**1270**
房 山 区	176	170	9	15	139	55	121
通 州 区	451	450	8	63	353	177	274
顺 义 区	394	342	21	64	291	142	252
昌 平 区	309	310	7	46	243	99	210
大 兴 区	425	456	8	47	349	201	224
北京经济技术开发区	278	259	32	66	170	89	189
生态涵养发展区	**530**	**509**	**17**	**88**	**397**	**206**	**324**
门头沟区	45	46	2	4	37	17	28
怀 柔 区	170	168	6	20	137	70	100
平 谷 区	133	125	2	29	93	53	80
密 云 县	139	130	6	26	101	50	89
延 庆 县	43	40	1	9	29	16	27

注：1.统计范围为年主营业务收入2000万元及以上的工业法人单位。

2.2011年开始，企业大中小型划分标准执行国家统计局《关于统计上大中小微型企业划分办法》(国统字[2011]75号)。

3-38 续表1

单位：个

区 县	在2014年企业单位个数中			
	#国有控股	#内 资	#港澳台商投资	#外商投资
全 市	**765**	**2834**	**209**	**643**
首都功能核心区	**49**	**84**	**4**	**12**
东 城 区	17	32	1	7
西 城 区	32	52	3	5
城市功能拓展区	**337**	**861**	**50**	**112**
朝 阳 区	108	233	20	41
丰 台 区	78	185	6	15
石景山区	21	40	3	6
海 淀 区	130	403	21	50
城市发展新区	**309**	**1509**	**116**	**408**
房 山 区	32	157	4	15
通 州 区	57	363	16	72
顺 义 区	60	245	29	120
昌 平 区	58	253	15	41
大 兴 区	56	369	16	40
北京经济技术开发区	46	122	36	120
生态涵养发展区	**70**	**380**	**39**	**111**
门头沟区	5	39	4	2
怀 柔 区	17	111	15	44
平 谷 区	8	89	7	37
密 云 县	26	105	12	22
延 庆 县	14	36	1	6

3-38 续表2

单位：万元

区 县	资产总计		负债合计		所有者权益合计		营业收入	
	2014	2013	2014	2013	2014	2013	2014	2013
全 市	**335570497**	**308007299**	**171375654**	**162079598**	**163891012**	**145916320**	**201794110**	**190586792**
首都功能核心区	**126746211**	**119779619**	**60140934**	**58980408**	**66605277**	**60799211**	**43931070**	**39993389**
东 城 区	2164252	2004068	1017847	956463	1146405	1047605	1924748	1485914
西 城 区	124581959	117775551	59123087	58023945	65458872	59751606	42006322	38507475
城市功能拓展区	**92859320**	**84333037**	**48949179**	**46783437**	**43905732**	**37542908**	**48033580**	**44695026**
朝 阳 区	20243648	20676300	10645908	10846731	9597740	9829569	11223272	12176033
丰 台 区	8325913	7548503	4722956	4403625	3598549	3138187	5170485	5020675
石景山区	28446684	25395924	15029610	14251994	13417074	11143930	4984131	5996217
海 淀 区	35843075	30712310	18550705	17281087	17292369	13431222	26655692	21502101
城市发展新区	**98863308**	**88524883**	**52704662**	**47789755**	**45859225**	**40735128**	**94863096**	**91666061**
房 山 区	7578629	7375910	4605743	4321323	2972886	3054587	11148542	10352144
通 州 区	7834760	7320181	4580722	4278383	3254038	3041798	8034113	7640031
顺 义 区	29289012	25402779	16042662	14276438	13246351	11126341	31255506	29402991
昌 平 区	16840252	15764861	8077471	7683807	8473920	8081055	12290782	13431622
大 兴 区	8022802	7027539	4388701	4066018	3633743	2961520	6915776	6562871
北京经济技术开发区	29297853	25633613	15009363	13163786	14278287	12469827	25218377	24276402
生态涵养发展区	**17101658**	**15369760**	**9580877**	**8525998**	**7520780**	**6839073**	**14966364**	**14232317**
门头沟区	1917941	1663482	794690	587425	1123252	1076057	913183	859810
怀 柔 区	5275503	4748736	3108217	2709237	2167286	2039500	6594911	6350054
平 谷 区	2610043	2256009	1546508	1302107	1063534	953901	3035282	2872796
密 云 县	3658608	3433071	2213578	2158090	1445029	1270292	3512812	3367332
延 庆 县	3639563	3268462	1917884	1769139	1721679	1499323	910176	782325

3-38 续表3

单位：万元

区 县	主营业务收入		利润总额		利税总额	
	2014	2013	2014	2013	2014	2013
全 市	**197766666**	**186886314**	**15157524**	**12828840**	**24078630**	**21252443**
首都功能核心区	**43742175**	**39817706**	**4603296**	**3592455**	**6141228**	**4997224**
东 城 区	1867108	1439325	179554	127171	271649	197359
西 城 区	41875067	38378381	4423742	3465284	5869579	4799865
城市功能拓展区	**46837413**	**43590604**	**3356552**	**2698119**	**4767861**	**4006884**
朝 阳 区	10681411	11677869	782146	524234	1202756	950955
丰 台 区	5051987	4933720	317275	327132	491843	490874
石景山区	4817283	5781046	520970	383212	677824	560217
海 淀 区	26286732	21197969	1736161	1463541	2395438	2004838
城市发展新区	**92740230**	**89705520**	**6195890**	**5607036**	**11591317**	**10681364**
房 山 区	10839416	10011534	50541	-258231	1081572	577782
通 州 区	7866425	7514764	499862	362168	1050663	872656
顺 义 区	30684561	28984448	2771816	2522265	4622282	4287222
昌 平 区	11749138	12982511	717147	788438	1055928	1205465
大 兴 区	6807613	6442382	384339	380745	635789	602763
北京经济技术开发区	24793077	23769881	1772185	1811651	3145083	3135476
生态涵养发展区	**14446849**	**13772484**	**1001786**	**931230**	**1578226**	**1566971**
门头沟区	877707	834887	133381	111841	223300	213615
怀 柔 区	6486006	6257825	332204	350739	576394	630275
平 谷 区	2857843	2698169	147299	158674	229273	250831
密 云 县	3354370	3234856	226436	184910	356081	320058
延 庆 县	870923	746747	162466	125066	193178	152192

3-38 续表4

区 县	应交税金合计(万元)		#应交增值税(万元)		从业人员年平均人数(人)	
	2014	2013	2014	2013	2014	2013
全 市	**11436589**	**10749532**	**5615607**	**5371656**	**1165464**	**1161413**
首都功能核心区	**2102262**	**1928023**	**1326175**	**1185795**	**77979**	**78874**
东 城 区	118566	100304	76226	56563	15036	13094
西 城 区	1983696	1827719	1249949	1129232	62943	65780
城市功能拓展区	**1831588**	**1703450**	**1099352**	**1031902**	**333904**	**328306**
朝 阳 区	588379	555540	323647	327596	97080	104823
丰 台 区	231469	216382	144300	136146	59183	49686
石景山区	170776	205936	128343	146470	39797	44247
海 淀 区	840964	725592	503062	421690	137844	129550
城市发展新区	**6741055**	**6272336**	**2744785**	**2659236**	**606550**	**606233**
房 山 区	1072955	845008	281469	206059	48142	50192
通 州 区	638214	589701	261627	243689	84471	85512
顺 义 区	2460004	2316577	881454	859455	154301	150747
昌 平 区	449577	537562	267872	343919	91695	92268
大 兴 区	338847	296021	209851	183392	77814	79698
北京经济技术开发区	1781458	1687467	842512	822722	150127	147816
生态涵养发展区	**761684**	**845723**	**445295**	**494723**	**147031**	**148000**
门头沟区	101360	119707	65190	72693	21931	24023
怀 柔 区	315529	371656	186966	216855	47679	46259
平 谷 区	126153	140425	68701	77877	30605	30832
密 云 县	174607	177760	100213	105216	37058	37181
延 庆 县	44035	36175	24225	22082	9758	9705

注：应交税金合计主要包括应交增值税、应交所得税、营业税金及附加和管理费用中的税金等。

3–39 建筑业主要指标

区 县	企业个数(个)			建筑施工企业年末从业人员 (人)			建筑施工企业总产值(亿元)		
	2014	2013	增长速度(%)	2014	2013	增长速度(%)	2014	2013	增长速度(%)
全 市	**3426**	**3522**	**-2.7**	**510464**	**493201**	**3.5**	**8209.8**	**7459.6**	**10.1**
首都功能核心区	**457**	**488**	**-6.4**	**75364**	**63116**	**19.4**	**1174.5**	**1081.5**	**8.6**
东 城 区	169	173	-2.3	29379	24958	17.7	513.3	503.1	2.0
西 城 区	288	315	-8.6	45985	38158	20.5	661.2	578.4	14.3
城市功能拓展区	**1567**	**1605**	**-2.4**	**247882**	**241161**	**2.8**	**4239.4**	**3828.9**	**10.7**
朝 阳 区	684	694	-1.4	76002	73280	3.7	1066.7	1012.0	5.4
丰 台 区	277	290	-4.5	64164	59400	8.0	1184.5	981.4	20.7
石景山区	83	84	-1.2	28995	25761	12.6	460.2	391.0	17.7
海 淀 区	523	537	-2.6	78721	82720	-4.8	1528.0	1444.5	5.8
城市发展新区	**1037**	**1043**	**-0.6**	**151645**	**149096**	**1.7**	**2364.5**	**2158.6**	**9.5**
房 山 区	128	129	-0.8	24412	26455	-7.7	364.6	329.0	10.8
通 州 区	225	225	持平	33461	31778	5.3	923.7	757.1	22.0
顺 义 区	173	174	-0.6	44656	41054	8.8	307.5	244.0	26.0
昌 平 区	148	150	-1.3	13805	13952	-1.1	219.8	293.3	-25.1
大 兴 区	333	337	-1.2	25540	25385	0.6	308.1	301.2	2.3
北京经济技术开发区	30	28	7.1	9771	10472	-6.7	240.8	234.0	2.9
生态涵养发展区	**365**	**386**	**-5.4**	**35573**	**39828**	**-10.7**	**431.4**	**390.6**	**10.4**
门头沟区	63	76	-17.1	5054	4981	1.5	84.4	80.9	4.3
怀 柔 区	85	84	1.2	7160	7445	-3.8	77.8	71.6	8.7
平 谷 区	118	120	-1.7	10496	10624	-1.2	87.9	79.8	10.2
密 云 县	58	58	持平	8404	11605	-27.6	120.5	100.9	19.3
延 庆 县	41	48	-14.6	4459	5173	-13.8	60.8	57.4	5.7

注：建筑业的相关数据是按照建筑业企业经营地划分，统计范围为施工总承包、专业承包建筑业企业。

3-39 续表1

单位：亿元

区 县	营业收入			应交税金合计			#应交所得税		
	2014	2013	增长速度(%)	2014	2013	增长速度(%)	2014	2013	增长速度(%)
全 市	**10559.1**	**9473.0**	**11.5**	**331.4**	**306.0**	**8.3**	**66.6**	**53.9**	**23.6**
首都功能核心区	**1559.8**	**1445.7**	**7.9**	**53.5**	**46.0**	**16.2**	**10.5**	**8.8**	**19.8**
东 城 区	717.7	705.6	1.7	24.4	23.1	5.8	5.6	6.5	-13.3
西 城 区	842.1	740.1	13.8	29.0	22.9	26.6	4.9	2.3	111.5
城市功能拓展区	**5903.8**	**5228.9**	**12.9**	**175.7**	**158.5**	**10.9**	**38.4**	**26.9**	**42.6**
朝 阳 区	1586.9	1308.2	21.3	54.6	46.0	18.8	15.3	8.1	89.2
丰 台 区	1483.2	1294.8	14.6	41.3	35.8	15.4	6.9	5.7	20.2
石景山区	728.4	648.7	12.3	20.6	16.6	23.6	4.1	3.5	19.4
海 淀 区	2105.2	1977.2	6.5	59.2	60.0	-1.3	12.1	9.6	25.3
城市发展新区	**2652.3**	**2378.2**	**11.5**	**87.3**	**85.0**	**2.7**	**15.8**	**15.6**	**1.1**
房 山 区	382.5	364.4	4.9	12.0	14.8	-18.7	3.7	2.9	26.2
通 州 区	1023.7	790.8	29.5	32.6	27.7	17.7	5.9	6.0	-2.4
顺 义 区	350.6	291.7	20.2	12.4	10.9	13.3	1.8	1.6	13.3
昌 平 区	259.7	319.4	-18.7	9.6	11.9	-19.5	1.4	1.8	-22.0
大 兴 区	357.8	327.2	9.3	12.2	10.8	12.9	1.7	1.4	19.5
北京经济技术开发区	278.0	284.8	-2.4	8.6	8.9	-3.8	1.4	1.9	-27.1
生态涵养发展区	**443.2**	**420.2**	**5.5**	**14.9**	**16.5**	**-9.5**	**1.9**	**2.6**	**-25.3**
门头沟区	85.1	81.9	3.8	2.9	2.9	-1.9	0.3	0.2	13.8
怀 柔 区	88.1	88.2	-0.2	2.6	3.2	-19.3	0.2	0.3	-12.3
平 谷 区	92.3	82.7	11.7	3.5	3.3	6.6	1.0	0.9	7.4
密 云 县	126.0	112.5	12.0	4.2	5.2	-19.4	0.4	1.1	-66.4
延 庆 县	51.8	54.9	-5.7	1.8	1.9	-5.7	0.1	0.1	10.7

注：应交税金合计主要包括应交增值税、应交所得税、营业税金及附加和管理费用中的税金等。

3-39 续表2

单位：亿元

区 县	利润总额			流动资产合计			在建工程		
	2014	2013	增长速度(%)	2014	2013	增长速度(%)	2014	2013	增长速度(%)
全 市	**473.2**	**385.8**	**22.7**	**12311.8**	**9964.5**	**23.6**	**67.4**	**61.1**	**10.4**
首都功能核心区	**48.2**	**40.6**	**18.5**	**2113.9**	**1772.5**	**19.3**	**12.2**	**6.3**	**95.1**
东 城 区	21.3	19.9	7.3	1077.3	898.6	19.9	1.6	0.9	69.4
西 城 区	26.8	20.7	29.3	1036.6	873.9	18.6	10.7	5.4	99.5
城市功能拓展区	**330.2**	**256.2**	**28.9**	**7384.9**	**5789.6**	**27.6**	**35.8**	**37.5**	**-4.7**
朝 阳 区	76.3	50.4	51.3	2110.9	1460.0	44.6	8.6	8.1	5.7
丰 台 区	97.0	64.5	50.5	1944.5	1540.5	26.2	2.9	3.4	-13.7
石景山区	19.9	18.2	9.6	710.2	661.5	7.4	2.8	2.4	17.6
海 淀 区	137.0	123.1	11.3	2619.3	2127.7	23.1	21.5	23.6	-9.3
城市发展新区	**84.1**	**77.2**	**9.0**	**2375.7**	**2017.1**	**17.8**	**17.0**	**14.9**	**14.8**
房 山 区	24.6	16.4	49.8	475.5	387.6	22.7	3.1	3.6	-13.1
通 州 区	29.0	31.1	-6.7	644.6	532.5	21.0	4.0	1.9	104.9
顺 义 区	7.8	6.7	16.8	322.6	281.8	14.5	2.5	1.6	58.0
昌 平 区	6.5	7.8	-16.8	284.6	288.8	-1.5	4.5	3.3	39.0
大 兴 区	7.6	5.4	39.3	282.2	258.8	9.0	2.6	3.8	-30.9
北京经济技术开发区	8.7	9.7	-11.0	366.3	267.7	36.9	0.3	0.7	-51.6
生态涵养发展区	**10.7**	**11.8**	**-9.6**	**437.3**	**385.3**	**13.5**	**2.3**	**2.4**	**-1.3**
门头沟区	1.1	1.1	4.0	78.0	63.9	22.0	0.2	0.1	126.9
怀 柔 区	1.1	0.9	22.2	75.1	67.3	11.7	0.8	0.1	517.4
平 谷 区	4.2	5.4	-22.7	129.3	123.0	5.2	0.8	1.5	-44.1
密 云 县	4.1	4.5	-9.0	104.1	83.5	24.7	0.4	0.3	39.2
延 庆 县	0.2	-0.1		50.7	47.7	6.6	0.1	0.3	-74.9

3-39 续表3

单位：亿元

区 县	资产总计			负债合计			所有者权益合计		
	2014	2013	增长速度(%)	2014	2013	增长速度(%)	2014	2013	增长速度(%)
全 市	**17909.3**	**15196.3**	**17.9**	**12632.3**	**10420.5**	**21.2**	**5277.0**	**4775.8**	**10.5**
首都功能核心区	**2779.4**	**2312.9**	**20.2**	**2054.3**	**1672.7**	**22.8**	**725.1**	**640.2**	**13.3**
东 城 区	1325.5	1103.4	20.1	938.4	775.2	21.1	387.1	328.2	17.9
西 城 区	1453.9	1209.4	20.2	1115.9	897.5	24.3	338.0	311.9	8.3
城市功能拓展区	**11720.2**	**9967.8**	**17.6**	**8006.0**	**6539.9**	**22.4**	**3714.3**	**3427.9**	**8.4**
朝 阳 区	2589.0	1772.9	46.0	2169.9	1481.0	46.5	419.1	291.9	43.5
丰 台 区	3333.4	2805.0	18.8	2156.3	1749.7	23.2	1177.2	1055.3	11.5
石景山区	794.2	735.1	8.0	657.3	625.1	5.1	137.0	110.0	24.6
海 淀 区	5003.6	4654.7	7.5	3022.6	2684.2	12.6	1981.0	1970.5	0.5
城市发展新区	**2913.5**	**2471.1**	**17.9**	**2211.1**	**1888.5**	**17.1**	**702.4**	**582.6**	**20.6**
房 山 区	546.4	459.3	19.0	385.9	319.7	20.7	160.5	139.6	15.0
通 州 区	862.8	689.5	25.1	686.9	547.3	25.5	176.0	142.2	23.8
顺 义 区	379.1	334.3	13.4	294.2	259.8	13.2	84.9	74.5	13.9
昌 平 区	338.3	341.2	-0.8	253.8	259.3	-2.1	84.5	81.9	3.2
大 兴 区	339.0	303.9	11.5	242.8	224.0	8.4	96.1	79.9	20.3
北京经济技术开发区	447.9	342.9	30.6	347.4	278.3	24.8	100.4	64.6	55.5
生态涵养发展区	**496.2**	**444.5**	**11.6**	**360.9**	**319.4**	**13.0**	**135.2**	**125.1**	**8.1**
门头沟区	84.0	68.5	22.6	64.9	54.3	19.5	19.1	14.2	34.6
怀 柔 区	84.7	77.1	9.8	61.8	56.5	9.4	22.8	20.6	10.9
平 谷 区	151.9	147.4	3.0	105.8	101.2	4.6	46.1	46.2	-0.3
密 云 县	120.8	99.4	21.5	86.3	68.0	26.9	34.4	31.4	9.7
延 庆 县	54.9	52.1	5.2	42.1	39.4	6.6	12.8	12.7	0.7

3-40 民用汽车(2014年)

单位：辆

区 县	民用汽车拥有量	#私人汽车
全 市	**5324406**	**4371587**
首都功能核心区	**917711**	**709074**
东 城 区	459708	333224
西 城 区	458003	375850
城市功能拓展区	**2600508**	**2223091**
朝 阳 区	969012	816323
丰 台 区	600051	520956
石景山区	151279	127592
海 淀 区	880166	758220
城市发展新区	**1403076**	**1135508**
房 山 区	213496	174732
通 州 区	267956	209295
顺 义 区	217290	175584
昌 平 区	368712	311253
大 兴 区	335622	264644
生态涵养发展区	**403111**	**303914**
门头沟区	66374	48626
怀 柔 区	90050	63813
平 谷 区	103206	72362
密 云 县	85187	71895
延 庆 县	58294	47218

资料来源：北京市公安局公安交通管理局。

3-41 备案停车场情况(2014年)

单位：个

区 县	备案停车场个数	备案停车场车位总数
全 市	**6448**	**1757718**
首都功能核心区	**1339**	**222226**
东 城 区	564	96576
西 城 区	775	125650
城市功能拓展区	**3841**	**1076215**
朝 阳 区	1653	475309
丰 台 区	693	210530
石景山区	226	53395
海 淀 区	1269	336981
城市发展新区	**1030**	**401193**
房 山 区	145	57132
通 州 区	259	79050
顺 义 区	65	26105
昌 平 区	267	121548
大 兴 区	212	57404
北京经济技术开发区	82	59954
生态涵养发展区	**238**	**58084**
门头沟区	81	19472
怀 柔 区	25	9289
平 谷 区	32	7251
密 云 县	70	15513
延 庆 县	30	6559

注：统计范围指北京市辖区内全部备案停车场。

资料来源：北京市交通委员会。

3-42 限额以上批发和零售业基本情况(2014年)

区 县	单位个数(个)	年末从业人员(人)	商品购进额(亿元)	商品销售额(亿元)		
					批发额	零售额
全 市	**8763**	**776597**	**57013.0**	**60065.5**	**52088.1**	**7977.4**
首都功能核心区	**1499**	**184105**	**12988.5**	**13577.6**	**11846.2**	**1731.4**
东 城 区	792	101093	6981.6	7312.8	6226.7	1086.1
西 城 区	707	83012	6006.9	6264.7	5619.5	645.2
城市功能拓展区	**5423**	**460424**	**36264.0**	**38507.1**	**34026.1**	**4481.0**
朝 阳 区	2255	245411	17852.2	19457.3	17465.1	1992.1
丰 台 区	601	49521	2488.8	2590.0	2050.1	539.9
石景山区	176	30068	985.8	1026.7	722.8	303.9
海 淀 区	2391	135424	14937.2	15433.1	13788.0	1645.1
城市发展新区	**1435**	**115303**	**7128.1**	**7310.1**	**5637.4**	**1672.6**
房 山 区	351	10261	1143.6	1175.2	951.5	223.7
通 州 区	205	21359	759.4	829.5	628.6	200.9
顺 义 区	231	19588	670.7	760.6	541.9	218.7
昌 平 区	273	14719	1173.0	1152.8	981.6	171.2
大 兴 区	229	21341	727.4	747.8	573.9	173.9
北京经济技术开发区	146	28035	2654.0	2644.2	1959.8	684.3
生态涵养发展区	**406**	**16765**	**632.4**	**670.8**	**578.4**	**92.4**
门头沟区	89	2951	164.3	167.9	150.7	17.2
怀 柔 区	59	2667	95.5	101.3	80.5	20.8
平 谷 区	99	4566	174.8	188.0	161.7	26.3
密 云 县	136	5424	178.4	192.5	170.4	22.1
延 庆 县	23	1157	19.3	21.1	15.1	6.0

注：统计范围为限额以上批发和零售业法人单位、产业活动单位和个体经营户。

3-43 限额以上住宿和餐饮业基本情况(2014年)

区 县	单位个数(个)	年末从业人员(人)	营业额(亿元)		
				#客房收入	#餐费收入
全 市	**3307**	**407915**	**972.8**	**234.9**	**633.8**
首都功能核心区	**849**	**133674**	**351.3**	**79.7**	**245.4**
东 城 区	396	83979	225.8	46.5	163.7
西 城 区	453	49695	125.4	33.2	81.8
城市功能拓展区	**1932**	**198156**	**482.2**	**131.2**	**290.8**
朝 阳 区	875	99065	275.7	71.9	169.9
丰 台 区	268	19522	39.1	10.2	24.4
石景山区	50	6143	8.1	2.0	4.9
海 淀 区	739	73426	159.3	47.0	91.6
城市发展新区	**356**	**61780**	**119.4**	**18.6**	**86.4**
房 山 区	37	3114	4.7	0.9	2.7
通 州 区	40	4316	6.1	1.2	4.0
顺 义 区	98	17869	35.8	6.5	23.0
昌 平 区	100	12474	20.9	6.0	9.6
大 兴 区	52	13979	26.3	1.3	24.4
北京经济技术开发区	29	10028	25.6	2.8	22.6
生态涵养发展区	**170**	**14305**	**19.9**	**5.5**	**11.2**
门头沟区	30	2905	4.3	0.5	3.2
怀 柔 区	57	4141	6.2	2.2	2.9
平 谷 区	27	2343	3.1	0.6	1.9
密 云 县	29	3000	3.4	1.3	1.4
延 庆 县	27	1916	3.0	0.8	1.8

注：统计范围为限额以上住宿和餐饮业法人单位、产业活动单位和个体经营户。

3-44 社会消费品零售总额

单位：亿元

区　县	社会消费品零售总额		增长速度
	2014	2013	(%)
全　市	**9638.0**	**8872.1**	**8.6**
首都功能核心区	**1775.9**	**1656.5**	**7.2**
东 城 区	913.3	839.2	8.8
西 城 区	862.6	817.4	5.5
城市功能拓展区	**5517.7**	**5117.1**	**7.8**
朝 阳 区	2377.6	2243.4	6.0
丰 台 区	937.4	864.6	8.4
石景山区	241.9	215.8	12.1
海 淀 区	1960.8	1793.3	9.3
城市发展新区	**1927.3**	**1718.5**	**12.1**
房 山 区	211.8	190.7	11.1
通 州 区	323.2	286.9	12.6
顺 义 区	376.7	332.4	13.3
昌 平 区	368.7	339.4	8.6
大 兴 区	321.9	282.2	14.0
北京经济技术开发区	325.1	286.8	13.3
生态涵养发展区	**417.1**	**380.0**	**9.7**
门头沟区	53.1	49.0	8.4
怀 柔 区	94.1	83.9	12.1
平 谷 区	84.4	75.0	12.5
密 云 县	110.7	102.4	8.1
延 庆 县	74.8	69.6	7.4

注：社会消费品零售总额按产业在地原则核算，2013年数据为第三次全国经济普查数据。

3-45 商品交易市场情况

区 县	市场个数(个)		总摊位数(个)		出租摊位数(个)		营业面积(平方米)		成交额(万元)	
	2014	2013	2014	2013	2014	2013	2014	2013	2014	2013
全 市	**728**	**821**	**253087**	**274300**	**214002**	**231645**	**13229116**	**14098054**	**35114335**	**34856233**
首都功能核心区	**91**	**104**	**37672**	**39770**	**35957**	**37893**	**780688**	**870066**	**1237458**	**1309394**
东 城 区	31	35	14545	14956	13978	14028	422431	463263	532805	525755
西 城 区	60	69	23127	24814	21979	23865	358257	406803	704653	783639
城市功能拓展区	**301**	**360**	**112451**	**125158**	**101657**	**112870**	**7417720**	**7892894**	**25756726**	**25417655**
朝 阳 区	130	141	42628	44786	37628	40147	2243983	2505698	7277311	7043762
丰 台 区	78	83	37411	39690	34829	36204	2711401	2678629	14111418	13356235
石景山区	35	42	5887	6562	4674	5344	226503	239242	280984	256121
海 淀 区	58	94	26525	34120	24526	31175	2235833	2469325	4087013	4761537
城市发展新区	**239**	**257**	**74152**	**79137**	**55374**	**59145**	**3393517**	**3588513**	**7149000**	**7142969**
房 山 区	46	56	9842	10619	7008	7327	378652	415704	175055	163630
通 州 区	49	47	13253	13479	11318	11896	570343	603938	1008231	947069
顺 义 区	58	58	12786	12665	11136	11060	936218	925132	2416013	2101280
昌 平 区	32	35	16507	17573	14558	15174	742792	782572	3341458	3497049
大 兴 区	54	61	21764	24801	11354	13688	765512	861167	208243	433941
生态涵养发展区	**97**	**100**	**28812**	**30235**	**21014**	**21737**	**1637191**	**1746581**	**971151**	**986215**
门头沟区	10	11	1229	1241	1045	1062	34380	36780	28528	26611
怀 柔 区	16	18	4695	5243	3607	4462	208920	300304	250453	269620
平 谷 区	29	29	13341	13771	9370	9031	905793	869260	350465	352772
密 云 县	28	29	7020	7180	5139	5394	330817	381315	185320	189698
延 庆 县	14	13	2527	2800	1853	1788	157281	158922	156385	147514

3-46 实际利用外商直接投资额

单位：万美元

区 县	2014	2013
全 市	**904085**	**852418**
首都功能核心区	**94415**	**116194**
东 城 区	51037	66149
西 城 区	43378	50045
城市功能拓展区	**604833**	**529621**
朝 阳 区	390011	342225
丰 台 区	45291	18637
石景山区	9370	8748
海 淀 区	160161	160011
城市发展新区	**187191**	**140400**
房 山 区	1367	1014
通 州 区	35741	12004
顺 义 区	52218	36002
昌 平 区	10380	9865
大 兴 区	87485	81515
北京经济技术开发区	63619	63558
生态涵养发展区	**17646**	**66203**
门头沟区	805	100
怀 柔 区	5020	37817
平 谷 区	9575	7206
密 云 县	1909	984
延 庆 县	337	20096

注：大兴区中包含北京经济技术开发区数据。

资料来源：北京市商务委员会。

3-47 入境旅游及星级饭店基本情况

区 县	入境旅游者人数(万人次)		#外国人		星级饭店个数(个)		出租率(%)	
	2014	2013	2014	2013	2014	2013	2014	2013
全 市	**427.45**	**450.13**	**365.45**	**387.62**	**581**	**614**	**57.6**	**58.4**
首都功能核心区	**144.44**	**151.73**	**124.02**	**133.22**	**144**	**154**	**66.0**	**65.8**
东 城 区	114.83	120.43	99.13	106.18	64	72	64.1	65.1
西 城 区	29.61	31.30	24.89	27.04	80	82	68.0	66.7
城市功能拓展区	**245.10**	**256.11**	**209.85**	**218.45**	**230**	**243**	**62.8**	**64.5**
朝 阳 区	194.32	195.26	168.35	173.56	111	114	63.6	65.3
丰 台 区	8.54	8.69	7.36	8.13	32	35	59.0	60.1
石景山区	2.48	6.27	2.09	5.29	5	5	60.1	59.9
海 淀 区	39.76	45.88	32.05	31.47	82	89	62.7	64.8
城市发展新区	**36.01**	**39.11**	**30.52**	**34.13**	**127**	**127**	**42.1**	**42.0**
房 山 区	0.05	0.04	0.04	0.03	42	43	25.0	25.4
通 州 区	1.07	1.60	0.96	1.48	7	7	35.0	37.8
顺 义 区	19.12	21.29	16.90	19.05	20	19	54.1	54.4
昌 平 区	4.47	3.51	3.77	2.93	44	45	43.1	43.1
大 兴 区	11.30	12.67	8.85	10.64	14	13	45.1	43.9
生态涵养发展区	**1.90**	**3.19**	**1.07**	**1.82**	**80**	**90**	**30.8**	**33.7**
门头沟区	0.86	1.36	0.24	0.76	14	15	26.1	29.6
怀 柔 区	0.42	0.40	0.23	0.23	23	29	38.6	38.0
平 谷 区	0.22	0.20	0.21	0.19	10	10	34.7	42.0
密 云 县	0.27	0.50	0.26	0.30	17	17	30.8	35.4
延 庆 县	0.14	0.73	0.13	0.33	16	19	22.0	25.5

3-47 续表

区 县	营业收入(万元)		利润总额(万元)		从业人员平均人数(人)	
	2014	2013	2014	2013	2014	2013
全 市	**2568184.9**	**2727974.3**	**12499.1**	**111668.8**	**99258**	**112512**
首都功能核心区	**796111.3**	**838374.9**	**22500.5**	**44745.7**	**26872**	**29973**
东 城 区	479397.4	516957.4	2570.6	22879.9	14861	17608
西 城 区	316713.9	321417.5	19929.9	21865.8	12011	12365
城市功能拓展区	**1404625.6**	**1463794.1**	**70036.1**	**106025.6**	**49099**	**55387**
朝 阳 区	854169.4	858146.8	54251.8	74265.2	25454	29099
丰 台 区	93427.3	97260.5	-7335.5	-984.9	4744	4933
石景山区	14264.0	14215.5	-471.2	268.7	520	760
海 淀 区	442764.9	494171.3	23591.0	32476.6	18381	20595
城市发展新区	**289395.8**	**328596.2**	**-65269.6**	**-27209.6**	**17612**	**20430**
房 山 区	27320.9	31579.3	-2265.2	-2984.2	1483	2249
通 州 区	15863.1	19133.4	-6861.5	-3499.7	1415	1682
顺 义 区	60338.9	68232.8	-11933.6	-10421.1	3667	4550
昌 平 区	150172.9	175230.8	-36201.8	-7394.6	8795	9648
大 兴 区	35700.0	34419.9	-8007.5	-2910.0	2252	2301
生态涵养发展区	**78052.2**	**97209.1**	**-14767.9**	**-11892.9**	**5675**	**6722**
门头沟区	12845.3	17170.8	-3992.6	-3925.5	652	809
怀 柔 区	22811.4	23606.8	-889.2	-364.5	1425	1475
平 谷 区	9504.5	10730.9	-1263.3	-419.5	979	909
密 云 县	19741.3	24015.8	-5965.6	-6925.8	1498	1893
延 庆 县	13149.7	21684.8	-2657.2	-257.6	1121	1636

3-48 银行、保险系统机构人员情况(2014年)

区 县	合计		总行、总公司		分行、分公司		支行、支公司	
	机 构(个)	从业人员(人)	机 构(个)	从业人员(人)	机 构(个)	从业人员(人)	机 构(个)	从业人员(人)
全 市	**4663**	**309730**	**85**	**109111**	**161**	**45958**	**2529**	**90423**
首都功能核心区	**901**	**139326**	**45**	**69427**	**75**	**31173**	**509**	**23816**
东 城 区	359	37721	9	8378	24	10986	220	11952
西 城 区	542	101605	36	61049	51	20187	289	11864
城市功能拓展区	**2266**	**126791**	**29**	**38962**	**84**	**14673**	**1302**	**41299**
朝 阳 区	994	54739	24	16258	70	11844	571	15883
丰 台 区	366	18491	2	9385	1	84	201	4999
石景山区	103	7008	1	287		43	58	1965
海 淀 区	803	46553	2	13032	13	2702	472	18452
城市发展新区	**1018**	**31461**	**7**	**571**	**2**	**112**	**509**	**18828**
房 山 区	172	5580	1	37			72	2393
通 州 区	194	7234	1	26		22	93	4251
顺 义 区	214	6115	2	359	1	41	111	4195
昌 平 区	218	6103	1	61			108	4022
大 兴 区	220	6429	2	88	1	49	125	3967
生态涵养发展区	**478**	**12152**	**4**	**151**			**209**	**6480**
门头沟区	60	1224	1	39			26	622
怀 柔 区	114	2594	1	52			53	1503
平 谷 区	116	3515					51	1736
密 云 县	120	3159	1	34			49	1660
延 庆 县	68	1660	1	26			30	959

3-48 续表

区 县	分理处		储蓄所		其 他	
	机 构(个)	从业人员(人)	机 构(个)	从业人员(人)	机 构(个)	从业人员(人)
全 市	**773**	**7599**	**379**	**2458**	**736**	**54181**
首都功能核心区	**59**	**1042**	**41**	**307**	**172**	**13561**
东 城 区	26	445	13	68	67	5892
西 城 区	33	597	28	239	105	7669
城市功能拓展区	**371**	**4300**	**155**	**1112**	**325**	**26445**
朝 阳 区	152	1989	46	419	131	8346
丰 台 区	70	650	33	149	59	3224
石景山区	15	135	8	49	21	4529
海 淀 区	134	1526	68	495	114	10346
城市发展新区	**204**	**1574**	**123**	**702**	**173**	**9674**
房 山 区	36	238	28	174	35	2738
通 州 区	43	327	23	118	34	2490
顺 义 区	41	385	27	133	32	1002
昌 平 区	45	298	21	160	43	1562
大 兴 区	39	326	24	117	29	1882
生态涵养发展区	**139**	**683**	**60**	**337**	**66**	**4501**
门头沟区	14	68	10	76	9	419
怀 柔 区	41	180	10	44	9	815
平 谷 区	32	139	16	65	17	1575
密 云 县	33	199	14	92	23	1174
延 庆 县	19	97	10	60	8	518

3-49 中资银行人民币存款余额(2014年)

单位：万元

区 县	各项存款	单位存款	个人存款	#储蓄存款	其他存款
全 市	**905458756**	**579117554**	**254822781**	**239722163**	**71518421**
首都功能核心区	**380046569**	**262454815**	**63835717**	**58164677**	**53756036**
东 城 区	107877854	67994999	26683513	24936741	13199342
西 城 区	272168715	194459817	37152205	33227936	40556694
城市功能拓展区	**418562108**	**265765590**	**135440990**	**127694264**	**17355528**
朝 阳 区	141852165	81865864	52084456	48828099	7901845
丰 台 区	52123454	24219689	25344799	24347784	2558966
石景山区	12863186	6694342	6132829	5854908	36016
海 淀 区	211723302	152985695	51878906	48663474	6858701
城市发展新区	**87807454**	**42643641**	**44774995**	**43373777**	**388818**
房 山 区	11692663	5339228	6353390	6173327	45
通 州 区	17900894	8023542	9832866	9612941	44485
顺 义 区	17606984	9976005	7471022	7188661	159957
昌 平 区	16649544	6392991	10202261	9810791	54291
大 兴 区	23957369	12911875	10915455	10588056	130040
生态涵养发展区	**19042626**	**8253507**	**10771079**	**10489445**	**18039**
门头沟区	4230850	2029621	2185739	2118459	15490
怀 柔 区	4255674	1898196	2355357	2283603	2122
平 谷 区	3763064	1631319	2131687	2063542	58
密 云 县	4147345	1591343	2555955	2486537	48
延 庆 县	2645693	1103029	1542341	1537304	322

注：本表统计范围包括中国邮政储蓄银行北京分行、各国有商业银行北京市分行、各股份制商业银行在京营业机构、北京银行、北京农商银行。

资料来源：中国人民银行营业管理部。

3-50 中资银行人民币贷款余额(2014年)

单位：万元

区 县	各项贷款	境内贷款	短期贷款	#个人消费贷款	中长期贷款	#个人消费贷款	其他贷款	境外贷款
全 市	**424452990**	**424086914**	**138953900**	**5084756**	**267514058**	**52976082**	**17618957**	**366076**
首都功能核心区	**228332544**	**228147458**	**73715482**	**3863157**	**138606010**	**17710451**	**15825966**	**185086**
东 城 区	49580622	49527418	19783942	1555256	28818220	7339491	925255	53204
西 城 区	178751922	178620040	53931539	2307901	109787790	10370960	14900710	131882
城市功能拓展区	**158283750**	**158120917**	**56016402**	**1138533**	**100793495**	**27690985**	**1311020**	**162833**
朝 阳 区	64715769	64605007	20664098	495147	43414874	13504107	526035	110762
丰 台 区	30159296	30146012	9507640	197889	20313013	3867664	325360	13284
石景山区	5480542	5477806	1608463	18987	3841230	784084	28114	2736
海 淀 区	57928143	57892091	24236202	426510	33224378	9535130	431512	36051
城市发展新区	**32494455**	**32477243**	**7649526**	**68259**	**24394547**	**6195248**	**433171**	**17211**
房 山 区	3414857	3414767	1005930	7374	2402656	680597	6181	90
通 州 区	4514830	4513720	551404	15852	3948425	1454891	13891	1110
顺 义 区	8986403	8977543	3464355	14283	5474446	1224862	38742	8860
昌 平 区	3525317	3520811	504754	12631	2995346	1350142	20710	4506
大 兴 区	12053048	12050403	2123082	18119	9573674	1484756	353647	2645
生态涵养发展区	**5342242**	**5341296**	**1572490**	**14808**	**3720006**	**1379397**	**48800**	**946**
门头沟区	935056	934592	196163	212	729079	178146	9350	464
怀 柔 区	1002455	1002303	376464	2309	605394	261538	20445	152
平 谷 区	1371981	1371706	280934	10624	1077999	299721	12774	275
密 云 县	1560855	1560801	607221	1618	949107	490375	4472	55
延 庆 县	471895	471895	111709	45	358426	149618	1760	

3-51 限额以上第三产业基本情况(2014年)

区 县	收入合计(亿元)	资产总计(亿元)	企业利润总额(亿元)	应交税金合计(亿元)	从业人员平均人数(万人)
全 市	**110308.2**	**1242344.8**	**20601.7**	**5998.0**	**586.6**
首都功能核心区	**34029.2**	**939185.4**	**12944.8**	**2907.3**	**138.8**
东 城 区	16672.2	140021.1	6851.2	666.2	60.4
西 城 区	17357.0	799164.4	6093.7	2241.1	78.4
城市功能拓展区	**61945.5**	**269350.2**	**6882.2**	**2607.4**	**343.4**
朝 阳 区	29744.4	118152.2	4432.8	1170.1	131.8
丰 台 区	4611.8	15949.7	218.7	131.9	49.4
石景山区	1871.5	4778.0	178.2	59.1	15.1
海 淀 区	25717.8	130470.4	2052.4	1246.3	147.1
城市发展新区	**12772.1**	**28719.5**	**745.8**	**438.3**	**82.3**
房 山 区	1463.3	2343.3	30.8	34.0	7.9
通 州 区	1162.3	3369.7	44.3	46.6	8.7
顺 义 区	3176.3	10251.6	308.7	119.3	27.3
昌 平 区	2802.4	6599.0	249.0	115.7	16.4
大 兴 区	1377.9	3170.5	49.7	62.6	12.2
北京经济技术开发区	2790.0	2985.3	63.3	60.1	9.9
生态涵养发展区	**1561.4**	**5089.6**	**28.9**	**45.0**	**22.1**
门头沟区	389.9	1409.4	-2.1	6.9	2.9
怀 柔 区	339.0	1114.8	11.7	10.4	4.7
平 谷 区	309.3	1175.8	6.6	11.4	5.4
密 云 县	393.0	1068.0	8.2	10.7	5.0
延 庆 县	130.3	321.7	4.5	5.7	4.1

注：应交税金合计主要包括应交增值税、应交所得税、营业税及附加和管理费用中的税金等。

3-52 规模以上文化创意产业情况

区 县	收入合计(万元)		利润总额(万元)		应交税金合计(万元)		从业人员平均人数(人)	
	2014	2013	2014	2013	2014	2013	2014	2013
全 市	**118020382**	**104987704**	**9315587**	**8520963**	**5207072**	**4680619**	**1151236**	**1105459**
首都功能核心区	**25322926**	**22413666**	**1631089**	**1579962**	**881981**	**834549**	**193827**	**190890**
东 城 区	17294359	14391240	825680	790433	521568	488572	90003	88949
西 城 区	8028567	8022426	805410	789529	360413	345977	103824	101941
城市功能拓展区	**80263426**	**71658056**	**7270653**	**6522437**	**3968292**	**3499294**	**837764**	**804320**
朝 阳 区	25411308	23303003	1137038	1090825	896939	803109	234226	230190
丰 台 区	3567055	3413428	222322	218862	163701	159238	38309	37725
石景山区	3334750	2720189	327434	351679	164870	151270	31375	29072
海 淀 区	47950314	42221436	5583860	4861070	2742781	2385678	533854	507333
城市发展新区	**10840741**	**9756946**	**310754**	**339880**	**294483**	**295593**	**99882**	**92558**
房 山 区	294545	890282	10096	20917	16300	25283	7560	6519
通 州 区	1146572	1000702	16670	9835	28816	29805	13571	15277
顺 义 区	1156764	959026	74000	72686	49554	50270	13558	12741
昌 平 区	1372974	1140025	102745	113752	84240	87039	22224	19312
大 兴 区	911692	733006	21530	20000	23944	23630	12316	12135
北京经济技术开发区	5958195	5033906	85713	102690	91630	79565	30653	26574
生态涵养发展区	**1593289**	**1159036**	**103090**	**78684**	**62316**	**51184**	**19763**	**17691**
门头沟区	153792	111730	8424	5368	5385	4200	1859	1664
怀 柔 区	700668	463440	62043	59622	25883	21938	6072	5708
平 谷 区	402946	249703	23970	13395	15881	12679	3490	3771
密 云 县	237201	190144	3696	-1444	10814	8442	5020	3266
延 庆 县	98682	144020	4959	1743	4353	3925	3322	3282

注：规模以上文化创意产业统计范围是指年营业收入1000万元及以上，或从业人员50人及以上的文化创意产业法人单位（其中，批发业企业和工业企业年主营业务收入2000万元及以上，零售业企业年主营业务收入500万元及以上，文化、体育和娱乐业年营业收入500万元及以上，或从业人员50人及以上）。

3-53 城镇居民收支情况

单位：元

区 县	人均可支配收入			人均消费性支出		
	2014	2013	增长速度(%)	2014	2013	增长速度(%)
全 市	**43910**	**40321**	**8.9**	**28009**	**26275**	**6.6**
东城区	45052	41676	8.1	28613	26994	6.0
西城区	47392	43479	9.0	31921	29474	8.3
朝阳区	44646	41035	8.8	30467	28315	7.6
丰台区	41334	37886	9.1	26816	24783	8.2
石景山区	41943	38657	8.5	23845	22411	6.4
海淀区	50088	45953	9.0	31784	29430	8.0
房山区	35912	32886	9.2	21181	20386	3.9
通州区	37095	33662	10.2	23694	20604	15.0
顺义区	36428	33329	9.3	20784	18895	10.0
昌平区	35517	32495	9.3	21968	20322	8.1
大兴区	37131	34128	8.8	24382	22126	10.2
门头沟区	38023	35141	8.2	24053	22313	7.8
怀柔区	35771	32519	10.0	21730	20083	8.2
平谷区	36226	32933	10.0	22455	20966	7.1
密云县	35499	32538	9.1	21120	19079	10.7
延庆县	33778	31132	8.5	19808	18155	9.1

3-54 农村居民收支情况

区 县	人均纯收入(元)			人均生活消费支出(元)		
	2014	2013	增长速度(%)	2014	2013	增长速度(%)
全 市	**20226**	**18337**	**10.3**	**14529**	**13553**	**7.2**
朝 阳 区	26808	24426	9.8	20313	18593	9.3
丰 台 区	22553	20442	10.3	18303	16896	8.3
海 淀 区	27098	24673	9.8	20193	19307	4.6
房 山 区	18809	16916	11.2	12529	11840	5.8
通 州 区	20076	17925	12.0	12702	11625	9.3
顺 义 区	19629	17703	10.9	12453	11634	7.0
昌 平 区	18689	16756	11.5	14206	13954	1.8
大 兴 区	18824	17044	10.4	12743	11523	10.6
门头沟区	18861	17408	8.3	12326	11456	7.6
怀 柔 区	18196	16356	11.2	11254	10167	10.7
平 谷 区	18785	16865	11.4	12615	11867	6.3
密 云 县	17855	16202	10.2	12150	11153	8.9
延 庆 县	17017	15504	9.8	11190	10091	10.9

3-55 普通中学学校基本情况

单位：人

区 县	普通中学校数(所)		普通中学招生数		普通中学毕业生数	
	2014	2013	2014	2013	2014	2013
全 市	**643**	**638**	**157877**	**166709**	**147913**	**150445**
首都功能核心区	**94**	**94**	**28483**	**30751**	**29203**	**29736**
东 城 区	43	43	12777	13820	12636	13102
西 城 区	51	51	15706	16931	16567	16634
城市功能拓展区	**238**	**227**	**68142**	**70946**	**57540**	**58438**
朝 阳 区	89	81	18260	20044	14184	14267
丰 台 区	45	46	10301	10853	7944	9024
石景山区	27	24	4694	5064	4532	4197
海 淀 区	77	76	34887	34985	30880	30950
城市发展新区	**210**	**215**	**43150**	**46474**	**42209**	**41587**
房 山 区	47	47	8868	8944	8644	8865
通 州 区	40	42	8911	9448	7584	7862
顺 义 区	30	38	9446	9780	8952	9484
昌 平 区	50	45	7296	8829	7733	6985
大 兴 区	43	43	8629	9473	9296	8391
生态涵养发展区	**101**	**102**	**18102**	**18538**	**18961**	**20684**
门头沟区	14	16	2437	2400	2036	2344
怀 柔 区	23	22	3742	3793	3470	3674
平 谷 区	20	20	3772	3821	4461	5080
密 云 县	23	23	4805	4916	5369	5683
延 庆 县	21	21	3346	3608	3625	3903

注：普通中学范围为普通高中和普通初中。

资料来源：北京市教育委员会。

3-55 续表

单位：人

区 县	普通中学在校学生数		普通中学教职工人数		普通中学专任教师人数	
	2014	2013	2014	2013	2014	2013
全 市	**484343**	**498154**	**82224**	**80511**	**61043**	**58963**
首都功能核心区	**90913**	**94470**	**14694**	**14540**	**10933**	**10634**
东 城 区	40691	42248	6564	6421	4716	4600
西 城 区	50222	52222	8130	8119	6217	6034
城市功能拓展区	**202758**	**205206**	**31916**	**30086**	**24675**	**22911**
朝 阳 区	54270	56337	10905	9481	8816	7652
丰 台 区	30571	29903	5438	5367	4016	3770
石景山区	14715	15217	2597	2551	1968	1924
海 淀 区	103202	103749	12976	12687	9875	9565
城市发展新区	**134195**	**139124**	**23908**	**23799**	**18009**	**17742**
房 山 区	27406	28069	4553	4643	3373	3421
通 州 区	27166	28262	4654	4956	3434	3562
顺 义 区	27907	28484	4506	4329	3398	3273
昌 平 区	24521	25762	5201	4922	3925	3654
大 兴 区	27195	28547	4994	4949	3879	3832
生态涵养发展区	**56477**	**59354**	**11706**	**12086**	**7426**	**7676**
门头沟区	7191	7284	1266	1330	888	946
怀 柔 区	11140	11669	2424	2470	1614	1648
平 谷 区	11992	12653	3241	3334	1696	1731
密 云 县	15284	16226	2493	2602	1740	1817
延 庆 县	10870	11522	2282	2350	1488	1534

3–56 小学教育基本情况

单位：人

区 县	小学校数(所)		小学招生数		小学毕业生数	
	2014	2013	2014	2013	2014	2013
全 市	**1040**	**1093**	**153249**	**165807**	**112819**	**111839**
首都功能核心区	**124**	**136**	**22061**	**23453**	**16281**	**15871**
东 城 区	64	64	9573	10071	7721	7557
西 城 区	60	72	12488	13382	8560	8314
城市功能拓展区	**335**	**357**	**71257**	**75538**	**49776**	**49407**
朝 阳 区	122	134	25745	27021	15309	14914
丰 台 区	78	84	12928	14360	10069	10603
石景山区	31	31	4402	4613	3486	3269
海 淀 区	104	108	28182	29544	20912	20621
城市发展新区	**424**	**429**	**45417**	**52625**	**34820**	**34259**
房 山 区	106	109	9391	9271	6603	6620
通 州 区	83	82	9709	13070	7465	7373
顺 义 区	45	42	7503	7451	5493	5317
昌 平 区	91	100	8177	11304	7678	7301
大 兴 区	99	96	10637	11529	7581	7648
生态涵养发展区	**157**	**171**	**14514**	**14191**	**11942**	**12302**
门头沟区	23	29	2180	2017	1836	1846
怀 柔 区	24	25	3043	2980	2533	2345
平 谷 区	42	43	3179	3141	2419	2579
密 云 县	40	40	3835	3961	3091	3176
延 庆 县	28	34	2277	2092	2063	2356

资料来源：北京市教育委员会。

3-56 续表

单位：人

区 县	小学在校学生数		小学教职工人数		小学专任教师人数	
	2014	2013	2014	2013	2014	2013
全 市	**821152**	**789276**	**58108**	**57832**	**49434**	**48726**
首都功能核心区	**115309**	**109776**	**9349**	**9034**	**7987**	**7635**
东 城 区	50845	49091	4604	4390	3719	3532
西 城 区	64464	60685	4745	4644	4268	4103
城市功能拓展区	**369603**	**351952**	**22233**	**22054**	**20202**	**19871**
朝 阳 区	128030	118780	8331	8279	7680	7571
丰 台 区	70432	68840	4786	4750	4133	4014
石景山区	23479	22903	1563	1534	1378	1345
海 淀 区	147662	141429	7553	7491	7011	6941
城市发展新区	**258522**	**252025**	**18151**	**17692**	**15232**	**14788**
房 山 区	46563	44787	3613	3631	2867	2898
通 州 区	60717	59413	4001	3789	3542	3305
顺 义 区	40994	38146	2948	2815	2396	2283
昌 平 区	54049	53649	3570	3444	3017	2897
大 兴 区	56199	56030	4019	4013	3410	3405
生态涵养发展区	**77718**	**75523**	**8375**	**9052**	**6013**	**6432**
门头沟区	11314	11100	1195	1326	896	1026
怀 柔 区	16500	16143	1622	1705	1106	1162
平 谷 区	16686	16037	2185	2522	1469	1578
密 云 县	21319	20436	2023	2042	1482	1481
延 庆 县	11899	11807	1350	1457	1060	1185

3-57 幼儿教育情况

单位：人

区 县	幼儿园数(所)		在园幼儿数		专任教师数	
	2014	2013	2014	2013	2014	2013
全 市	**1426**	**1384**	**364954**	**348681**	**31692**	**28806**
首都功能核心区	**118**	**120**	**29891**	**29107**	**2996**	**2812**
东 城 区	50	51	13193	12722	1347	1274
西 城 区	68	69	16698	16385	1649	1538
城市功能拓展区	**538**	**518**	**174167**	**169090**	**15526**	**14651**
朝 阳 区	203	191	62329	58653	6314	6030
丰 台 区	132	127	40401	40694	3350	3134
石景山区	48	47	13409	13319	1176	1128
海 淀 区	155	153	58028	56424	4686	4359
城市发展新区	**504**	**475**	**121776**	**110689**	**9905**	**8512**
房 山 区	103	103	28878	28752	2706	2498
通 州 区	136	126	25455	20894	2153	1533
顺 义 区	83	78	19184	16962	1311	1229
昌 平 区	111	103	23294	20579	2198	1874
大 兴 区	71	65	24965	23502	1537	1378
生态涵养发展区	**266**	**271**	**39120**	**39795**	**3265**	**2831**
门头沟区	28	23	5241	5442	475	406
怀 柔 区	52	68	8642	9547	663	621
平 谷 区	62	58	8393	8113	629	383
密 云 县	68	67	10343	10253	920	876
延 庆 县	56	55	6501	6440	578	545

数据来源：北京市教育委员会。

3-58 公共图书馆情况

区 县	个 数 (个)		总藏数 (万册、万件)		总流通人次 (万人次)		书刊文献外借册次 (万册次)	
	2014	2013	2014	2013	2014	2013	2014	2013
全 市	**25**	**25**	**5601**	**5316**	**1544**	**1452**	**1061**	**893**
首都功能核心区	**5**	**5**	**305**	**283**	**191**	**190**	**205**	**205**
东 城 区	2	2	133	122	57	55	70	65
西 城 区	3	3	172	161	134	135	135	140
城市功能拓展区	**9**	**9**	**4572**	**4361**	**1055**	**1028**	**589**	**440**
朝 阳 区	3	3	937	862	527	491	359	338
丰 台 区	2	2	88	83	47	36	40	25
石景山区	2	2	97	104	63	63	54	49
海 淀 区	2	2	3450	3312	418	438	136	28
城市发展新区	**6**	**6**	**393**	**368**	**205**	**117**	**170**	**153**
房 山 区	2	2	106	92	26	25	33	33
通 州 区	1	1	55	59	66	8	37	12
顺 义 区	1	1	85	70	35	35	31	31
昌 平 区	1	1	61	63	45	28	38	47
大 兴 区	1	1	86	84	33	21	31	30
生态涵养发展区	**5**	**5**	**331**	**304**	**93**	**117**	**97**	**95**
门头沟区	1	1	75	65	1	2	9	9
怀 柔 区	1	1	62	58	47	71	34	29
平 谷 区	1	1	84	80	16	14	18	22
密 云 县	1	1	66	64	13	14	18	17
延 庆 县	1	1	44	37	16	16	18	18

资料来源：北京市文化局、国家图书馆。

3-59 文物局系统内博物馆情况

区　县	个数(个)		综合性		历史性		艺术类		自然科技类		其他类	
	2014	2013	2014	2013	2014	2013	2014	2013	2014	2013	2014	2013
全　市	**41**	**41**	**11**	**11**	**17**	**17**	**6**	**6**	**2**	**2**	**5**	**5**
首都功能核心区	**15**	**15**	**3**	**3**	**8**	**8**	**2**	**2**	**1**	**1**	**1**	**1**
东 城 区	7	7	1	1	5	5	1	1				
西 城 区	8	8	2	2	3	3	1	1	1	1	1	1
城市功能拓展区	**12**	**12**	**1**	**1**	**4**	**4**	**4**	**4**	**1**	**1**	**2**	**2**
朝 阳 区	3	3					2	2			1	1
丰 台 区	2	2			1	1					1	1
石景山区	2	2			1	1			1	1		
海 淀 区	5	5	1	1	2	2	2	2				
城市发展新区	**7**	**7**	**3**	**3**	**3**	**3**					**1**	**1**
房 山 区	2	2			1	1					1	1
通 州 区	1	1	1	1								
顺 义 区	1	1			1	1						
昌 平 区	3	3	2	2	1	1						
大 兴 区												
生态涵养发展区	**7**	**7**	**4**	**4**	**2**	**2**					**1**	**1**
门头沟区	1	1	1	1								
怀 柔 区	1	1	1	1								
平 谷 区	1	1			1	1						
密 云 县	1	1	1	1								
延 庆 县	3	3	1	1	1	1					1	1

资料来源：北京市文物局。

3-59 续表

区 县	文物藏品数(件)		#一级品		参观人次(千人次)		本年收入(万元)	
	2014	2013	2014	2013	2014	2013	2014	2013
全 市	**1262296**	**1163443**	**689**	**669**	**10224**	**10209**	**99836**	**107408**
首都功能核心区	**1041795**	**1041683**	**392**	**390**	**2807**	**3241**	**33001**	**41411**
东 城 区	5627	5623	29	29	1286	1571	5434	5916
西 城 区	1036168	1036060	363	361	1521	1670	27567	35495
城市功能拓展区	**194696**	**91500**	**84**	**66**	**783**	**632**	**19686**	**27180**
朝 阳 区	85688	6503	15	15	222	184	10526	17273
丰 台 区	1536	1535	4	3	68	33	917	773
石景山区	109	83			30	44	541	597
海 淀 区	107363	83379	65	48	463	371	7702	8537
城市发展新区	**14284**	**14549**	**212**	**212**	**5793**	**5511**	**41329**	**33977**
房 山 区	7795	7795	15	15	188	185	10773	9509
通 州 区	1658	1658			20	20	382	494
顺 义 区	28	373			383	366	775	801
昌 平 区	4803	4723	197	197	5202	4940	29399	23173
大 兴 区								
生态涵养发展区	**11521**	**15711**	**1**	**1**	**841**	**825**	**5820**	**4840**
门头沟区	3686	8000			45	65	407	404
怀 柔 区	1311	1311				12	426	284
平 谷 区	185	185			13	30	340	351
密 云 县	1715	1591			43		2521	3055
延 庆 县	4624	4624	1	1	740	718	2126	746

3-60 档案事业情况

区 县	档案馆个数(个)		建筑面积(平方米)		本年利用档案人次(人次)		本年利用资料人次(人次)	
	2014	2013	2014	2013	2014	2013	2014	2013
全 市	**18**	**18**	**98220**	**101896**	**221359**	**235616**	**449**	**2869**
首都功能核心区	**3**	**3**	**20030**	**23547**	**46513**	**50788**	**9**	**2457**
东 城 区	1	1	4915	4915	16808	22089	1	
西 城 区	2	2	15115	18632	29705	28699	8	2457
城市功能拓展区	**5**	**5**	**35246**	**35406**	**52947**	**67590**	**265**	**141**
朝 阳 区	1	1	2800	2800	21835	23933		
丰 台 区	2	2	22304	22304	19732	20473	157	121
石景山区	1	1	3572	3732	2065	2791	8	5
海 淀 区	1	1	6570	6570	9315	20393	100	15
城市发展新区	**5**	**5**	**19900**	**19900**	**51175**	**55604**	**48**	**168**
房 山 区	1	1	4731	4731	7830	8131		67
通 州 区	1	1	2651	2651	17240	18387	10	20
顺 义 区	1	1	6750	6750	4405	3380		
昌 平 区	1	1	3800	3800	12186	16913	36	75
大 兴 区	1	1	1968	1968	9514	8793	2	6
生态涵养发展区	**5**	**5**	**23043**	**23043**	**70724**	**61634**	**127**	**103**
门头沟区	1	1	4651	4651	6952	9266	30	30
怀 柔 区	1	1	3000	3000	10976	5937	4	16
平 谷 区	1	1	4280	4280	39542	32578	63	19
密 云 县	1	1	5440	5440	10528	11177	21	17
延 庆 县	1	1	5672	5672	2726	2676	9	21

注：本年利用档案人次数量为利用纸质档案和数字档案之和。

资料来源：北京市档案局。

3-61 规模以上工业与信息传输、软件和信息技术服务业企业研究与试验发展（R&D）经费情况

单位：万元

区 县	工 业		信息传输、软件和信息技术服务业	
	2014	2013	2014	2013
全 市	**2335010.1**	**2130617.5**	**1121100.9**	**1103589.9**
首都功能核心区	**43048.7**	**44081.1**	**59989.8**	**61562.7**
东 城 区	13745.3	11969.5	1283.7	6588.7
西 城 区	29303.4	32111.6	58706.1	54974.0
城市功能拓展区	**1124681.9**	**1028969.9**	**1050509.0**	**1029954.0**
朝 阳 区	221639.2	227983.8	379522.4	390645.3
丰 台 区	110490.6	121059.8	41644.8	39045.6
石景山区	37140.9	25057.7	21085.3	11882.5
海 淀 区	755411.2	654868.6	608256.5	588380.6
城市发展新区	**1050902.0**	**953715.4**	**10602.1**	**12073.2**
房 山 区	31298.3	44576.3	166.4	
通 州 区	80181.6	94566.8	263.8	
顺 义 区	247770.6	174045.1		
昌 平 区	260783.2	210492.3	7557.5	8567.7
大 兴 区	77658.6	74778.9	1237.5	2014.0
北京经济技术开发区	353209.7	355256.0	1376.9	1491.5
生态涵养发展区	**116377.5**	**103851.1**		
门头沟区	18661.6	25152.5		
怀 柔 区	58873.2	43388.2		
平 谷 区	4992.9	6482.2		
密 云 县	17122.7	14636.3		
延 庆 县	16727.1	14191.9		

3-62 技术合同成交情况(2014年)

区 县	合同数 (项)	成交总额 (万元)
全 市	**67278**	**31359985**
首都功能核心区	**7711**	**4849841**
东城区	2266	3551922
西城区	5445	1297919
城市功能拓展区	**54523**	**24720504**
朝阳区	6333	6035787
丰台区	2764	4552314
石景山区	789	464970
海淀区	44637	13667433
城市发展新区	**4657**	**1665459**
房山区	228	25753
通州区	349	370251
顺义区	422	50536
昌平区	1685	610129
大兴区	1973	608790
生态涵养发展区	**387**	**124180**
门头沟区	38	5972
怀柔区	203	87350
平谷区	73	5881
密云县	69	19053
延庆县	4	5924

资料来源：北京技术市场管理办公室。

3-63 专利申请及授权情况(2014年)

单位：件

区 县	专利申请量		专利授权量	
		#发明专利		#发明专利
全 市	**138111**	**78129**	**74661**	**23237**
首都功能核心区	**36591**	**18751**	**19908**	**3048**
东 城 区	8303	4010	4806	1391
西 城 区	28288	14741	15102	1657
城市功能拓展区	**79849**	**51629**	**40188**	**17930**
朝 阳 区	23327	14335	12615	5249
丰 台 区	6704	3295	3884	835
石景山区	3119	1475	1255	305
海 淀 区	46699	32524	22434	11541
城市发展新区	**19403**	**7075**	**13135**	**2125**
房 山 区	1026	463	518	94
通 州 区	2202	570	1564	172
顺 义 区	2674	485	2252	90
昌 平 区	7460	3285	4640	1002
大 兴 区	6041	2272	4161	767
生态涵养发展区	**2248**	**661**	**1427**	**134**
门头沟区	304	114	179	23
怀 柔 区	591	217	451	61
平 谷 区	665	116	452	12
密 云 县	573	168	269	22
延 庆 县	115	46	76	16
其 他	**20**	**13**	**3**	

资料来源：北京市知识产权局。

3-64 卫生机构数(2014年)

单位：个

区 县	卫生机构	#医院	#社区卫生服务中心(站)	#门诊部	#妇幼保健院(所、站)	#疾病预防控制中心(防疫站)	#专科疾病防治院(所、站)	#诊所、卫生所、医务室、护理站
全 市	**10265**	**672**	**1958**	**1016**	**19**	**32**	**27**	**3529**
首都功能核心区	**1196**	**113**	**161**	**145**	**4**	**13**	**7**	**711**
东 城 区	564	65	65	78	2	4	3	327
西 城 区	632	48	96	67	2	9	4	384
城市功能拓展区	**3136**	**322**	**695**	**665**	**4**	**6**	**7**	**1335**
朝 阳 区	1337	150	266	323	1	2	1	568
丰 台 区	549	70	171	100	1	1	2	171
石景山区	214	22	57	10	1	1	1	118
海 淀 区	1036	80	201	232	1	2	3	478
城市发展新区	**3882**	**174**	**776**	**191**	**6**	**7**	**6**	**1100**
房 山 区	989	34	217	32	2	2	2	158
通 州 区	615	19	102	49	1	1	1	91
顺 义 区	651	14	163	19	1	1	1	261
昌 平 区	865	66	139	53	1	1	1	314
大 兴 区	762	41	155	38	1	2	1	276
生态涵养发展区	**2036**	**48**	**326**	**15**	**5**	**6**	**7**	**383**
门头沟区	260	13	39	2	1	2	1	55
怀 柔 区	484	12	70	10	1	1	1	107
平 谷 区	430	7	153	1	1	1	2	58
密 云 县	610	13	44	1	1	1	2	112
延 庆 县	252	3	20	1	1	1	1	51

注：本表全市的数据包含驻京部队医院情况，分区县数据不包含驻京部队医院，所以分区县的数据相加不等于全市。

资料来源：北京市卫生和计划生育委员会。

3-65 卫生机构人员及卫生条件

单位：人

区　县	卫生机构人员		#卫生技术人员		#执业(助理)医师		#注册护士	
	2014	2013	2014	2013	2014	2013	2014	2013
全　市	**304990**	**294012**	**242923**	**229720**	**89590**	**85819**	**106167**	**100652**
首都功能核心区	**72416**	**71058**	**57419**	**55940**	**20760**	**20304**	**23768**	**22772**
东 城 区	32241	31603	24849	24091	9460	9175	9972	9380
西 城 区	40175	39455	32570	31849	11300	11129	13796	13392
城市功能拓展区	**122502**	**117236**	**95660**	**91006**	**36120**	**34568**	**40956**	**39386**
朝 阳 区	55641	53079	42840	40770	16572	15840	18189	17647
丰 台 区	21812	20691	17063	15999	6267	6029	7348	6807
石景山区	8724	8291	7111	6684	2687	2559	3077	3002
海 淀 区	36325	35175	28646	27553	10594	10140	12342	11930
城市发展新区	**60429**	**54415**	**45741**	**41286**	**17203**	**15958**	**18437**	**15949**
房 山 区	12400	11772	8873	8303	3316	3216	3578	3222
通 州 区	10246	9660	8081	7534	3034	2803	3092	2804
顺 义 区	8707	8000	6678	6281	2873	2649	2396	2227
昌 平 区	16200	13234	12063	9950	4302	3863	5302	4036
大 兴 区	12876	11749	10046	9218	3678	3427	4069	3660
生态涵养发展区	**20349**	**20643**	**15688**	**15650**	**6452**	**6306**	**5732**	**5773**
门头沟区	4376	4352	3282	3233	1120	1136	1388	1376
怀 柔 区	4112	4099	3235	3168	1406	1321	1106	1075
平 谷 区	4632	4719	3621	3620	1461	1437	1403	1380
密 云 县	4544	4673	3431	3482	1573	1545	1104	1123
延 庆 县	2685	2800	2119	2147	892	867	731	819

注：本表全市数据除床位数外均包含驻京部队医院情况，分区县数据不包含驻京部队医院，所以分区县数据相加不等于全市。

资料来源：北京市卫生和计划生育委员会。

3-65 续表

区 县	卫生机构实有床位数(张)		#医院		每千常住人口执业(助理)医师数(人)		每千常住人口注册护士数(人)		每千常住人口医院床位数(张)	
	2014	2013	2014	2013	2014	2013	2014	2013	2014	2013
全 市	**109789**	**104034**	**102851**	**96558**	**4.16**	**4.06**	**4.93**	**4.76**	**4.78**	**5.45**
首都功能核心区	**26284**	**25510**	**26078**	**25299**	**9.38**	**9.18**	**10.74**	**10.29**	**11.78**	**11.44**
东 城 区	10930	10948	10774	10792	10.38	10.09	10.95	10.32	11.83	11.87
西 城 区	15354	14562	15304	14507	8.68	8.54	10.60	10.28	11.75	11.13
城市功能拓展区	**43914**	**41742**	**42210**	**39430**	**3.42**	**3.35**	**3.88**	**3.82**	**4.00**	**3.82**
朝 阳 区	19053	18252	18386	17668	4.23	4.12	4.64	4.59	4.69	4.60
丰 台 区	9347	8926	9207	8667	2.72	2.67	3.19	3.01	4.00	3.83
石景山区	4140	4007	4053	3523	4.13	3.97	4.73	4.66	6.24	5.47
海 淀 区	11374	10557	10564	9572	2.88	2.84	3.36	3.34	2.87	2.68
城市发展新区	**30457**	**27841**	**26988**	**24441**	**2.51**	**2.38**	**2.69**	**2.38**	**3.94**	**3.64**
房 山 区	6173	5864	5428	5187	3.20	3.18	3.45	3.19	5.24	5.14
通 州 区	3216	3203	2400	2425	2.24	2.11	2.28	2.11	1.77	1.83
顺 义 区	3283	3270	2516	2475	2.86	2.69	2.39	2.27	2.51	2.52
昌 平 区	11110	9430	10696	8978	2.25	2.04	2.78	2.14	5.61	4.75
大 兴 区	6675	6074	5948	5376	2.38	2.27	2.63	2.43	3.85	3.57
生态涵养发展区	**9134**	**8941**	**7575**	**7388**	**3.39**	**3.32**	**3.01**	**3.04**	**3.98**	**3.89**
门头沟区	2859	2842	2418	2401	3.66	3.75	4.54	4.54	7.90	7.92
怀 柔 区	1596	1576	1368	1368	3.69	3.46	2.90	2.81	3.59	3.58
平 谷 区	2001	2056	1681	1736	3.45	3.41	3.32	3.27	3.97	4.11
密 云 县	1696	1485	1352	1127	3.29	3.25	2.31	2.36	2.83	2.37
延 庆 县	982	982	756	756	2.82	2.74	2.31	2.59	2.39	2.39

注：每千常住人口执业（助理）医师数、每千常住人口注册护士数、每千常住人口医院床位数按年末常住人口计算。

3-66 医院工作情况

区 县	诊疗人次数(千人次)		#门 诊		健康检查人次(千人次)	
	2014	2013	2014	2013	2014	2013
全 市	**157509.2**	**147071.1**	**132351.5**	**123436.6**	**3223.4**	**2988.7**
首都功能核心区	**48562.0**	**45929.8**	**45939.6**	**43419.2**	**650.4**	**747.5**
东 城 区	20516.1	19469.2	19473.5	18442.0	266.9	376.7
西 城 区	28045.9	26460.6	26466.1	24977.2	383.4	370.8
城市功能拓展区	**58544.9**	**54836.9**	**54294.5**	**50708.6**	**1550.8**	**1382.6**
朝 阳 区	26293.9	25460.1	24213.7	23386.1	628.6	559.3
丰 台 区	10223.6	9780.6	9421.0	8962.8	223.0	198.1
石景山区	3922.0	3588.7	3676.7	3360.2	134.5	103.8
海 淀 区	18105.4	16007.5	16983.2	14999.6	564.7	521.3
城市发展新区	**25545.0**	**23427.6**	**23238.2**	**21115.5**	**677.9**	**568.5**
房 山 区	6353.7	5841.5	5964.4	5468.7	119.1	96.8
通 州 区	4415.9	4047.0	3921.8	3602.4	114.6	91.4
顺 义 区	4051.8	3535.2	3684.5	3143.3	154.0	131.8
昌 平 区	5637.0	5481.4	5066.9	4854.3	179.0	154.3
大 兴 区	5086.6	4522.5	4600.7	4046.7	111.2	94.2
生态涵养发展区	**9701.7**	**8970.5**	**8879.2**	**8193.3**	**344.4**	**290.1**
门头沟区	1890.2	1701.5	1752.8	1572.3	79.2	42.3
怀 柔 区	1948.7	1785.6	1747.7	1596.7	80.2	67.7
平 谷 区	2294.9	2080.9	2099.0	1902.1	57.1	64.4
密 云 县	2298.2	2221.5	2080.4	2003.8	63.6	56.4
延 庆 县	1269.7	1181.0	1199.2	1118.5	64.3	59.4

注：本表全市数据包含驻京部队医院情况，分区县数据不包含驻京部队医院，所以分区县数据相加不等于全市。
资料来源：北京市卫生和计划生育委员会。

3-66 续表

区 县	平均开放病床数(张)		入院人数(千人次)	
	2014	2013	2014	2013
全 市	**96941.9**	**92354.2**	**2562.3**	**2325.0**
首都功能核心区	**25400.7**	**24796.5**	**889.7**	**818.5**
东 城 区	10581.8	10449.8	359.8	333.8
西 城 区	14818.9	14346.7	529.9	484.7
城市功能拓展区	**40326.1**	**37479.9**	**1098.7**	**981.8**
朝 阳 区	17797.5	17167.5	515.9	464.7
丰 台 区	8788.6	8023.6	177.6	150.7
石景山区	4002.0	3292.2	84.7	75.0
海 淀 区	9738.1	8996.5	320.6	291.3
城市发展新区	**23930.7**	**22924.3**	**417.7**	**376.1**
房 山 区	5296.4	5074.7	111.1	100.6
通 州 区	2281.0	2327.6	63.8	60.2
顺 义 区	2398.0	2401.6	47.2	42.4
昌 平 区	8302.2	8184.9	69.0	62.4
大 兴 区	5653.1	4935.5	126.7	110.5
生态涵养发展区	**7284.5**	**7153.5**	**156.2**	**148.5**
门头沟区	2417.9	2327.3	29.4	27.6
怀 柔 区	1301.7	1295.1	29.3	27.0
平 谷 区	1646.9	1648.3	51.7	49.7
密 云 县	1164.1	1126.8	27.2	25.2
延 庆 县	753.9	756.0	18.6	19.0

3-67 社区卫生服务机构情况(2014年)

区 县	社区卫生服务机构专业技术人员数(人)	#全科医生	#社区护士	总诊疗人次数(千人次)	#门 诊	#急 诊
全 市	**25561**	**11276**	**7500**	**48569.8**	**46691.7**	**1414.8**
首都功能核心区	**2869**	**1286**	**1004**	**5466.0**	**5378.9**	**11.7**
东 城 区	1094	463	430	2399.2	2353.8	10.4
西 城 区	1775	823	574	3066.8	3025.1	1.3
城市功能拓展区	**10824**	**4826**	**3409**	**25639.0**	**24798.2**	**632.3**
朝 阳 区	4297	1908	1420	9429.4	9180.2	170.7
丰 台 区	2213	947	622	5587.4	5383.6	180.3
石景山区	863	392	282	1931.5	1895.9	21.4
海 淀 区	3451	1579	1085	8690.6	8338.5	260.0
城市发展新区	**8097**	**3468**	**2154**	**12161.5**	**11688.7**	**393.8**
房 山 区	1287	607	271	2066.1	2033.1	27.4
通 州 区	1738	716	435	2283.1	2139.8	128.1
顺 义 区	1434	715	301	2179.9	2119.0	45.9
昌 平 区	1433	562	467	2556.5	2487.0	51.2
大 兴 区	2205	868	680	3075.9	2909.8	141.2
生态涵养发展区	**3771**	**1696**	**933**	**5303.3**	**4825.9**	**377.0**
门头沟区	545	207	184	481.0	452.0	6.1
怀 柔 区	697	332	153	843.3	805.7	18.1
平 谷 区	924	511	174	1243.3	1206.9	29.2
密 云 县	902	357	249	1746.9	1430.7	290.4
延 庆 县	703	289	173	988.8	930.6	33.2

资料来源：北京市卫生和计划生育委员会。

3-68 北京地区社会保险情况(2014年)

单位：人

区 县	参加基本养老保险人数	#参加基本养老保险职工人数	参加基本医疗保险人数	#参加基本医疗保险职工人数	参加失业保险人数
全 市	**13926052**	**11637411**	**14312611**	**11711675**	**10571258**
首都功能核心区	**3244504**	**2561750**	**3711848**	**2815047**	**2492225**
东 城 区	1350100	1091295	1572409	1219352	1058236
西 城 区	1894404	1470455	2139439	1595695	1433989
城市功能拓展区	**6625473**	**5639552**	**7044238**	**5869647**	**5183067**
朝 阳 区	2947608	2514985	3073213	2588067	2264909
丰 台 区	852911	665671	924302	697055	595736
石景山区	406946	287314	422310	295811	254530
海 淀 区	2418008	2171582	2624413	2288714	2067892
城市发展新区	**2625558**	**2320388**	**2645957**	**2288925**	**1986333**
房 山 区	343426	269984	363921	278914	254474
通 州 区	443911	386386	453623	386693	321767
顺 义 区	558576	507734	550002	491103	434711
昌 平 区	427268	364384	444223	369727	326205
大 兴 区	486038	430510	485233	418479	358552
北京经济技术开发区	366339	361390	348955	344009	290624
生态涵养发展区	**854950**	**716593**	**910568**	**738056**	**647700**
门头沟区	206725	149662	210434	147391	142558
怀 柔 区	196560	181052	204775	183032	163214
平 谷 区	184325	157722	195883	162197	137762
密 云 县	180541	158115	195490	164737	139624
延 庆 县	86799	70042	103986	80699	64542
其 他	**575567**	**399128**			**261933**

注：其他是指社会保险代办机构。

资料来源：北京市人力资源和社会保障局。

3-69 新型农村合作医疗情况(2014年)

区　县	参加新型农村合作医疗人数 (万人)	新型农村合作医疗参合率 (%)
全　市	**2425898**	**99.56**
城市功能拓展区	**272441**	**99.07**
朝 阳 区	99255	99.78
丰 台 区	103847	99.68
海 淀 区	69339	97.18
城市发展新区	**1364000**	**99.65**
房 山 区	311365	99.90
通 州 区	317682	99.83
顺 义 区	268882	100.04
昌 平 区	185572	98.35
大 兴 区	280499	99.68
生态涵养发展区	**789457**	**99.59**
门头沟区	44040	99.87
怀 柔 区	124151	99.21
平 谷 区	191971	99.71
密 云 县	264668	100.08
延 庆 县	164627	98.90

资料来源：北京市卫生和计划生育委员会。

3-70 收养性单位、社区服务情况(2014年)

区 县	收养性单位数（个）	收养性单位床位数（张）	社区服务机构数（个）	#社区服务中心数
全 市	**472**	**93183**	**6783**	**193**
市本级	**11**	**4249**	**1**	
首都功能核心区	**39**	**3359**	**478**	**32**
东城区	9	1167	207	17
西城区	30	2192	271	15
城市功能拓展区	**124**	**32050**	**1556**	**85**
朝阳区	45	12601	377	36
丰台区	28	6852	362	16
石景山区	9	3100	163	9
海淀区	42	9497	654	24
城市发展新区	**167**	**33419**	**2996**	**57**
房山区	42	6238	601	11
通州区	19	4152	596	6
顺义区	19	4032	719	22
昌平区	52	13248	501	8
大兴区	35	5749	579	10
生态涵养发展区	**131**	**20106**	**1752**	**19**
门头沟区	12	1526	287	5
怀柔区	23	3073	331	3
平谷区	30	4943	308	6
密云县	30	4342	400	2
延庆县	36	6222	426	3

资料来源：北京市民政局。

3-71 社会组织情况(2014年)

单位：个

区 县	社会组织数
全 市	**9083**
市本级	**2332**
首都功能核心区	**1189**
东 城 区	550
西 城 区	639
城市功能拓展区	**2344**
朝 阳 区	808
丰 台 区	459
石景山区	247
海 淀 区	830
城市发展新区	**1862**
房 山 区	342
通 州 区	330
顺 义 区	315
昌 平 区	459
大 兴 区	416
生态涵养发展区	**1356**
门头沟区	189
怀 柔 区	414
平 谷 区	315
密 云 县	218
延 庆 县	220

注：社会组织包含社会团体、民办非企业单位、基金会。

资料来源：北京市民政局。

3-72 体育场地情况(2013年)

单位：个

区 县	体育场地数	#体育场	#体育馆	#游泳场馆	#各种训练房
全 市	**20075**	**131**	**70**	**590**	**2836**
首都功能核心区	**1756**	**10**	**6**	**104**	**367**
东 城 区	698	3	2	57	197
西 城 区	1058	7	4	47	170
城市功能拓展区	**6487**	**51**	**37**	**290**	**797**
朝 阳 区	2600	9	7	188	408
丰 台 区	1275	4	3	31	192
石景山区	213	2	5	12	27
海 淀 区	2399	36	22	59	170
城市发展新区	**8372**	**63**	**19**	**176**	**1350**
房 山 区	1545	9	4	11	86
通 州 区	950	14	5	18	53
顺 义 区	2285	10	5	51	567
昌 平 区	2143	10	5	72	465
大 兴 区	1449	20		24	179
生态涵养发展区	**3460**	**7**	**8**	**20**	**322**
门头沟区	464		1	3	63
怀 柔 区	757	2	1	6	90
平 谷 区	794	1	1	3	96
密 云 县	770	1	4	3	42
延 庆 县	675	3	1	5	31

注：本表数据为第六次全国体育场地普查数据（时点为2013年12月31日）。

资料来源：北京市体育局。

3-73　城乡居民最低生活保障人数

单位：人

区　县	城市居民最低生活保障人数		农村居民最低生活保障人数	
	2014	2013	2014	2013
全　市	**89135**	**103682**	**51324**	**59575**
市本级	**1717**	**1771**		
首都功能核心区	**33770**	**37230**		
东 城 区	14332	15789		
西 城 区	19438	21441		
城市功能拓展区	**36140**	**42147**	**1310**	**1920**
朝 阳 区	12870	14424	826	1095
丰 台 区	9672	11759	299	517
石景山区	8139	9869		
海 淀 区	5459	6095	185	308
城市发展新区	**5919**	**7735**	**21736**	**25604**
房 山 区	2017	2699	7719	8856
通 州 区	1843	2442	5167	6338
顺 义 区	506	686	4325	5152
昌 平 区	794	978	2052	2431
大 兴 区	759	930	2473	2827
生态涵养发展区	**11589**	**14799**	**28278**	**32051**
门头沟区	6992	9199	2135	2623
怀 柔 区	859	1454	4366	6421
平 谷 区	2168	2334	6417	7178
密 云 县	1115	1281	10803	10765
延 庆 县	455	531	4557	5064

资料来源：北京市民政局。

3-74 优抚及主要救助对象情况(2014年)

单位：人

区 县	抚恤补助优抚对象人数	定期抚恤人数	定期补助人数	伤残人数	社会救助对象人数
全 市	**44537**	**1708**	**31392**	**11437**	**144653**
市本级					**1717**
首都功能核心区	**2392**	**166**	**200**	**2026**	**33770**
东 城 区	919	70	60	789	14332
西 城 区	1473	96	140	1237	19438
城市功能拓展区	**10449**	**566**	**3774**	**6109**	**37567**
朝 阳 区	3399	120	1449	1830	13723
丰 台 区	2543	122	1193	1228	10003
石景山区	652	66	55	531	8139
海 淀 区	3855	258	1077	2520	5702
城市发展新区	**19777**	**486**	**17378**	**1913**	**28860**
房 山 区	4753	90	4197	466	10313
通 州 区	4261	98	3792	371	7159
顺 义 区	4712	136	4161	415	5020
昌 平 区	2687	109	2213	365	2956
大 兴 区	3364	53	3015	296	3412
生态涵养发展区	**11919**	**490**	**10040**	**1389**	**42739**
门头沟区	751	44	559	148	9442
怀 柔 区	2492	130	2011	351	6186
平 谷 区	2952	107	2542	303	8900
密 云 县	3096	125	2638	333	12610
延 庆 县	2628	84	2290	254	5601

资料来源：北京市民政局。

3-75 婚姻登记情况

区 县	登记结婚人数(人)		初婚人数(人)		再婚人数(人)		#女 性		离婚登记对数(对)	
	2014	2013	2014	2013	2014	2013	2014	2013	2014	2013
全 市	**340054**	**327352**	**253774**	**251636**	**86280**	**75716**	**41213**	**35954**	**56192**	**54536**
市本级	**1702**	**2140**	**1233**	**1500**	**469**	**640**	**228**	**283**	**143**	**173**
首都功能核心区	**69828**	**65594**	**52982**	**51076**	**16846**	**14518**	**7870**	**6744**	**11251**	**11102**
东城区	28278	26518	21405	20535	6873	5983	3205	2778	4851	4628
西城区	41550	39076	31577	30541	9973	8535	4665	3966	6400	6474
城市功能拓展区	**148824**	**137822**	**110317**	**104956**	**38507**	**32866**	**17956**	**15118**	**26012**	**24875**
朝阳区	49898	45718	35537	33663	14361	12055	6703	5556	9383	9101
丰台区	24772	23878	17445	17377	7327	6501	3453	3002	4958	4678
石景山区	9350	8494	6647	6262	2703	2232	1282	1043	1695	1659
海淀区	64804	59732	50688	47654	14116	12078	6518	5517	9976	9437
城市发展新区	**81968**	**82838**	**61292**	**64333**	**20676**	**18505**	**10184**	**9103**	**12854**	**12315**
房山区	19132	19166	14334	14973	4798	4193	2405	2103	2837	2892
通州区	17002	16944	12799	13112	4203	3832	2036	1869	2538	2351
顺义区	16052	16482	12322	13188	3730	3294	1847	1641	2371	2234
昌平区	12648	12910	9086	9424	3562	3486	1733	1663	2330	2389
大兴区	17134	17336	12751	13636	4383	3700	2163	1827	2778	2449
生态涵养发展区	**37732**	**38958**	**27950**	**29771**	**9782**	**9187**	**4975**	**4706**	**5932**	**6071**
门头沟区	5458	5458	3833	3888	1625	1570	804	785	985	980
怀柔区	6412	6622	4764	5039	1648	1583	827	798	947	1023
平谷区	10024	10134	7707	8138	2317	1996	1184	1040	1485	1529
密云县	8986	9804	6434	7439	2552	2365	1301	1204	1515	1615
延庆县	6852	6940	5212	5267	1640	1673	859	879	1000	924

注：离婚登记对数不含法院判离数。

资料来源：北京市民政局。

3–76 全市基层法律服务所主要工作情况

区 县	担任法律顾问(家)		代理诉讼事务(件)		代理非诉讼事务(件)		解答法律询问(人次)	
	2014	2013	2014	2013	2014	2013	2014	2013
全 市	**2347**	**2390**	**3854**	**4486**	**2570**	**2887**	**53883**	**66959**
首都功能核心区	**117**	**150**	**129**	**178**	**141**	**222**	**7872**	**7828**
东城区	69	70	54	76	99	96	2547	2088
西城区	48	80	75	102	42	126	5325	5740
城市功能拓展区	**534**	**578**	**730**	**1051**	**314**	**481**	**9733**	**9648**
朝阳区	251	250	211	182	31	40	7661	5322
丰台区	169	243	223	524	163	311	1162	1576
石景山区	22	13	22	114	10	52	7	845
海淀区	92	72	274	231	110	78	903	1905
城市发展新区	**1205**	**1255**	**1939**	**2015**	**1103**	**947**	**21255**	**23938**
房山区	13	78	20	588	42	156	207	5866
通州区	842	828	435	593	206	259	3124	3119
顺义区	171	171	1244	619	733	431	13311	7430
昌平区	150	150	141	105	103	42	2266	4310
大兴区	29	28	99	110	19	59	2347	3213
生态涵养发展区	**491**	**407**	**1056**	**1242**	**1012**	**1237**	**15023**	**25545**
门头沟区	2	3					431	486
怀柔区		2	196	292		46	569	3041
平谷区	57	2	133	288	72	291	1224	1990
密云县	52	29	368	301	42	98	5896	10556
延庆县	380	371	359	361	898	802	6903	9472

资料来源：北京市司法局。

3-77 全市公证处总办证量情况(2014年)

单位：件

区 县	总办证量	国内公证业务	涉外公证业务	涉港澳公证业务	涉台公证业务
全 市	**940373**	**431105**	**501173**	**4598**	**3497**
首都功能核心区	**701607**	**328613**	**365629**	**3868**	**3497**
东 城 区	263900	88945	170952	1377	2626
西 城 区	437707	239668	194677	2491	871
城市功能拓展区	**185546**	**67749**	**117114**	**683**	
朝 阳 区	29699	18294	11264	141	
丰 台 区	14991	6691	8260	40	
石景山区	15224	5218	9975	31	
海 淀 区	125632	37546	87615	471	
城市发展新区	**43781**	**27290**	**16453**	**38**	
房 山 区	9862	7789	2064	9	
通 州 区	11949	9412	2524	13	
顺 义 区	3452	2070	1380	2	
昌 平 区	3413	2515	898		
大 兴 区	15105	5504	9587	14	
生态涵养发展区	**9439**	**7453**	**1977**	**9**	
门头沟区	2138	1723	415		
怀 柔 区	2403	1775	628		
平 谷 区	3057	2573	484		
密 云 县	1645	1291	345	9	
延 庆 县	196	91	105		

资料来源：北京市司法局。

3-78 刑事案件立案及破案情况

单位：起

区 县	刑事案件立案数		刑事案件破案数	
	2014	2013	2014	2013
全 市	**153334**	**140498**	**122383**	**112594**
首都功能核心区	**15740**	**14825**	**14323**	**14127**
东 城 区	5756	5358	4471	4267
西 城 区	9984	9467	9852	9860
城市功能拓展区	**81817**	**74109**	**64293**	**58619**
朝 阳 区	30700	29009	24734	20441
丰 台 区	19992	18481	13506	12949
石景山区	2696	2328	2673	2730
海 淀 区	28429	24291	23380	22499
城市发展新区	**38303**	**32291**	**30724**	**28539**
房 山 区	7297	5837	4138	3971
通 州 区	8324	7519	6522	5949
顺 义 区	6048	5420	5871	5817
昌 平 区	7381	6127	6740	6260
大 兴 区	9253	7388	7453	6542
生态涵养发展区	**9168**	**8235**	**8744**	**7818**
门头沟区	1818	1711	1688	1602
怀 柔 区	1859	1661	1998	1703
平 谷 区	2042	1743	1969	1868
密 云 县	2178	2085	1521	1410
延 庆 县	1271	1035	1568	1235
其 他	**8306**	**11038**	**4299**	**3491**

资料来源：北京市公安局。

3-79 火灾事故情况(2014年)

区 县	火灾事故起数(起)	火灾事故死亡人数(人)	火灾事故直接经济损失额(万元)
全 市	**4477**	**51**	**6854.9**
首都功能核心区	**260**	**6**	**404.1**
东 城 区	153	2	25.9
西 城 区	107	4	378.2
城市功能拓展区	**1892**	**20**	**3367.4**
朝 阳 区	778	6	2274.3
丰 台 区	348	4	536.5
石景山区	92	2	83.1
海 淀 区	674	8	473.5
城市发展新区	**1624**	**19**	**2091.6**
房 山 区	350	3	556.8
通 州 区	364	2	100.2
顺 义 区	304	3	799.6
昌 平 区	382	7	372.5
大 兴 区	224	4	262.5
生态涵养发展区	**683**	**6**	**953.4**
门头沟区	46		50.7
怀 柔 区	133		22.8
平 谷 区	242	1	634.6
密 云 县	134	4	115.7
延 庆 县	128	1	129.5
其 他	**18**		**38.5**

资料来源：北京市公安局消防局。

3-80　交通事故情况(2014年)

区　县	交通事故起数 (起)	交通事故死亡人数 (人)	交通事故直接经济损失 (万元)
全　市	**3268**	**923**	**3129.2**
首都功能核心区	**187**	**26**	**126.6**
东 城 区	126	12	30.4
西 城 区	61	14	96.2
城市功能拓展区	**1051**	**308**	**1359.8**
朝 阳 区	300	155	685.8
丰 台 区	373	64	169.9
石景山区	67	12	113.5
海 淀 区	311	77	390.6
城市发展新区	**1531**	**445**	**1211.1**
房 山 区	191	98	186.4
通 州 区	414	86	405.3
顺 义 区	402	109	300.3
昌 平 区	304	103	172.7
大 兴 区	220	49	146.5
生态涵养发展区	**455**	**135**	**413.8**
门头沟区	62	14	62.7
怀 柔 区	67	29	78.4
平 谷 区	103	25	43.1
密 云 县	155	36	195.0
延 庆 县	68	31	34.6
其　他	**44**	**9**	**17.9**

资料来源：北京市公安局公安交通管理局。

3-81 生产安全情况(2014年)

区 县	生产安全事故数(起)	生产安全死亡人数(人)
全 市	**80**	**102**
首都功能核心区	**7**	**7**
东 城 区	2	2
西 城 区	5	5
城市功能拓展区	**39**	**49**
朝 阳 区	19	20
丰 台 区	7	7
石景山区	2	2
海 淀 区	11	20
城市发展新区	**17**	**28**
房 山 区	3	3
通 州 区	3	8
顺 义 区	3	5
昌 平 区	4	8
大 兴 区	3	3
北京经济技术开发区	1	1
生态涵养发展区	**11**	**12**
门头沟区	2	2
怀 柔 区	4	5
平 谷 区	1	1
密 云 县	3	3
延 庆 县	1	1
其 他	**6**	**6**

资料来源：北京市安全生产监督管理局。

3-82 污水处理情况(2014年)

区 县	污水处理厂(站)数 (座)	污水排放量 (万立方米)	污水处理量 (万立方米)
全 市	**90**	**161548**	**139107**
城六区	**19**	**104440**	**101325**
城市发展新区	**39**	**45504**	**29819**
房 山 区	12	7816	5808
通 州 区	8	8972	5687
顺 义 区	5	7388	5317
昌 平 区	6	9524	4051
大 兴 区	6	7726	4879
北京经济技术开发区	2	4078	4078
生态涵养发展区	**32**	**11603**	**7963**
门头沟区	11	1592	1038
怀 柔 区	3	3254	2057
平 谷 区	5	3030	2223
密 云 县	9	2143	1479
延 庆 县	4	1584	1166

资料来源：北京市水务局。

3-83 环境基本情况(2014年)

区 县	二氧化硫(SO_2)年均浓度值(微克/立方米)	二氧化氮(NO_2)年均浓度值(微克/立方米)	可吸入颗粒物年均浓度值(微克/立方米)	细颗粒物(PM2.5)年均浓度值(微克/立方米)	林木绿化率(%)
全 市	**21.8**	**56.7**	**116.0**	**85.9**	**58.4**
首都功能核心区					
东 城 区	22.2	56.4	114.0	86.0	19.1
西 城 区	23.1	63.0	115.0	88.0	14.6
城市功能拓展区					
朝 阳 区	23.4	62.8	124.0	88.0	24.0
丰 台 区	23.1	58.0	128.0	95.0	39.5
石景山区	20.5	62.3	131.0	89.0	40.6
海 淀 区	25.1	66.9	127.0	90.0	38.6
城市发展新区					
房 山 区	19.7	61.7	135.0	101.0	58.5
通 州 区	28.8	60.5	137.0	106.0	31.3
顺 义 区	17.6	45.7	107.0	84.0	34.5
昌 平 区	21.2	45.7	103.0	79.0	66.4
大 兴 区	27.1	62.6	131.0	104.0	27.3
生态涵养发展区					
门头沟区	18.1	48.9	120.0	84.0	64.3
怀 柔 区	17.9	37.5	96.7	76.0	78.4
平 谷 区	20.1	38.3	103.0	83.0	70.5
密 云 县	18.3	40.2	93.6	73.0	72.2
延 庆 县	18.1	35.8	87.1	75.0	69.2

资料来源：北京市环境保护局、北京市园林绿化局提供。

3-84 垃圾处理情况(2014年)

区 县	垃圾无害化处理场(厂)个数(个)	生活垃圾转运站个数(个)	生活垃圾无害化处理量(万吨)	生活垃圾无害化处理率(按垃圾清运量计算)(%)
全 市	**24**	**9**	**730.83**	**99.59**
首都功能核心区			**109.65**	
东 城 区			46.49	100.00
西 城 区			63.16	100.00
城市功能拓展区	**4**	**6**	**372.40**	
朝 阳 区	2	2	163.59	100.00
丰 台 区	1	2	93.18	100.00
石景山区		1	16.96	100.00
海 淀 区	1	1	98.67	100.00
城市发展新区	**10**	**2**	**196.84**	
房 山 区	3	1	19.91	100.00
通 州 区	2	1	57.87	97.67
顺 义 区	1		29.99	98.20
昌 平 区	2		28.32	99.09
大 兴 区	2		60.75	99.51
生态涵养发展区	**10**	**1**	**51.94**	
门头沟区	3	1	8.21	99.76
怀 柔 区	2		9.22	100.00
平 谷 区	2		13.15	97.12
密 云 县	1		15.13	100.00
延 庆 县	2		6.23	98.26

资料来源：北京市市政市容管理委员会。

2015

北京区域统计年鉴

第四篇

BEIJING AREA STATISTICAL YEARBOOK

山区平原概览

简要说明

一、本章资料的主要内容

本章主要反映按地势划分的山区、平原乡镇的基本情况（面积、人口、从业人员等），农村经济（财政、农业生产、畜牧业等），乡镇企业发展，观光民俗旅游和农村居民收支等主要指标情况。

二、本章资料的统计范围

山区的统计范围为 82 个山区乡镇，平原的统计范围为 100 个平原乡镇。

三、本章资料的数据来源

农村居民收支数据由国家统计局北京调查总队居民收支调查处提供，其他数据由北京市统计局及国家统计局北京调查总队农村统计处提供。

4-1 山区乡镇基本情况及主要经济指标

项 目		2014	2013	增长速度(%)
基本情况				
总面积	(公顷)	1048545	1046849	0.2
总人口	(人)	1588804	1569374	1.2
#农业人口	(人)	955166	966541	-1.2
从业人员	(人)	864442	858897	0.6
第一产业	(人)	255644	271262	-5.8
第二产业	(人)	233747	232284	0.6
第三产业	(人)	375051	355351	5.5
享受低保人数	(人)	31292	38199	-18.1
山区经济				
公共财政预算收入	(万元)	630710	535173	17.9
公共财政预算支出	(万元)	816536	757159	7.8
农林牧渔业总产值	(万元)	1145946	1220577	-6.1
粮食播种面积	(公顷)	46646	56710	-17.7
粮食产量	(吨)	166267	313694	-47.0
果园面积	(公顷)	40461	41273	-2.0
干鲜果品产量	(吨)	468978	490717	-4.4
家禽出栏数	(万只)	3321	3848	-13.7
生猪出栏数	(头)	805196	828367	-2.8
企业情况				
企业个数	(个)	12021	11988	0.3
企业总收入	(万元)	7701259	7773984	-0.9
企业利润总额	(万元)	339487	388167	-12.5
民俗旅游情况				
民俗旅游接待人数	(人次)	17927032	16783315	6.8
民俗旅游从业人员	(人)	19913	17907	11.2
民俗旅游总收入	(万元)	106057	95479	11.1

注：本表范围为82个山区乡镇。

4-2 山区农民收入支出情况

单位：元

项　目	2014	2013	增长速度(%)
农村居民人均纯收入	**18431**	**16379**	**12.5**
工资性收入	12632	10494	20.4
家庭经营收入	1784	2484	-28.2
第一产业	682	690	-1.2
第二产业	93	105	-11.4
第三产业	1009	1689	-40.3
财产性收入	1126	926	21.6
转移性收入	2889	2475	16.7
农村居民人均生活消费支出	**13041**	**10920**	**19.4**
食　品	4185	3765	11.2
衣　着	1033	758	36.3
家庭设备用品及服务	1134	817	38.8
医疗保健	1265	1036	22.1
交通和通信	1479	1198	23.5
教育文化娱乐用品及服务	1238	807	53.4
居　住	2312	2278	1.5
其他商品和服务	395	261	51.3

4-3 平原乡镇基本情况及主要经济指标

项　目		2014	2013	增长速度(%)
基本情况				
总面积	(公顷)	481281	481272	…
总人口	(人)	7204979	7054625	2.1
#农业人口	(人)	1479799	1541892	-4.0
从业人员	(人)	4120607	4031370	2.2
第一产业	(人)	283352	298041	-4.9
第二产业	(人)	1260476	1222836	3.1
第三产业	(人)	2576779	2510493	2.6
享受低保人数	(人)	19153	24900	-23.1
平原经济				
公共财政预算收入	(万元)	2212566	2017529	9.7
公共财政预算支出	(万元)	1977590	2216262	-10.8
农林牧渔业总产值	(万元)	2201258	2326471	-5.4
粮食播种面积	(公顷)	72990	101067	-27.8
粮食产量	(吨)	445283	627728	-29.1
果园面积	(公顷)	16089	17897	-10.1
干鲜果品产量	(吨)	268198	296220	-9.5
家禽出栏数	(万只)	2450	2811	-12.8
生猪出栏数	(头)	2098206	2162856	-3.0
企业情况				
企业个数	(个)	85021	72625	17.1
企业总收入	(万元)	85075099	72291193	17.7
企业利润总额	(万元)	3551184	2879064	23.3
民俗旅游情况				
民俗旅游接待人数	(人次)	1215134	1282183	-5.2
民俗旅游从业人员	(人)	1580	1671	-5.4
民俗旅游总收入	(万元)	6486	6480	0.1

注：本表范围为100个平原乡镇。

4-4 平原农民收入支出情况

单位：元

项　目	2014	2013	增长速度(%)
农村居民人均纯收入	**20858**	**19098**	**9.2**
工资性收入	13325	12348	7.9
家庭经营收入	649	583	11.3
第一产业	150	184	-18.5
第二产业	53	27	96.3
第三产业	446	372	19.9
财产性收入	2799	2445	14.5
转移性收入	4085	3722	9.8
农村居民人均生活消费支出	**15069**	**14529**	**3.7**
食　品	5293	5015	5.5
衣　着	1321	1278	3.4
家庭设备用品及服务	1077	922	16.8
医疗保健	1303	1174	11.0
交通和通信	1634	1537	6.3
教育文化娱乐用品及服务	1528	1529	-0.1
居　住	2341	2545	-8.0
其他商品和服务	572	529	8.1

2015
北京区域统计年鉴

第五篇

BEIJING AREA
STATISTICAL YEARBOOK

开发区

简要说明

一、本章资料的主要内容

本章资料包括 3 家国家级开发区（北京经济技术开发区、中关村国家自主创新示范区，其中包含 17 个园区、北京天竺综合保税区）和 16 家北京市级开发区的主要情况。

二、本章资料的数据来源

本章资料主要由北京市统计局中关村统计处提供，其中，5—2 表由北京经济技术开发区统计局、调查队提供。

三、本章资料的统计范围情况

2012 年底，国务院批复了中关村示范区空间规模和布局调整的方案，因此，中关村国家自主创新示范区中部分园区的空间规模和布局进行了扩大调整，其中，昌平园和西城园规划面积变化较大。

北京市开发区情况框架图

开发区	级别	名称
开发区	国家级（3个）	北京经济技术开发区
		中关村国家自主创新示范区
		中关村国家自主创新示范区海淀园
		中关村国家自主创新示范区丰台园
		中关村国家自主创新示范区昌平园
		中关村国家自主创新示范区朝阳园
		中关村国家自主创新示范区亦庄园
		中关村国家自主创新示范区西城园
		中关村国家自主创新示范区东城园
		中关村国家自主创新示范区石景山园
		中关村国家自主创新示范区通州园
		中关村国家自主创新示范区大兴园
		中关村国家自主创新示范区平谷园
		中关村国家自主创新示范区门头沟园
		中关村国家自主创新示范区房山园
		中关村国家自主创新示范区顺义园
		中关村国家自主创新示范区密云园
		中关村国家自主创新示范区怀柔园
		中关村国家自主创新示范区延庆园
		北京天竺综合保税区
	市级（16个）	北京石龙经济开发区
		北京良乡经济开发区
		北京大兴经济开发区
		北京通州经济开发区
		北京雁栖经济开发区
		北京兴谷经济开发区
		北京密云经济开发区
		北京林河经济开发区
		北京天竺空港经济开发区
		北京八达岭经济开发区
		北京永乐经济开发区
		北京延庆经济开发区
		北京昌平小汤山工业园区
		北京采育经济开发区
		北京房山工业园区
		北京马坊工业园区

注：开发区情况截止到2014年末。

5-1 开发区基本情况(2014年)

项 目		国家级	市 级
开发区个数	(个)	3	16
区规划总面积	(公顷)	41207.3	8068.9
累计已开发土地面积	(公顷)	26650.0	6106.9
累计已供应土地面积	(公顷)	14837.2	4896.8
累计已建成城镇建设用地面积	(公顷)	20864.6	4731.5
累计招商项目企业个数	(个)	43861	17398
累计招商项目总投资	(亿元)	14326.0	2368.6
累计招商项目注册资本	(亿元)	12616.6	1354.0
#三资企业	(亿元)	1997.3	364.7
累计招商项目合同外资金额	(亿美元)	246.7	49.8
累计招商项目外商实际投资	(亿美元)	187.3	59.0
固定资产投资	(亿元)	936.2	111.6
总收入	(亿元)	38067.0	5033.8
工业总产值(当年价格)	(亿元)	9523.8	1317.9
工业销售产值(当年价格)	(亿元)	9326.2	1317.4
利润总额	(亿元)	3056.1	234.9
应缴税金	(亿元)	1570.6	149.4

注：1.本表中的开发区包括北京市级及国家级开发区情况。

2.表内"累计"指自开始至年末的累计数。

3.本表"总收入"、"工业总产值(当年价格)"、"工业销售产值"(当年价格)、"利润总额"和"应缴税金"数据的统计范围为注册在开发区内的规模(限额)以上法人单位。

4.自2013年起，平谷园、门头沟园、房山园、顺义园、密云园、怀柔园和延庆园7个园区纳入中关村国家自主创新示范区统计范围，后表同(详见简要说明)。

5.除中关村国家自主创新示范区海淀园外，中关村国家自主创新示范区各园"规划总面积"指标均填报批复土地面积。

5-2 北京经济技术开发区主要指标

项目		2014	2013
规划面积	(公顷)	4680.0	4680.0
累计征用土地面积	(公顷)	4924.0	4924.0
工业总产值（现价）	(亿元)	2421.0	2292.9
#高新技术产业	(亿元)	2201.7	2129.0
销售(营业)收入	(亿元)	5589.9	4786.2
利润总额	(亿元)	249.2	276.6
进出口总值	(亿美元)	190.0	210.8
出　口	(亿美元)	88.6	109.4
进　口	(亿美元)	101.4	101.4
公共财政预算收入	(亿元)	120.0	100.3
公共财政预算支出	(亿元)	112.1	102.0
批准企业个数	(个)	2736	1414
入区企业投资额	(亿美元)	119.5	93.8
注册资本	(亿美元)	113.5	56.0
合同外资金额	(亿美元)	5.0	8.0
实际利用外资	(亿美元)	6.4	6.3
固定资产投资	(亿元)	391.0	375.2
从业人员期末人数	(人)	286133	279462
从业人员工资总额	(万元)	2885362	2597521

注：1.工业总产值(现价)、销售(营业)收入和利润总额指标的统计范围是规模(限额)以上法人单位。

2. 2013年进出口总值根据海关数据进行调整。

资料来源：北京经济技术开发区调查队、统计局。

5-3 中关村国家自主创新示范区主要指标

项　目		2014	2013
规划总面积	(公顷)	38610.9	38693.7
累计已开发土地面积	(公顷)	25278.5	24461.2
累计已供应土地面积	(公顷)	10642.8	10326.9
累计已建成城镇建设用地	(公顷)	19663.8	19897.0
投产(开业)企业个数	(个)	15645	15455
#高新技术企业	(个)	7048	15455
#工业企业	(个)	3095	3133
#三资企业	(个)	1521	1622
总投资	(万元)	13542076	20569526
#工业企业	(万元)	1812903	4367316
#三资企业	(万元)	714391	943250
注册资本	(万元)	12637165	18728400
合同外资金额	(万美元)	67129	85841
外商实际投资	(万美元)	46872	99023
工业总产值(现价)	(万元)	92890055	78903138
工业销售产值(现价)	(万元)	91019671	77691682
#出口交货值	(万元)	9632387	9298518
总收入	(万元)	360575733	304974327
#技术收入	(万元)	48376649	40324295
利润总额	(万元)	30315111	22647561
#高新技术企业	(万元)	15873093	22647561
应缴税金总额	(万元)	14205317	15066331
固定资产投资	(万元)	6677894	9098175
从业人员期末人数	(人)	2010448	1898756

5-3 续表1 海淀园主要指标

项 目		2014	2013
规划总面积	(公顷)	13242.2	13242.2
累计已开发土地面积	(公顷)	10683.9	10683.9
累计已供应土地面积	(公顷)	697.8	697.8
累计已建成城镇建设用地	(公顷)	9986.2	9986.2
投产(开业)企业个数	(个)	8007	9051
#高新技术企业	(个)	3846	9051
#工业企业	(个)	847	1046
#三资企业	(个)	767	879
总投资	(万元)	3461511	6021821
#工业企业	(万元)	74826	273669
#三资企业	(万元)	100649	400566
注册资本	(万元)	2720052	4185155
合同外资金额	(万美元)	26000	50000
外商实际投资	(万美元)	16300	29000
工业总产值(现价)	(万元)	22342518	17551212
工业销售产值(现价)	(万元)	21437494	16928130
#出口交货值	(万元)	929276	856072
总收入	(万元)	144494589	125335753
#技术收入	(万元)	26208911	23656834
利润总额	(万元)	11422645	9384202
#高新技术企业	(万元)	7467219	9384202
应缴税金总额	(万元)	4781396	4903085
固定资产投资	(万元)	972816	3132492
从业人员期末人数	(人)	857707	864458

5-3 续表2 丰台园主要指标

项　　目		2014	2013
规划总面积	(公顷)	1763.0	1763.0
累计已开发土地面积	(公顷)	289.0	289.0
累计已供应土地面积	(公顷)	200.0	176.6
累计已建成城镇建设用地	(公顷)	166.6	160.7
投产(开业)企业个数	(个)	1492	1387
#高新技术企业	(个)	425	1387
#工业企业	(个)	279	310
#三资企业	(个)	68	66
总投资	(万元)	2374066	676800
#工业企业	(万元)		
#三资企业	(万元)		
注册资本	(万元)	2374066	676800
合同外资金额	(万美元)		
外商实际投资	(万美元)		
工业总产值(现价)	(万元)	3564117	3678870
工业销售产值(现价)	(万元)	3505079	3630029
#出口交货值	(万元)	131381	74974
总收入	(万元)	36993851	32955947
#技术收入	(万元)	3385683	3047009
利润总额	(万元)	2193685	1773379
#高新技术企业	(万元)	676936	1773379
应缴税金总额	(万元)	945779	853598
固定资产投资	(万元)	739349	922336
从业人员期末人数	(人)	161818	157172

5-3 续表3 昌平园主要指标

项　　目		2014	2013
规划总面积	(公顷)	5140.0	5140.0
累计已开发土地面积	(公顷)	2068.9	2068.9
累计已供应土地面积	(公顷)	1952.9	1952.9
累计已建成城镇建设用地	(公顷)	1719.7	1719.7
投产(开业)企业个数	(个)	2106	1498
#高新技术企业	(个)	538	1498
#工业企业	(个)	692	631
#三资企业	(个)	146	131
总投资	(万元)	3539284	7146138
#工业企业	(万元)	9476	1122821
#三资企业	(万元)	189286	93528
注册资本	(万元)	3503536	7117511
合同外资金额	(万美元)	11097	7923
外商实际投资	(万美元)	11097	7923
工业总产值(现价)	(万元)	11204506	12440396
工业销售产值(现价)	(万元)	11121348	12341168
#出口交货值	(万元)	568896	510657
总收入	(万元)	31836041	29434078
#技术收入	(万元)	1530773	1065948
利润总额	(万元)	2663048	2088271
#高新技术企业	(万元)	1033055	2088271
应缴税金总额	(万元)	1244964	1226664
固定资产投资	(万元)	275038	1209279
从业人员期末人数	(人)	150260	144552

5-3 续表4 朝阳园主要指标

项 目		2014	2013
规划总面积	(公顷)	2610.0	2610.0
累计已开发土地面积	(公顷)	1471.9	1471.9
累计已供应土地面积	(公顷)	1447.1	1443.1
累计已建成城镇建设用地	(公顷)	1240.0	1211.0
投产(开业)企业个数	(个)	1061	1099
#高新技术企业	(个)	502	1099
#工业企业	(个)	182	217
#三资企业	(个)	156	177
总投资	(万元)	430725	2139784
#工业企业	(万元)		96498
#三资企业	(万元)	31980	105987
注册资本	(万元)	430725	2139784
合同外资金额	(万美元)	3675	12612
外商实际投资	(万美元)	3675	12612
工业总产值(现价)	(万元)	6890535	7446190
工业销售产值(现价)	(万元)	6797345	7362047
#出口交货值	(万元)	449439	269250
总收入	(万元)	40901144	35511248
#技术收入	(万元)	7139594	6012101
利润总额	(万元)	4903686	3429624
#高新技术企业	(万元)	2185556	3429624
应缴税金总额	(万元)	2167284	3509329
固定资产投资	(万元)	340000	794573
从业人员期末人数	(人)	204408	189687

5-3 续表5 亦庄园主要指标

项 目		2014	2013
规划总面积	(公顷)	2678.0	2678.0
累计已开发土地面积	(公顷)	2678.0	2678.0
累计已供应土地面积	(公顷)		
累计已建成城镇建设用地	(公顷)	2678.0	2678.0
投产(开业)企业个数	(个)	666	556
#高新技术企业	(个)	384	556
#工业企业	(个)	271	239
#三资企业	(个)	174	169
总投资	(万元)	404877	2154046
#工业企业	(万元)	86045	1973018
#三资企业	(万元)	225360	223225
注册资本	(万元)	205875	2054667
合同外资金额	(万美元)	12475	6439
外商实际投资	(万美元)	6513	40617
工业总产值(现价)	(万元)	22016633	21631743
工业销售产值(现价)	(万元)	21653294	21578536
#出口交货值	(万元)	6259796	6536540
总收入	(万元)	37222959	35878281
#技术收入	(万元)	2263453	2045051
利润总额	(万元)	2334553	2343902
#高新技术企业	(万元)	1375418	2343902
应缴税金总额	(万元)	1975149	2323320
固定资产投资	(万元)	1324696	1482039
从业人员期末人数	(人)	191575	185123

5-3 续表6 西城园主要指标

项　　目		2014	2013
规划总面积	(公顷)	1000.0	1000.0
累计已开发土地面积	(公顷)	1000.0	1000.0
累计已供应土地面积	(公顷)	1000.0	1000.0
累计已建成城镇建设用地	(公顷)		
投产(开业)企业个数	(个)	471	469
#高新技术企业	(个)	237	469
#工业企业	(个)	55	50
#三资企业	(个)	20	20
总投资	(万元)	578279	957891
#工业企业	(万元)	503500	9027
#三资企业	(万元)	1045	6936
注册资本	(万元)	578279	957891
合同外资金额	(万美元)	171	1124
外商实际投资	(万美元)	171	1124
工业总产值(现价)	(万元)	10041779	2660988
工业销售产值(现价)	(万元)	10032215	2636669
#出口交货值	(万元)	52644	66643
总收入	(万元)	18747680	10606371
#技术收入	(万元)	1710129	1920699
利润总额	(万元)	1987501	1471834
#高新技术企业	(万元)	704849	1471834
应缴税金总额	(万元)	962016	606057
固定资产投资	(万元)	114223	764824
从业人员期末人数	(人)	81813	67596

5-3 续表7 东城园主要指标

项　　目		2014	2013
规划总面积	(公顷)	603.0	603.0
累计已开发土地面积	(公顷)	288.8	288.8
累计已供应土地面积	(公顷)		
累计已建成城镇建设用地	(公顷)	288.8	288.8
投产(开业)企业个数	(个)	285	193
#高新技术企业	(个)	163	193
#工业企业	(个)	17	17
#三资企业	(个)	24	19
总投资	(万元)	363788	262710
#工业企业	(万元)		
#三资企业	(万元)	8530	20029
注册资本	(万元)	363788	262710
合同外资金额	(万美元)	1615	
外商实际投资	(万美元)	1346	
工业总产值(现价)	(万元)	288736	328662
工业销售产值(现价)	(万元)	288040	328866
#出口交货值	(万元)	11227	34188
总收入	(万元)	15019392	7646107
#技术收入	(万元)	3485012	969291
利润总额	(万元)	1464787	482180
#高新技术企业	(万元)	521991	482180
应缴税金总额	(万元)	591154	331050
固定资产投资	(万元)	862227	40031
从业人员期末人数	(人)	65415	44345

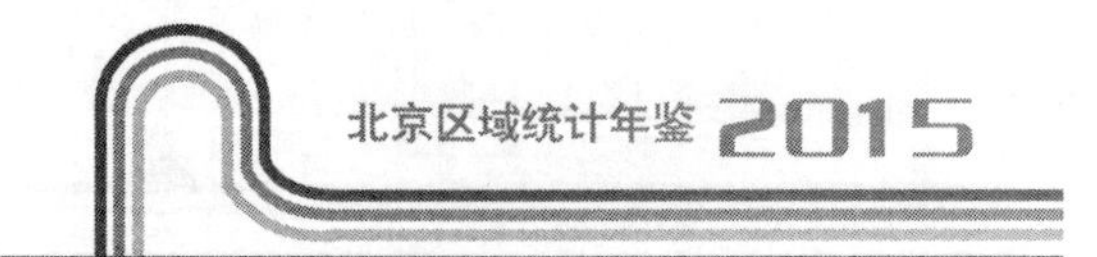

5-3 续表8 石景山园主要指标

项目		2014	2013
规划总面积	(公顷)	1334.0	1334.0
累计已开发土地面积	(公顷)	127.6	127.6
累计已供应土地面积	(公顷)	41.0	41.0
累计已建成城镇建设用地	(公顷)	127.6	127.6
投产(开业)企业个数	(个)	640	462
#高新技术企业	(个)	233	462
#工业企业	(个)	75	70
#三资企业	(个)	40	40
总投资	(万元)	1063474	236463
#工业企业	(万元)		
#三资企业	(万元)	1	
注册资本	(万元)	1063474	243053
合同外资金额	(万美元)		
外商实际投资	(万美元)		
工业总产值(现价)	(万元)	834910	716756
工业销售产值(现价)	(万元)	872150	703003
#出口交货值	(万元)	103623	149596
总收入	(万元)	15259599	11836061
#技术收入	(万元)	1900703	1077642
利润总额	(万元)	1675324	651667
#高新技术企业	(万元)	343127	651667
应缴税金总额	(万元)	501685	400162
固定资产投资	(万元)	14847	232637
从业人员期末人数	(人)	80232	68344

5-3 续表9 通州园主要指标

项　目		2014	2013
规划总面积	(公顷)	3434.5	3434.6
累计已开发土地面积	(公顷)	2158.2	1901.6
累计已供应土地面积	(公顷)	2007.6	1851.6
累计已建成城镇建设用地	(公顷)	1508.8	1587.1
投产(开业)企业个数	(个)	164	153
#高新技术企业	(个)	132	153
#工业企业	(个)	131	127
#三资企业	(个)	24	27
总投资	(万元)	181863	199432
#工业企业	(万元)	158363	177011
#三资企业	(万元)	1000	29630
注册资本	(万元)	181863	199432
合同外资金额	(万美元)	162	7565
外商实际投资	(万美元)	162	7565
工业总产值(现价)	(万元)	2808378	2622261
工业销售产值(现价)	(万元)	2770596	2599987
#出口交货值	(万元)	270292	251712
总收入	(万元)	3835649	3461837
#技术收入	(万元)	81259	64571
利润总额	(万元)	328829	114043
#高新技术企业	(万元)	321088	114043
应缴税金总额	(万元)	184346	182199
固定资产投资	(万元)	1255349	96758
从业人员期末人数	(人)	37273	33634

5-3 续表10 大兴园主要指标

项　　目		2014	2013
规划总面积	(公顷)	1124.7	1207.4
累计已开发土地面积	(公顷)	710.2	460.4
累计已供应土地面积	(公顷)	472.8	359.3
累计已建成城镇建设用地	(公顷)	297.6	501.0
投产(开业)企业个数	(个)	204	189
#高新技术企业	(个)	161	189
#工业企业	(个)	156	142
#三资企业	(个)	19	21
总投资	(万元)	15391	17264
#工业企业	(万元)	15391	5000
#三资企业	(万元)		
注册资本	(万元)	15000	17264
合同外资金额	(万美元)		
外商实际投资	(万美元)		
工业总产值(现价)	(万元)	2373941	2148860
工业销售产值(现价)	(万元)	2190680	1963069
#出口交货值	(万元)	85038	72155
总收入	(万元)	2633186	2341734
#技术收入	(万元)	187646	134754
利润总额	(万元)	209013	240651
#高新技术企业	(万元)	205868	240651
应缴税金总额	(万元)	154816	145730
固定资产投资	(万元)	211764	107504
从业人员期末人数	(人)	33080	30964

5-3 续表11 平谷园主要指标

项　目		2014	2013
规划总面积	(公顷)	508.0	508.0
累计已开发土地面积	(公顷)	329.0	343.3
累计已供应土地面积	(公顷)	103.4	117.4
累计已建成城镇建设用地	(公顷)	85.2	107.1
投产(开业)企业个数	(个)	63	52
#高新技术企业	(个)	42	52
#工业企业	(个)	38	28
#三资企业	(个)	8	10
总投资	(万元)	54669	
#工业企业	(万元)		
#三资企业	(万元)		
注册资本	(万元)	54669	
合同外资金额	(万美元)		
外商实际投资	(万美元)		
工业总产值(现价)	(万元)	529990	371586
工业销售产值(现价)	(万元)	508749	359415
#出口交货值	(万元)	33005	25133
总收入	(万元)	800251	667659
#技术收入	(万元)	35582	49561
利润总额	(万元)	42508	35558
#高新技术企业	(万元)	8382	35558
应缴税金总额	(万元)	40118	41325
固定资产投资	(万元)	4676	21179
从业人员期末人数	(人)	10603	8471

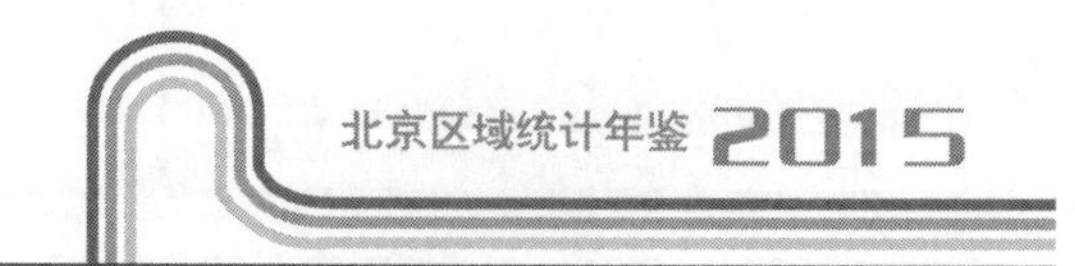

5-3 续表12 门头沟园主要指标

项目		2014	2013
规划总面积	(公顷)	189.0	189.0
累计已开发土地面积	(公顷)	120.0	120.0
累计已供应土地面积	(公顷)	120.0	120.0
累计已建成城镇建设用地	(公顷)	120.0	
投产(开业)企业个数	(个)	80	61
#高新技术企业	(个)	61	61
#工业企业	(个)	40	28
#三资企业	(个)	4	3
总投资	(万元)	41538	27313
#工业企业	(万元)	28540	
#三资企业	(万元)		
注册资本	(万元)	41538	27313
合同外资金额	(万美元)		
外商实际投资	(万美元)		
工业总产值(现价)	(万元)	892920	284276
工业销售产值(现价)	(万元)	746860	270179
#出口交货值	(万元)	162739	15291
总收入	(万元)	1039420	498710
#技术收入	(万元)	100435	62835
利润总额	(万元)	71244	26738
#高新技术企业	(万元)	142730	26738
应缴税金总额	(万元)	102765	55001
固定资产投资	(万元)	8409	29976
从业人员期末人数	(人)	22157	8148

5-3 续表13 房山园主要指标

项　目		2014	2013
规划总面积	(公顷)	1573.0	1573.0
累计已开发土地面积	(公顷)	1205.4	886.9
累计已供应土地面积	(公顷)	1013.7	855.1
累计已建成城镇建设用地	(公顷)	550.2	505.8
投产(开业)企业个数	(个)	59	40
#高新技术企业	(个)	50	40
#工业企业	(个)	46	31
#三资企业	(个)	7	6
总投资	(万元)	8175	20685
#工业企业	(万元)	5427	18681
#三资企业	(万元)		719
注册资本	(万元)	256297	459878
合同外资金额	(万美元)		75
外商实际投资	(万美元)	1376	75
工业总产值(现价)	(万元)	1424888	1288481
工业销售产值(现价)	(万元)	1373134	1260136
#出口交货值	(万元)	30717	36076
总收入	(万元)	1932637	1703568
#技术收入	(万元)	23677	27631
利润总额	(万元)	15902	6332
#高新技术企业	(万元)	48909	6332
应缴税金总额	(万元)	79421	70618
固定资产投资	(万元)	383042	20685
从业人员期末人数	(人)	21333	20241

5-3 续表14 顺义园主要指标

项目		2014	2013
规划总面积	(公顷)	1208.5	1208.5
累计已开发土地面积	(公顷)	912.1	905.3
累计已供应土地面积	(公顷)	574.8	699.2
累计已建成城镇建设用地	(公顷)	224.3	364.7
投产(开业)企业个数	(个)	134	106
#高新技术企业	(个)	115	106
#工业企业	(个)	102	85
#三资企业	(个)	28	25
总投资	(万元)	885748	
#工业企业	(万元)	815460	
#三资企业	(万元)	134230	
注册资本	(万元)	774450	
合同外资金额	(万美元)	9963	
外商实际投资	(万美元)	4242	
工业总产值(现价)	(万元)	4838616	3365542
工业销售产值(现价)	(万元)	4917224	3374668
#出口交货值	(万元)	408465	296900
总收入	(万元)	5652372	3968182
#技术收入	(万元)	117097	63221
利润总额	(万元)	572725	290782
#高新技术企业	(万元)	542517	290782
应缴税金总额	(万元)	251532	248766
固定资产投资	(万元)	74182	131594
从业人员期末人数	(人)	55364	45087

5-3 续表15 密云园主要指标

项　　目		2014	2013
规划总面积	(公顷)	1000.8	1000.8
累计已开发土地面积	(公顷)	699.3	699.3
累计已供应土地面积	(公顷)	597.0	598.2
累计已建成城镇建设用地	(公顷)	462.4	451.0
投产(开业)企业个数	(个)	77	25
#高新技术企业	(个)	58	25
#工业企业	(个)	62	25
#三资企业	(个)	12	6
总投资	(万元)	68600	517900
#工业企业	(万元)	53600	502900
#三资企业	(万元)	20000	62000
注册资本	(万元)	54528	305407
合同外资金额	(万美元)	1711	
外商实际投资	(万美元)	1711	
工业总产值(现价)	(万元)	1167037	934144
工业销售产值(现价)	(万元)	1155079	926297
#出口交货值	(万元)	87432	62941
总收入	(万元)	1649237	1120487
#技术收入	(万元)	22042	3801
利润总额	(万元)	170646	88654
#高新技术企业	(万元)	44592	88654
应缴税金总额	(万元)	90627	63562
固定资产投资	(万元)	28639	67009
从业人员期末人数	(人)	13632	9702

5-3 续表16 怀柔园主要指标

项　目		2014	2013
规划总面积	(公顷)	711.0	711.0
累计已开发土地面积	(公顷)	266.3	266.3
累计已供应土地面积	(公顷)	165.3	165.3
累计已建成城镇建设用地	(公顷)	17.9	17.9
投产(开业)企业个数	(个)	101	88
#高新技术企业	(个)	74	88
#工业企业	(个)	76	66
#三资企业	(个)	21	21
总投资	(万元)	56510	161910
#工业企业	(万元)	53510	161910
#三资企业	(万元)		
注册资本	(万元)	9000	56977
合同外资金额	(万美元)		
外商实际投资	(万美元)		
工业总产值(现价)	(万元)	1253348	1098135
工业销售产值(现价)	(万元)	1244784	1097192
#出口交货值	(万元)	32273	22332
总收入	(万元)	1903318	1494039
#技术收入	(万元)	177371	114652
利润总额	(万元)	198533	183908
#高新技术企业	(万元)	186732	183908
应缴税金总额	(万元)	103227	81492
固定资产投资	(万元)	51352	32368
从业人员期末人数	(人)	18570	16488

5-3 续表17 延庆园主要指标

项　　目		2014	2013
规划总面积	(公顷)	491.2	491.2
累计已开发土地面积	(公顷)	270.0	270.0
累计已供应土地面积	(公顷)	249.6	249.6
累计已建成城镇建设用地	(公顷)	190.6	190.6
投产(开业)企业个数	(个)	35	26
#高新技术企业	(个)	27	26
#工业企业	(个)	26	21
#三资企业	(个)	3	2
总投资	(万元)	13578	29370
#工业企业	(万元)	8765	26781
#三资企业	(万元)	2311	629
注册资本	(万元)	10025	24559
合同外资金额	(万美元)	260	102
外商实际投资	(万美元)	280	107
工业总产值(现价)	(万元)	417204	335038
工业销售产值(现价)	(万元)	405603	332292
#出口交货值	(万元)	16145	18059
总收入	(万元)	654410	514268
#技术收入	(万元)	7283	8695
利润总额	(万元)	60481	35839
#高新技术企业	(万元)	64126	35839
应缴税金总额	(万元)	29041	24374
固定资产投资	(万元)	17285	12892
从业人员期末人数	(人)	5208	4744

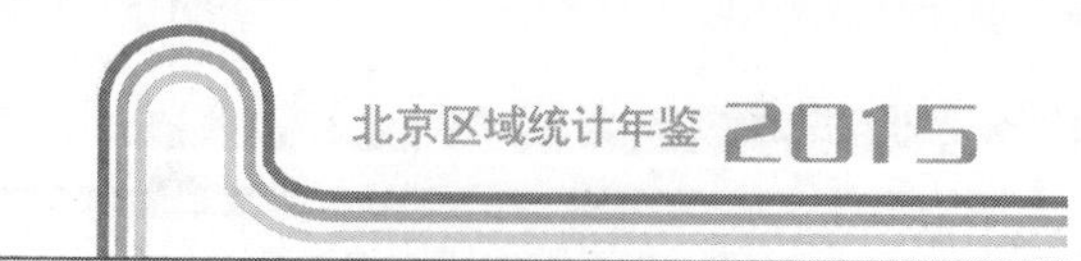

5-4 北京天竺综合保税区主要指标

项　　目		2014	2013
规划总面积	(公顷)	594.4	594.4
累计已开发土地面积	(公顷)	349.5	350.0
累计已供应土地面积	(公顷)	320.5	313.0
累计已建成城镇建设用地	(公顷)	178.8	
投产(开业)企业个数	(个)	32	90
#高新技术企业	(个)	3	
#工业企业	(个)	7	18
#三资企业	(个)	12	26
总投资	(万元)	436900	128900
#工业企业	(万元)		15000
#三资企业	(万元)		58880
注册资本	(万元)	321800	124000
合同外资金额	(万美元)		4848
外商实际投资	(万美元)		
工业总产值(现价)	(万元)	155139	175249
工业销售产值(现价)	(万元)	163326	164415
#出口交货值	(万元)	160505	146409
总收入	(万元)	1419041	1192434
#技术收入	(万元)		
利润总额	(万元)	88975	149069
#高新技术企业	(万元)	25861	
应缴税金总额	(万元)	52427	57591
固定资产投资	(万元)	98000	443013
从业人员平均人数	(人)	21762	24000

注：1.北京天竺综合保税区为国家级综合保税区，范围包括北京天竺出口加工区和北京空港保税物流中心。

2.2014年“投产(开业)企业个数”、“工业总产值”、“工业销售产值”、“总收入”、“利润总额”、“应缴税金总额”、“从业人员平均人数”的统计范围为注册在开发区内的规模(限额)以上法人单位。

5-5 北京市级开发区主要指标(2014年)

项目	规划总面积(公顷)	累计已开发土地面积(公顷)	累计已供应土地面积(公顷)	累计已建成城镇建设用地(公顷)	投产(开业)企业个数(个)	总投资(万元)	总收入(万元)	利润总额(万元)	从业人员平均人数(人)
市级开发区合计	**8068.9**	**6106.9**	**4896.8**	**4731.5**	**1592**	**1753634**	**50337875**	**2348931**	**317988**
北京石龙经济开发区	189.0	120.0	120.0	120.0	512	954700	6625760	37605	41314
北京良乡经济开发区	240.9	136.1	132.7	109.2	121		2794208	27390	9814
北京大兴经济开发区	414.8	278.5	272.2	261.9	99		1939455	58531	23097
北京通州经济开发区	767.0	540.6	507.4	261.5	46	16420	1022455	221936	10260
北京雁栖经济开发区	1096.0	942.4	712.9	659.5	140	143510	3630877	323219	31503
北京兴谷经济开发区	503.2	437.0	310.0	437.0	70	15000	2318314	145572	18943
北京密云经济开发区	1246.4	1246.4	993.5	910.0	199	341300	3381768	253067	31255
北京林河经济开发区	416.0	385.0	260.0	349.0	36	19073	1666175	64216	28078
北京天竺空港经济开发区	660.0	660.0	449.0	405.4	136	56077	23693482	1029203	94333
北京八达岭经济开发区	480.8	318.6	209.6	291.6	86	2228	1217984	83675	13342
北京永乐经济开发区	459.8	219.3	137.1	137.1	7		44385	662	631
北京延庆经济开发区	418.6	173.2	143.0	221.0	97	135617	1219931	118335	7482
北京昌平小汤山工业园区	257.3	14.3	14.3	45.3	1		11336	93	148
北京采育经济开发区	355.0	327.1	327.1	299.3	24	40000	567288	-8425	5763
北京房山工业园区	218.5	159.5	159.5	112.3	15	25909	173573	-6247	1982
北京马坊工业园区	345.6	149.0	148.4	111.5	3	3800	30884	97	43

注：本表“投产(开业)企业个数”、“总收入”、“利润总额”和“从业人员平均人数”的统计范围为注册在开发区内的规模(限额)以上法人单位。

2015

北京区域统计年鉴

第六篇

BEIJING AREA STATISTICAL YEARBOOK

六大高端产业功能区

简要说明

一、本章资料的主要内容

本章资料主要反映六大高端产业功能区主要指标数据。

按统计制度规定，六大高端产业功能区中的中关村国家自主创新示范区按注册地统计，其他功能区都按经营地统计，因此，示范区与其他5个功能区的单位有重复，在核算六大高端产业功能区合计时剔除了重复部分，所以分功能区相加不等于功能区合计。

二、本章资料的数据来源

本章资料由北京市统计局、国家统计局北京调查总队根据相关资料整理提供。

6-1 六大高端产业功能区规模以上法人单位主要财务指标（2008-2014年）

单位：亿元

项　目	2008	2009	2010	2011	2012	2013	2014
六大高端产业功能区资产总计	**231482.3**	**282433.8**	**326671.7**	**379132.6**	**439140.9**	**551156.0**	**631584.0**
（剔除重复部分）							
中关村国家自主创新示范区	12049.7	16812.7	20085.8	25903.4	35287.8	46156.4	58737.7
金融街	204394.6	247446.0	279566.7	321315.1	366544.0	462465.0	520272.5
北京商务中心区	6103.4	8291.6	14929.8	18299.4	22017.7	26715.9	32455.1
北京经济技术开发区	2179.2	2812.3	3691.0	4606.8	4863.5	5460.3	6364.2
临空经济区	3700.3	4133.8	4831.1	5279.7	5741.2	6325.1	7930.5
奥林匹克中心区	4585.8	5528.5	6577.4	6951.9	8643.9	9727.4	11958.6
六大高端产业功能区收入合计	**21641.5**	**24518.6**	**31499.2**	**37609.0**	**45451.8**	**51567.1**	**58432.2**
（剔除重复部分）							
中关村国家自主创新示范区	9945.8	12747.1	15587.7	19035.7	24283.4	29655.8	35154.6
金融街	5440.8	5627.1	6454.8	7096.3	8109.6	8093.2	8895.2
北京商务中心区	2345.8	2480.6	4338.7	4985.4	5854.5	7018.3	7278.1
北京经济技术开发区	2985.5	3241.3	3738.1	4136.4	4328.3	4787.3	5589.9
临空经济区	2096.6	2234.4	3029.3	3488.0	3619.3	3790.8	4774.4
奥林匹克中心区	1259.1	1465.0	2287.2	2624.6	2876.0	3041.1	2692.0
六大高端产业功能区利润总额	**2582.4**	**3112.7**	**4037.5**	**5341.4**	**6292.5**	**6941.2**	**8302.3**
（剔除重复部分）							
中关村国家自主创新示范区	757.1	1137.3	1319.4	1533.1	1755.3	2247.5	3014.0
金融街	1536.7	1449.1	1833.9	2762.1	3433.6	3513.3	3740.5
北京商务中心区	166.9	199.2	451.7	472.6	556.5	707.2	1010.6
北京经济技术开发区	274.4	282.1	329.3	339.7	212.2	276.5	249.2
临空经济区	-13.9	154.7	265.2	317.9	257.3	281.9	385.6
奥林匹克中心区	90.9	167.2	174.2	228.9	286.1	199.7	199.9

注：自2010年起，北京商务中心区的数据为东扩后的数据。

6-2 六大高端产业功能区规模以上法人单位主要财务指标（2014年）

项　　目	法人单位数（个）	资产总计（亿元）	收入合计（亿元）	利润总额（亿元）
六大高端产业功能区合计	**11135**	**631584.0**	**58432.2**	**8302.3**
（剔除重复部分）				
中关村国家自主创新示范区	6231	58737.7	35154.6	3014.0
#工　业	1664	14062.3	10007.4	719.2
信息传输、软件和信息技术服务业	1919	7295.7	4567.2	600.3
科学研究和技术服务业	1143	7825.8	3949.3	332.8
金融街	676	520272.5	8895.2	3740.5
#金融业	213	484083.7	5559.1	2428.9
批发和零售业	52	2197.5	1530.9	23.3
信息传输、软件和信息技术服务业	21	18558.6	394.0	1026.8
北京商务中心区	2060	32455.1	7278.1	1010.6
#租赁和商务服务业	657	5348.2	1152.3	113.6
批发和零售业	334	2803.2	3343.2	89.0
金融业	226	20093.8	1384.0	708.8
北京经济技术开发区	768	6364.2	5589.9	249.2
#工　业	278	2929.8	2521.8	177.2
批发和零售业	143	744.4	2315.2	5.4
科学研究和技术服务业	70	315.8	129.5	8.7
临空经济区	981	7930.5	4774.4	385.6
#工　业	124	1128.5	1780.7	189.1
交通运输、仓储和邮政业	145	2692.4	1413.2	79.2
租赁和商务服务业	80	1316.9	193.0	24.6
奥林匹克中心区	1062	11958.6	2692.0	199.9
#工　业	17	339.0	143.8	0.7
批发和零售业	270	2995.8	1561.2	11.7
交通运输、仓储和邮政业	11	315.2	101.7	62.7

注：行业划分执行2011年国民经济行业分类标准（GB/T 4754-2011）。

2015

北京区域统计年鉴

第七篇

BEIJING AREA STATISTICAL YEARBOOK

四大功能区

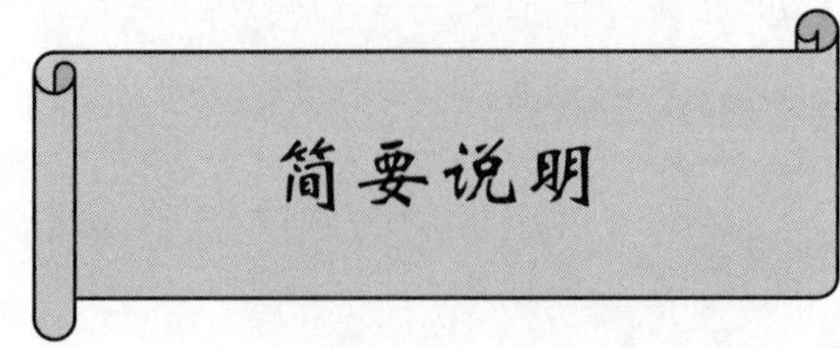

一、本章资料的主要内容

本章主要反映首都功能核心区、城市功能拓展区、城市发展新区、生态涵养发展区，近两年在人口、地区生产总值、财政、房地产开发、工业、商业、利用外资和旅游等领域的主要经济指标情况。

二、本章资料的数据来源

本章数据由北京市统计局、国家统计局北京调查总队根据相关资料整理取得。

7-1 首都功能核心区主要指标(2008-2014年)

项目		2008	2009	2010	2011	2012	2013	2014
户籍人口	(万人)	227.4	228.7	230.1	232.5	235.3	238.2	240.9
常住人口	(万人)	212.1	215.7	216.2	215.0	219.5	221.2	221.3
#常住外来人口	(万人)	41.9	48.0	54.7	53.4	54.5	55.4	54.0
地区生产总值	(亿元)	2666.8	2937.9	3281.3	3700.5	4043.6	4447.3	4785.3
地方财政收入	(亿元)	286.6	293.3	318.8	405.0	509.6	501.0	562.5
地方财政支出	(亿元)	255.8	297.7	377.0	409.2	481.2	480.4	564.6
全社会固定资产投资	(亿元)	591.0	522.2	362.4	362.5	381.0	408.1	455.9
社会消费品零售总额	(亿元)	924.6	1048.8	1211.4	1401.8	1547.1	1656.5	1775.9
规模以上工业总产值	(亿元)	598.6	646.0	753.3	883.4	942.7	1006.7	1127.4
建筑业总产值	(亿元)	469.7	571.4	739.6	956.0	1005.9	1081.5	1174.5
实际利用外商直接投资额	(万美元)	121959	139728	115126	109453	124282	116194	94415
入境旅游者人数	(万人次)	153.9	143.0	157.2	165.9	164.0	151.7	144.4
小学在校学生数	(万人)	9.53	9.47	9.56	9.97	10.24	10.98	11.53
普通中学在校学生数	(万人)	10.80	10.30	9.92	9.72	9.59	9.45	9.09
幼儿园在园幼儿数	(人)	22751	24812	27051	28003	28583	29107	29891
卫生机构数	(个)	1053	1065	1073	1163	1144	1159	1196
卫生机构床位数	(张)	22864	22956	23925	23853	24591	25510	26284

7-2 首都功能核心区基本情况

项目		2014	2013	占全市比重(%)		增长速度(%)
				2014	2013	
土地面积	(平方公里)	92.4	92.4	0.6	0.6	
户籍人口	(万人)	240.9	238.2	18.1	18.1	1.1
常住人口	(万人)	221.3	221.2	10.3	10.5	0.05
#常住外来人口	(万人)	54.0	55.4	6.6	6.9	-2.5
常住人口密度	(人/平方公里)	23953	23942			
地区生产总值	(亿元)	4785.3	4447.3	22.4	22.5	7.6
第二产业增加值	(亿元)	368.0	341.2	8.1	7.9	7.9
第三产业增加值	(亿元)	4417.2	4106.2	26.6	26.8	7.6
地方财政收入	(亿元)	562.5	501.0	7.8	9.0	12.3
地方财政支出	(亿元)	564.6	480.4	7.9	8.0	17.5
全社会固定资产投资	(亿元)	455.9	408.1	6.0	5.8	11.7
房地产开发投资	(亿元)	244.4	190.9	6.2	5.5	28.0
商品房施工面积	(万平方米)	319.5	325.3	2.3	2.3	-1.7
商品房竣工面积	(万平方米)	72.8	65.9	2.4	2.5	10.6
商品房销售面积	(万平方米)	7.2	48.4	0.5	2.5	-85.2
社会消费品零售总额	(亿元)	1775.9	1656.5	18.4	18.7	7.2
规模以上工业总产值	(亿元)	1127.4	1006.7	6.1	5.8	12.0
实际利用外商直接投资额	(万美元)	94415	116194	10.4	13.6	-18.7
入境旅游者人数	(万人次)	144.4	151.7	33.8	33.7	-4.8
星级饭店个数	(个)	144	154	24.8	25.1	-6.5

注：1. 地区生产总值增速按现价计算。
2. 社会消费品零售总额按产业在地原则核算。

7-3 城市功能拓展区主要指标(2008-2014年)

项目		2008	2009	2010	2011	2012	2013	2014
户籍人口	(万人)	531.0	542.2	550.7	563.3	574.9	585.4	593.4
常住人口	(万人)	882.6	916.2	955.4	986.4	1008.2	1032.2	1055.0
#常住外来人口	(万人)	300.0	336.0	379.1	400.0	413.0	426.0	436.4
地区生产总值	(亿元)	5264.6	5703.3	6606.0	7615.3	8408.8	9362.2	10119.9
地方财政收入	(亿元)	354.5	413.4	491.6	644.0	934.9	1080.1	1412.8
地方财政支出	(亿元)	417.4	497.0	649.8	904.1	992.1	1232.0	1530.7
全社会固定资产投资	(亿元)	1872.4	2120.0	2456.9	2486.2	2689.3	2906.7	3073.5
社会消费品零售总额	(亿元)	2862.4	3293.9	3797.3	4236.3	4725.2	5117.1	5517.7
农林牧渔业总产值	(亿元)	11.4	11.6	11.1	10.9	13.7	13.7	12.7
规模以上工业总产值	(亿元)	2874.7	2920.8	3447.4	3419.7	3418.4	3496.6	3893.7
建筑业总产值	(亿元)	1718.0	2104.4	2769.9	3126.1	3394.4	3828.9	4239.4
实际利用外商直接投资额	(万美元)	347090	368687	395982	421030	494678	529621	604833
入境旅游者人数	(万人次)	195.3	235.0	279.8	304.8	288.2	256.1	245.1
小学在校学生数	(万人)	28.69	28.58	28.99	30.63	31.74	35.20	36.96
普通中学在校学生数	(万人)	19.91	19.64	19.50	19.63	20.17	20.52	20.28
幼儿园在园幼儿数	(人)	111165	120954	136649	154756	163886	169090	174167
卫生机构数	(个)	2718	2804	2773	2863	2938	3072	3136
卫生机构床位数	(张)	33021	36366	36946	37563	39719	41742	43914

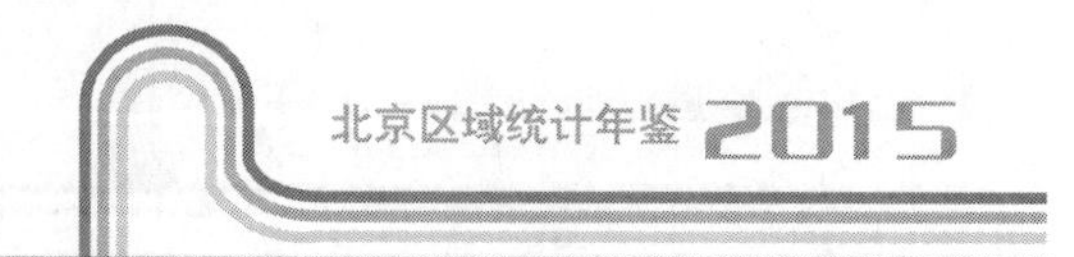

7-4 城市功能拓展区基本情况

项目		2014	2013	占全市比重(%) 2014	占全市比重(%) 2013	增长速度(%)
土地面积	(平方公里)	1275.9	1275.9	7.8	7.8	
户籍人口	(万人)	593.4	585.4	44.5	44.5	1.4
常住人口	(万人)	1055.0	1032.2	49.0	48.8	2.2
#常住外来人口	(万人)	436.4	426.0	53.3	53.1	2.4
常住人口密度	(人/平方公里)	8268	8090			
地区生产总值	(亿元)	10119.9	9362.2	47.4	47.3	8.1
第一产业增加值	(亿元)	4.2	4.5	2.6	2.8	-7.4
第二产业增加值	(亿元)	1310.4	1214.1	28.8	28.3	7.9
第三产业增加值	(亿元)	8805.3	8143.6	53.0	53.1	8.1
地方财政收入	(亿元)	1412.8	1080.1	19.6	19.4	30.8
地方财政支出	(亿元)	1530.7	1232.0	21.4	20.4	24.2
全社会固定资产投资	(亿元)	3073.5	2906.7	40.6	41.3	5.7
房地产开发投资	(亿元)	1416.3	1536.9	36.2	44.1	-7.8
商品房施工面积	(万平方米)	5317.3	5417.4	39.0	39.0	-1.8
商品房竣工面积	(万平方米)	1251.7	962.0	41.0	36.1	30.1
商品房销售面积	(万平方米)	428.2	635.9	29.3	33.4	-32.7
社会消费品零售总额	(亿元)	5517.7	5117.1	57.2	57.7	7.8
规模以上工业总产值	(亿元)	3893.7	3496.6	21.1	20.1	11.4
实际利用外商直接投资额	(万美元)	604833	529621	66.9	62.1	14.2
入境旅游者人数	(万人次)	245.1	256.1	57.3	56.9	-4.3
星级饭店个数	(个)	230	243	39.6	39.6	-5.3

注：1. 地区生产总值增速按现价计算。
2. 社会消费品零售总额按产业在地原则核算。

7-5 城市发展新区主要指标(2008-2014年)

项　　目		2008	2009	2010	2011	2012	2013	2014
户籍人口	(万人)	308.7	311.7	314.6	319.2	323.9	328.8	334.5
常住人口	(万人)	492.5	541.7	603.2	629.9	653.0	671.5	684.9
#常住外来人口	(万人)	174.1	202.8	240.0	257.7	275.1	289.6	296.9
地区生产总值	(亿元)	2070.1	2468.7	2994.5	3419.5	3728.8	4143.6	4491.6
地方财政收入	(亿元)	205.3	340.8	888.9	649.7	550.2	923.9	1401.4
地方财政支出	(亿元)	345.2	544.3	1008.6	935.1	927.6	1297.5	1681.5
全社会固定资产投资	(亿元)	1077.2	1805.8	2216.0	2504.6	2725.3	2947.4	3188.1
社会消费品零售总额	(亿元)	680.4	834.3	1080.8	1287.3	1511.9	1718.5	1927.3
农林牧渔业总产值	(亿元)	194.3	199.6	206.0	227.0	246.3	263.4	267.8
规模以上工业总产值	(亿元)	5537.2	5809.0	7065.2	7520.9	7879.3	8698.0	8958.6
建筑业总产值	(亿元)	704.3	1145.3	1403.6	1607.7	1801.6	2158.6	2364.5
实际利用外商直接投资额	(万美元)	119550	86012	107725	140409	151746	140400	187191
入境旅游者人数	(万人次)	27.2	33.2	51.4	47.9	47.0	39.1	36.0
小学在校学生数	(万人)	19.19	18.78	19.22	20.01	22.51	25.20	25.85
普通中学在校学生数	(万人)	15.56	14.71	14.29	13.72	13.88	13.91	13.42
幼儿园在园幼儿数	(人)	64674	71619	80139	90881	99203	110689	121776
卫生机构数	(个)	2040	2046	2001	3661	3777	3816	3882
卫生机构床位数	(张)	22421	22686	23725	24672	26959	27841	30457

7-6 城市发展新区基本情况

项目		2014	2013	占全市比重(%) 2014	占全市比重(%) 2013	增长速度(%)
土地面积	(平方公里)	6295.6	6295.6	38.4	38.4	
户籍人口	(万人)	334.5	328.8	25.1	25.0	1.7
常住人口	(万人)	684.9	671.5	31.8	31.8	2.0
#常住外来人口	(万人)	296.9	289.6	36.3	36.1	2.5
常住人口密度	(人/平方公里)	1088	1067			
地区生产总值	(亿元)	4491.6	4143.6	21.1	20.9	8.4
第一产业增加值	(亿元)	99.1	96.2	62.3	60.2	3.1
第二产业增加值	(亿元)	2246.7	2089.2	49.4	48.7	7.5
第三产业增加值	(亿元)	2145.7	1958.2	12.9	12.8	9.6
地方财政收入	(亿元)	1401.4	923.9	19.4	16.6	51.7
地方财政支出	(亿元)	1681.5	1297.5	23.5	21.5	29.6
全社会固定资产投资	(亿元)	3188.1	2947.4	42.2	41.9	8.2
房地产开发投资	(亿元)	1852.8	1505.9	47.4	43.2	23.0
商品房施工面积	(万平方米)	6909.2	7037.2	50.6	50.7	-1.8
商品房竣工面积	(万平方米)	1519.0	1331.6	49.7	49.9	14.1
商品房销售面积	(万平方米)	873.3	1053.0	59.9	55.3	-17.1
社会消费品零售总额	(亿元)	1927.3	1718.5	20.0	19.4	12.1
规模以上工业总产值	(亿元)	8958.6	8698.0	48.5	50.1	3.0
观光农业收入	(万元)	95852	122241	38.5	44.7	-21.6
星级饭店个数	(个)	127	127	21.9	20.7	持平

注：1. 地区生产总值增速按现价计算。

2. 社会消费品零售总额按产业在地原则核算。

7-7 生态涵养发展区主要指标(2008-2014年)

项目		2008	2009	2010	2011	2012	2013	2014
户籍人口	(万人)	162.7	163.2	162.4	162.9	163.4	163.9	164.6
常住人口	(万人)	183.8	186.4	186.4	187.3	188.6	189.9	190.4
#常住外来人口	(万人)	25.1	27.4	30.7	31.1	31.2	31.7	31.4
地区生产总值	(亿元)	450.2	494.2	561.5	647.0	714.7	785.6	848.3
地方财政收入	(亿元)	63.1	69.9	122.8	153.6	133.5	219.3	395.6
地方财政支出	(亿元)	193.8	265.9	356.7	401.1	432.0	586.1	706.4
全社会固定资产投资	(亿元)	308.1	410.4	458.3	557.2	667.2	769.9	844.7
社会消费品零售总额	(亿元)	178.1	210.4	250.9	296.9	339.3	380.0	417.1
农林牧渔业总产值	(亿元)	98.2	103.4	109.9	124.5	134.7	143.8	137.9
规模以上工业总产值	(亿元)	663.2	795.0	976.6	1077.1	1091.5	1234.6	1283.4
建筑业总产值	(亿元)	174.2	238.6	282.9	356.5	386.4	390.6	431.4
实际利用外商直接投资额	(万美元)	19573	17667	17525	34555	33454	66203	17646
入境旅游者人数	(万人次)	2.6	1.4	1.7	1.8	1.7	3.2	1.9
小学在校学生数	(万人)	8.54	7.88	7.55	7.44	7.38	7.55	7.77
普通中学在校学生数	(万人)	8.16	7.59	7.12	6.66	6.26	5.94	5.65
幼儿园在园幼儿数	(人)	28091	30393	33155	37777	39852	39795	39120
卫生机构数	(个)	712	688	692	2012	2100	2079	2036
卫生机构床位数	(张)	7890	8092	8275	8647	8898	8941	9134

7-8 生态涵养发展区基本情况

项目		2014	2013	占全市比重(%)		增长速度(%)
				2014	2013	
土地面积	(平方公里)	8746.7	8746.7	53.3	53.3	
户籍人口	(万人)	164.6	163.9	12.3	12.4	0.5
常住人口	(万人)	190.4	189.9	8.8	9.0	0.3
#常住外来人口	(万人)	31.4	31.7	3.8	3.9	-0.9
常住人口密度	(人/平方公里)	218	217			
地区生产总值	(亿元)	848.3	785.6	4.0	4.0	8.0
第一产业增加值	(亿元)	55.1	58.6	34.6	36.7	-6.1
第二产业增加值	(亿元)	411.4	374.6	9.1	8.7	9.8
第三产业增加值	(亿元)	381.8	352.4	2.3	2.3	8.3
地方财政收入	(亿元)	395.6	219.3	5.5	3.9	80.4
地方财政支出	(亿元)	706.4	586.1	9.9	9.7	20.5
全社会固定资产投资	(亿元)	844.7	769.9	11.2	10.9	9.7
房地产开发投资	(亿元)	397.8	249.6	10.2	7.2	59.4
商品房施工面积	(万平方米)	1095.6	1107.0	8.0	8.0	-1.0
商品房竣工面积	(万平方米)	210.6	306.9	6.9	11.5	-31.4
商品房销售面积	(万平方米)	150.3	165.8	10.3	8.7	-9.4
社会消费品零售总额	(亿元)	417.1	380.0	4.3	4.3	9.7
规模以上工业总产值	(亿元)	1283.4	1234.6	7.0	7.1	4.0
民俗旅游收入	(万元)	93761	84433	83.3	82.8	11.0
星级饭店个数	(个)	80	90	13.8	14.7	-11.1

注：1. 地区生产总值增速按现价计算。
2. 社会消费品零售总额按产业在地原则核算。

2015
北京区域统计年鉴

第八篇

BEIJING AREA
STATISTICAL YEARBOOK

四大直辖市经济社会发展比较

简要说明

一、本章资料的主要内容

本章资料主要反映2014年北京、天津、上海、重庆四个直辖市的自然资源（面积、气象等），经济发展（地区生产总值、投资、财政、价格、商业、进出口、利用外资、金融、旅游等），社会领域（人口、就业、教育、文化、卫生等）的主要指标数据。

二、本章资料的数据来源

本章资料由北京市统计局、国家统计局北京调查总队根据相关资料整理提供，其中，天津、上海、重庆的数据分别摘自2015年出版的《天津统计年鉴》、《上海统计年鉴》、《重庆统计年鉴》。

8-1 京津沪渝主要指标比较(2014年)

——自然情况

项　　目		北 京	天 津	上 海	重 庆
土地面积	(平方公里)	16411	11917	6341	82403
平均气温	(摄氏度)	14.1	14.0	17.0	18.6
平均相对湿度	(%)	52	58	73	79
降水量	(毫米)	461.5	442.3	1295.3	1452.5
日照时数	(小时/年)	2344	2292	1613	598
湿地面积	(千公顷)	48.1	295.6	464.6	207.2
自然保护区个数	(个)	20	8	4	58
自然保护区面积	(万公顷)	13.79	9.11	13.58	85.68

8-2 京津沪渝主要指标比较(2014年)

——经 济

项　　目		北 京	天 津	上 海	重 庆
地区生产总值	(亿元)	21330.8	15726.9	23567.7	14262.6
第一产业	(亿元)	159.0	201.5	124.3	1061.0
第二产业	(亿元)	4544.8	7766.1	8167.7	6529.1
第三产业	(亿元)	16627.0	7759.3	15275.7	6672.5
地区生产总值构成	(%)	100.0	100.0	100.0	100.0
第一产业	(%)	0.7	1.3	0.5	7.4
第二产业	(%)	21.4	49.4	34.7	45.8
第三产业	(%)	77.9	49.3	64.8	46.8
人均地区生产总值	(元)	99995	105231	97370	47850
全社会固定资产投资	(亿元)	7562.3	11654.1	6016.4	13223.7
#城镇固定资产投资	(亿元)	6926.6	10986.5		
#房地产开发投资	(亿元)	3911.3	1699.7	3206.5	3630.2
地方公共财政预算收入	(亿元)	4027.2	2390.4	4585.6	1922.0
地方公共财政预算支出	(亿元)	4524.7	2884.7	4923.4	3304.4
居民消费价格总指数(以上年=100)	(%)	101.6	101.9	102.7	101.8
城镇单位在岗职工工资总额	(亿元)	7293.3	2063.1	6551.3	2158.4
城镇单位在岗职工平均工资	(元)	103400	73839	100623	56852
城镇登记失业率	(%)	1.31	3.60	4.20	3.46
社会消费品零售总额	(亿元)	9638.0	4738.7	9303.5	5710.7
地区进出口总值	(亿美元)	4155.4	1339.1	4666.2	954.5
实际利用外商直接投资	(亿美元)	90.4	188.7	181.7	106.3
接待入境旅游者人数	(万人次)	427.5	296.2	791.3	263.8
金融机构(含外资)本外币存款余额	(亿元)	100095.5	24777.8	73882.5	25160.1

注：上海城镇单位在岗职工工资总额为城镇单位就业人员工资总额。

8-3 京津沪渝主要指标比较(2014年)
——社 会

项目		北京	天津	上海	重庆
常住人口	(万人)	2151.6	1516.8	2425.7	2991.4
户籍人口	(万人)	1333.4	1016.7	1438.7	3375.2
从业人员	(万人)	1156.7	877.2	1365.6	1696.9
第一产业	(万人)	52.4	68.0	44.8	555.6
第二产业	(万人)	209.9	341.5	476.9	464.5
第三产业	(万人)	894.4	467.7	844.0	676.9
普通高等学校在校学生数	(万人)	59.5	50.6	50.7	74.1
普通中学在校学生数	(万人)	48.4	43.7	58.4	162.7
小学在校学生数	(万人)	82.1	57.3	80.3	203.4
科技活动人员	(万人)	72.7	22.7	45.1	
研究与试验发展经费支出	(亿元)	1268.8	464.7	862.0	201.9
公共图书馆图书总藏量	(万册)	3156.0	1598.0	3114.4	1242.3
电影放映场次	(万场次)	162.8	66.1	157.7	
登记结婚对数	(万对)	17.0	9.9	14.2	30.4
离婚登记对数	(万对)	7.6	4.3	6.2	11.5
城镇居民人均住房面积	(平方米)	31.54	21.82	17.80	35.63
农村居民人均住房面积	(平方米)	52.42		58.92	54.13
城镇(市)居民人均可支配收入	(元)	43910	31506	47710	25147
农村居民人均可支配收入	(元)	20226	17014	21192	9490
医院个数	(个)	672	373	332	565
医院床位数	(万张)	10.29	5.24	9.83	10.93
卫生机构拥有执业医师人数	(万人)	8.96	3.33	6.13	5.80
城市绿化覆盖率	(%)	47.4	34.9	38.4	40.6

注：1.北京城镇居民人均住房面积为建筑面积，天津城镇居民人均住房面积为城市人均住宅建筑面积，上海城镇、农村居民人均住房面积为居住面积，重庆城镇、农村居民人均住房面积为常住居民人均住房建筑面积。
2.北京农村居民人均可支配收入为农村居民人均纯收入口径。
3.天津、重庆城市绿化覆盖率为建成区绿化覆盖率。
4.北京离婚登记对数含法院调离、判离的对数。

2015
北京区域统计年鉴

第九篇

BEIJING AREA
STATISTICAL YEARBOOK

全国主要经济区

简要说明

一、本章资料的主要内容

本章资料包括2014年全国、京津冀都市圈、长江三角洲经济区、珠江三角洲经济区三大经济区主要情况，内容涵盖了人口、就业、产业、经济发展、人民生活等方面。

二、本章资料的数据来源

本章资料由北京市统计局、国家统计局北京调查总队根据相关资料整理提供。其中，天津、河北、上海、江苏、浙江、广东六省市数据分别摘自2015年出版的《天津统计年鉴》《河北统计年鉴》《上海统计年鉴》《江苏统计年鉴》《浙江统计年鉴》《广东统计年鉴》《中国区域经济统计年鉴》。

9-1 三大经济区主要城市指标对比
——土地、人口

地 区	土地面积(平方公里)	常住人口(万人)			户籍人口(万人)		
		2014	2013	增长速度(%)	2014	2013	增长速度(%)
全 国	**9600000**	**136782**	**136072**	**0.5**			
京津冀经济区							
北 京	16411	2151.6	2114.8	1.7	1333.4	1316.3	1.3
天 津	11917	1516.8	1472.2	3.0	1016.7	1004.0	1.3
河北省	187693	7383.8	7332.6	0.7	7592.7	7389.3	2.8
石家庄	15848	1061.6	1050.0	1.1	1024.9	1003.1	2.2
唐 山	13472	776.8	770.8	0.8	753.2	738.7	2.0
秦皇岛	7523	306.5	304.5	0.6	295.1	290.7	1.5
邯 郸	12062	937.4	932.5	0.5	1029.5	994.0	3.6
邢 台	12486	725.6	721.7	0.5	772.9	743.2	4.0
保 定	20584	1149.0	1141.6	0.6	1196.6	1163.9	2.8
张家口	36873	442.1	441.3	0.2	468.6	466.9	0.4
承 德	39548	352.7	351.5	0.3	380.7	377.4	0.9
沧 州	14053	737.5	731.0	0.9	768.4	741.5	3.6
廊 坊	6429	452.2	446.8	1.2	450.4	422.4	6.6
衡 水	8815	442.3	440.9	0.3	452.6	447.5	1.1
长江三角洲经济区							
上 海	6341	2425.7	2415.2	0.4	1438.7	1432.3	0.4
江苏省	107200	7960.1	7939.5	0.3	7684.7	7616.8	0.9
浙江省	101800	5508.0	5498.0	0.2	4859.2	4826.9	0.7
珠江三角洲经济区							
广 州	7249	1308.1	1292.7	1.2	842.4	832.3	1.2
深 圳	1997	1077.9	1062.9	1.4	346.6	324.3	6.9
珠 海	1724	161.4	159.0	1.5	110.2	108.6	1.5
佛 山	3798	735.1	729.6	0.8	385.6	381.6	1.0
惠 州	11346	472.7	470.0	0.6	348.5	343.4	1.5
东 莞	2460	834.3	831.7	0.3	191.4	188.9	1.3
中 山	1784	319.3	317.4	0.6	156.1	154.1	1.3
江 门	9505	451.1	449.8	0.3	393.4	393.0	0.1
肇 庆	14891	403.6	402.2	0.3	433.7	429.8	0.9

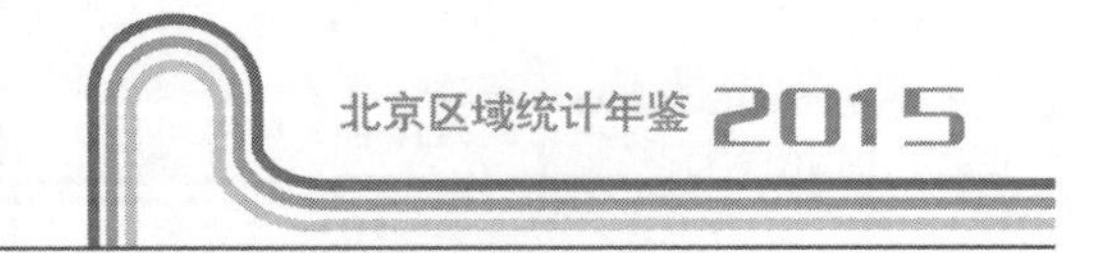

9-2 三大经济区主要城市指标对比
——地区生产总值

城市	地区生产总值			第一产业		
	2014	2013	增长速度(%)	2014	2013	增长速度(%)
全　国	**636138.7**	**588018.8**	**7.3**	**58336.1**	**55321.7**	**4.1**
京津冀经济区						
北　京	21330.8	19800.8	7.3	159.0	159.6	持平
天　津	15726.9	14442.0	10.0	201.5	188.5	2.9
河北省	29421.2	28443.0	6.5	3447.5	3382.0	3.7
石家庄	5170.3	4863.7	7.9	487.5	474.0	2.6
唐　山	6225.3	6121.2	5.1	558.7	553.0	3.6
秦皇岛	1200.0	1168.8	5.0	174.7	170.1	3.6
邯　郸	3080.0	3061.5	6.5	403.1	395.0	3.7
邢　台	1646.9	1604.6	6.0	273.4	254.8	5.7
保　定	3035.2	2904.3	7.1	425.4	409.4	4.0
张家口	1349.0	1317.0	5.2	239.6	235.5	4.6
承　德	1342.6	1272.1	7.8	225.7	210.4	4.6
沧　州	3133.4	3013.0	8.0	317.7	313.1	3.5
廊　坊	2176.0	1943.1	8.2	205.5	199.0	3.2
衡　水	1149.1	1070.2	8.2	166.5	168.3	2.7
长江三角洲经济区						
上　海	23567.7	21818.2	7.0	124.3	124.9	0.1
江苏省	65088.3	59753.4	8.7	3634.3	3469.9	3.0
浙江省	40173.0	37756.6	7.6	1777.2	1760.3	1.4
珠江三角洲经济区						
广　州	16706.9	15497.2	8.6	218.7	212.1	1.3
深　圳	16001.8	14572.7	8.8	5.6	5.8	-11.7
珠　海	1867.2	1679.0	10.4	43.9	41.6	3.4
佛　山	7441.6	7010.7	8.3	133.8	130.4	2.4
惠　州	3000.4	2705.1	10.0	141.1	133.9	4.6
东　莞	5881.3	5517.5	7.8	20.4	19.6	2.8
中　山	2823.0	2651.9	8.0	67.0	64.5	0.3
江　门	2082.8	2000.2	7.8	168.0	155.9	3.0
肇　庆	1845.1	1673.4	10.0	270.2	253.3	4.0

注：1.地区生产总值及分产业增加值的绝对值按现价计算，增长速度按可比价格计算。
2.人均地区生产总值按常住人口计算。

9-2 续表

单位：亿元

第二产业			第三产业			人均地区生产总值(元)		
2014	2013	增长速度(%)	2014	2013	增长速度(%)	2014	2013	增长速度(%)
271764.5	**256810.0**	**7.3**	**306038.2**	**275887.0**	**7.8**	**46629**	**43320**	**6.7**
4544.8	4292.6	6.9	16627.0	15348.6	7.5	99995	94648	5.2
7766.1	7308.1	9.9	7759.3	6945.4	10.4	105231	100105	6.2
15012.9	14781.9	5.0	10960.8	10279.1	9.7	39984	38909	5.8
2417.5	2351.4	7.1	2265.2	2038.3	9.9	48970	46574	6.8
3595.2	3593.1	4.8	2071.4	1975.1	5.8	80450	79617	4.4
449.2	444.8	5.0	576.1	553.9	5.3	39282	38530	4.2
1543.5	1571.6	5.2	1133.4	1094.9	9.6	32943	32899	6.0
780.1	840.6	4.8	593.5	509.2	8.2	22758	22277	5.5
1563.2	1578.9	7.1	1046.7	916.1	8.4	26501	25513	6.5
575.4	554.6	5.9	533.9	526.9	4.7	30540	29908	4.9
671.0	649.8	7.6	445.8	411.9	9.6	38128	36235	7.5
1628.3	1574.8	8.8	1187.4	1125.1	7.8	42676	41406	7.0
1045.7	1022.0	6.0	924.8	722.1	12.4	48407	43628	7.2
549.9	558.5	7.2	432.7	343.5	12.3	26022	24330	7.8
8167.7	7907.8	4.2	15275.7	13785.5	8.8	97370	90993	6.0
30854.5	29086.1	8.2	30599.5	27197.4	10.0	81874	75354	8.4
19175.1	18047.5	7.2	19220.8	17948.7	8.6	73002	68805	7.3
5591.0	5258.9	7.4	10897.2	10026.3	9.4	128478	120294	7.6
6812.0	6286.8	7.7	9184.2	8280.1	9.7	149495	137632	7.6
938.7	845.1	12.1	884.6	792.4	8.8	116537	105834	9.3
4602.2	4248.2	9.0	2705.7	2632.0	7.3	101617	96317	7.7
1697.0	1529.9	11.9	1162.3	1041.4	7.5	63657	57716	9.4
2794.4	2622.7	9.1	3066.6	2875.3	6.3	70605	66440	7.4
1560.8	1469.7	8.4	1195.3	1117.7	7.9	88682	83804	7.4
1021.6	1005.8	9.0	893.1	838.5	6.8	46237	44546	7.5
923.6	831.9	11.5	651.3	588.3	10.2	45795	41811	9.3

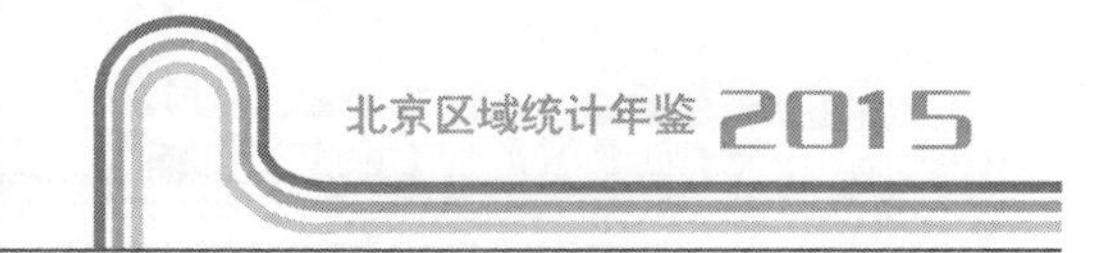

9–3　三大经济区主要城市指标对比
——财政、金融

地　区	地方公共财政预算收入			地方公共财政预算支出		
	2014	2013	增长速度(%)	2014	2013	增长速度(%)
全　国	**75876.6**	**69011.2**	**8.6**	**129215.5**	**119740.3**	**8.3**
京津冀经济区						
北　京	4027.2	3661.1	10.0	4524.7	4173.7	8.4
天　津	2390.4	2079.1	15.0	2884.7	2549.2	15.2
河北省	2446.6	2295.6	6.6	4677.3	4409.6	6.1
石家庄	343.5	315.1	9.0	566.5	522.9	8.3
唐　山	323.7	318.4	1.7	524.7	497.2	5.5
秦皇岛	113.7	172.7	-34.2	212.0	367.1	-42.3
邯　郸	183.2	118.5	54.6	404.7	294.8	37.3
邢　台	95.7	180.3	-46.9	294.6	460.4	-36.0
保　定	192.5	172.3	11.7	457.6	352.4	29.8
张家口	125.8	109.5	14.9	329.7	200.3	64.6
承　德	107.6	89.9	19.6	265.5	259.2	2.5
沧　州	189.7	205.4	-7.7	381.3	292.4	30.4
廊　坊	250.5	102.5	144.4	302.5	261.8	15.6
衡　水	79.7	68.5	16.3	242.6	185.6	30.7
长江三角洲经济区						
上　海	4585.6	4109.5	11.6	4923.4	4528.6	8.7
江苏省	7233.1	6568.5	10.1	8472.5	7798.5	8.6
浙江省	4122.0	3796.9	8.6	5159.6	4730.5	9.1
珠江三角洲经济区						
广　州	1243.1	1141.8	8.9	1436.2	1386.1	3.6
深　圳	2082.7	1731.3	20.3	2166.2	1690.8	28.1
珠　海	224.3	194.2	15.5	275.9	252.0	9.5
佛　山	501.2	438.2	14.4	525.0	488.4	7.5
惠　州	300.7	250.2	20.2	373.0	328.3	13.6
东　莞	455.2	409.3	11.2	457.7	444.7	2.9
中　山	251.7	225.4	11.7	261.5	237.2	10.2
江　门	177.2	158.0	12.1	236.1	212.6	11.0
肇　庆	139.1	120.8	15.2	241.7	200.4	20.6

注：1.全国财政收入、支出为31个省市(自治区)公共财政预算收支合计数。

2.全国、河北省及各市、江苏省、浙江省为金融机构人民币存贷款数据。

3.全国、河北省及各市、江苏省、浙江省为金融机构人民币储蓄存款余额；北京、天津、上海、广东各市为中资金融机构人民币储蓄存款余额。

9-3 续表

单位：亿元

中资金融机构人民币存款余额			中资金融机构人民币贷款余额			城乡居民人民币储蓄存款余额		
2014	2013	增长速度(%)	2014	2013	增长速度(%)	2014	2013	增长速度(%)
1138645	**1043847**	**9.1**	**816770**	**718961**	**13.6**	**485261.3**	**447601.6**	**8.4**
93326.0	85897.2	8.6	44438.8	39557.5	12.3	24004.4	22929.6	4.7
23484.5	22268.3	5.5	21189.3	18987.5	11.6	7863.6	7563.5	4.0
43454.9	39221.3	10.8	27593.8	23966.0	15.1	25690.1	23357.2	10.0
9124.6	8607.8	6.0	5098.9	4512.0	13.0	4389.1	4157.6	5.6
6766.9	6123.6	10.5	4278.6	3963.7	7.9	3990.5	3652.8	9.2
2252.9	2092.1	7.7	1421.8	1307.1	8.8	1430.4	1293.0	10.6
3747.6	3431.5	9.2	2364.8	2095.0	12.9	2251.7	2014.2	11.8
2669.3	2397.2	11.3	1548.1	1377.6	12.4	1848.7	1655.9	11.6
4987.0	4394.9	13.5	2244.2	1879.7	19.4	3379.9	3036.2	11.3
2113.8	1913.6	10.5	1493.2	1337.6	11.6	1398.6	1268.6	10.2
1755.5	1601.3	9.6	1297.0	1108.8	17.0	1139.8	1032.5	10.4
3438.9	3105.5	10.7	1843.1	1565.9	17.7	2312.8	2092.4	10.5
3862.5	3251.9	18.8	2527.3	2134.5	18.4	2066.3	1829.4	12.9
2106.7	1854.6	13.6	1073.6	888.0	20.9	1464.2	1308.6	11.9
64659.9	60321.0	7.2	40375.8	37033.9	9.0	20963.0	20174.8	3.9
93735.6	85604.1	9.5	69572.7	61836.5	12.5	36580.6	33823.9	8.2
77145.4	71986.6	7.2	68566.3	62597.6	9.5	30666.4	28923.0	6.0
33215.3	31884.7	4.2	22154.4	19652.4	12.7	12498.7	12178.6	2.6
32497.7	29831.0	8.9	22671.1	19803.6	14.5	9410.6	8926.1	5.4
4260.2	3813.4	11.7	2292.3	1928.4	18.9	1390.9	1331.1	4.5
10838.7	10998.8	-1.5	7362.9	6799.5	8.3	5752.4	5548.3	3.7
3124.9	2968.2	5.3	2152.0	1804.9	19.2	1639.5	1533.0	6.9
9020.3	8580.5	5.1	5284.4	4740.1	11.5	4598.8	4467.6	2.9
3909.0	3774.5	3.6	2435.8	2098.5	16.1	2036.8	1930.8	5.5
3454.4	3203.8	7.8	1869.7	1556.5	20.1	2173.7	2029.5	7.1
1649.7	1535.5	7.4	1140.5	1020.0	11.8	1066.3	973.6	9.5

9-4 三大经济区主要城市指标对比
——投资、消费

单位：亿元

地区	全社会固定资产投资额			#房地产开发			社会消费品零售总额		
	2014	2013	增长速度(%)	2014	2013	增长速度(%)	2014	2013	增长速度(%)
全　国	**512020.7**	**446294.1**	**15.2**	**95035.6**	**86013.4**	**10.5**	**271896.1**	**242842.8**	**12.0**
京津冀经济区									
北　京	7562.3	7032.2	7.5	3911.3	3483.4	12.3	9638.0	8872.1	8.6
天　津	11654.1	10121.2	15.1	1699.7	1480.8	14.8	4738.7	4470.4	6.0
河北省	26671.9	23194.2	15.0	4059.7	3445.4	17.8	11820.5	10516.7	12.4
石家庄	5109.5	4400.2	16.1	1025.3	928.1	10.5	2451.8	2179.7	12.5
唐　山	4213.2	3633.6	16.0	609.3	569.1	7.1	1957.1	1743.6	12.2
秦皇岛	808.7	786.3	2.8	268.8	235.1	14.3	577.6	514.6	12.2
邯　郸	3174.1	2758.9	15.1	377.1	305.0	23.6	1242.4	1106.2	12.3
邢　台	1708.7	1486.4	15.0	151.8	124.8	21.7	796.2	708.4	12.4
保　定	2472.2	2186.0	13.1	456.3	334.1	36.6	1501.8	1336.1	12.4
张家口	1422.6	1293.0	10.0	176.4	199.3	-11.5	562.2	499.8	12.5
承　德	1427.1	1226.9	16.3	139.1	140.9	-1.3	446.8	397.0	12.6
沧　州	2788.6	2357.7	18.3	201.9	184.5	9.4	1007.9	895.9	12.5
廊　坊	1882.2	1577.8	19.3	522.2	303.5	72.1	723.7	644.2	12.3
衡　水	987.4	830.1	19.0	131.4	120.8	8.8	553.0	491.2	12.6
长江三角洲经济区									
上　海	6016.4	5647.8	6.5	3206.5	2819.6	13.7	9303.5	8557.0	8.7
江苏省	41938.7	36373.3	15.3	8240.2	7241.5	13.8	23458.1	20878.2	12.4
浙江省	23554.8	20194.1	16.6	7262.4	6216.2	16.8	17835.3	15970.8	11.7
珠江三角洲经济区									
广　州	4889.5	4447.3	9.9	1816.2	1572.4	15.5	7144.5	6426.9	11.2
深　圳	2717.4	2490.2	9.1	1069.5	876.9	22.0	4919.0	4500.5	9.3
珠　海	1135.0	960.9	18.1	388.3	272.6	42.5	815.7	720.5	13.2
佛　山	2612.4	2375.6	10.0	832.7	737.3	12.9	2400.6	2122.6	13.1
惠　州	1606.7	1401.3	14.7	667.3	593.5	12.4	968.7	857.9	12.9
东　莞	1427.1	1383.9	3.1	588.1	497.7	18.2	1942.3	1786.7	8.7
中　山	903.7	962.9	-6.2	429.7	399.1	7.7	981.8	890.6	10.2
江　门	1111.6	1000.8	11.1	313.0	241.8	29.5	923.4	831.9	11.0
肇　庆	1138.7	1007.8	13.0	188.9	949.8	-80.1	559.9	493.1	13.5

注：浙江省、广东省的各市为固定资产投资(不含农户)数据。

9-5 三大经济区主要城市指标对比
——对外经济贸易

单位：亿美元

地区	地方出口值			地方进口值			实际利用外商直接投资		
	2014	2013	增长速度(%)	2014	2013	增长速度(%)	2014	2013	增长速度(%)
全国	**23422.9**	**22090.0**	**6.0**	**19592.3**	**19499.9**	**0.5**	**1195.6**	**1175.9**	**1.7**
京津冀经济区									
北京	623.4	631.0	-1.2	3532.0	3668.4	-3.7	90.4	85.2	6.1
天津	526.0	490.3	7.3	813.2	795.0	2.3	188.7	168.3	12.1
河北省	357.1	309.6	15.3	241.7	239.2	1.0	63.7	64.5	-1.2
石家庄	77.9	71.2	9.4	65.1	68.8	-5.3	8.2	9.6	-14.5
唐山	87.7	56.1	56.4	79.9	70.6	13.2	13.6	13.4	1.5
秦皇岛	28.5	24.2	18.0	14.6	19.6	-25.4	6.1	7.4	-17.9
邯郸	16.6	13.7	21.2	19.2	22.4	-14.4	8.8	8.5	3.9
邢台	15.6	12.1	29.0	5.2	6.2	-17.3	4.7	4.1	12.6
保定	42.7	43.6	-2.2	13.6	11.3	19.7	5.7	6.3	-9.3
张家口	3.5	3.2	8.8	1.7	0.7	158.9	3.2	2.7	15.9
承德	5.2	2.3	126.7	1.2	0.3	381.3	1.4	0.3	313.7
沧州	23.4	20.8	12.7	7.6	4.9	55.1	3.3	4.1	-19.0
廊坊	24.7	30.4	-18.8	28.3	28.7	-1.4	6.6	6.0	10.1
衡水	31.3	32.1	-2.4	5.3	5.8	-7.4	2.2	2.0	6.6
长江三角洲经济区									
上海	2102.8	2042.4	3.0	2563.5	2371.5	8.1	181.7	167.8	8.3
江苏省	3418.7	3288.6	4.0	2218.9	2219.9	-0.04	281.7	332.6	-15.3
浙江省	2733.3	2487.5	9.9	817.2	870.4	-6.1	158.0	141.6	11.6
珠江三角洲经济区									
广州	727.1	628.1	15.8	578.7	560.9	3.2	51.1	48.0	6.3
深圳	2843.6	3057.0	-7.0	2033.8	2317.7	-12.3	58.0	54.7	6.2
珠海	290.2	265.8	9.2	259.4	277.1	-6.4	19.3	16.9	14.4
佛山	467.2	425.2	9.9	220.9	214.2	3.1	26.6	25.2	5.4
惠州	363.3	333.2	9.0	230.81	240.7	-4.1	19.7	18.3	7.2
东莞	970.7	908.6	6.8	654.3	622.1	5.2	45.3	39.4	15.0
中山	278.8	264.7	5.3	90.8	91.5	-0.7	6.8	6.5	5.3
江门	150.9	140.0	7.8	52.9	57.3	-7.8	8.5	9.2	-7.5
肇庆	46.1	48.3	-4.6	32.2	21.9	47.2	13.3	12.4	7.4

注：各地区进出口数据按经营单位所在地统计。

9-6　三大经济区主要城市指标对比
——旅　游

地　区	入境旅游者人数(万人次)			旅游创汇(亿美元)		
	2014	2013	增长速度(%)	2014	2013	增长速度(%)
全　国	**12849.8**	**12907.8**	**-0.4**	**569.1**	**516.6**	**10.2**
京津冀经济区						
北　京	427.5	450.1	-5.0	46.1	47.9	-3.9
天　津	296.2	264.5	12.0	29.9	25.9	15.5
河北省	132.9	133.8	-0.7	5.3	5.9	-8.8
石家庄	17.5	16.7	4.4	0.7	0.7	-7.7
唐　山	8.7	8.5	2.7	0.6	0.4	41.5
秦皇岛	29.9	29.8	0.1	1.5	2.6	-41.2
邯　郸	4.1	4.2	-2.2	0.2	0.2	2.4
邢　台	1.9	1.9	0.5	0.1	0.1	8.7
保　定	14.2	13.7	4.0	0.8	0.3	141.8
张家口	9.2	8.9	2.6	0.2	0.2	4.0
承　德	30.7	33.3	-7.8	1.0	1.0	-1.5
沧　州	2.6	2.7	-5.4	0.1	0.1	-7.4
廊　坊	13.2	12.7	3.4	0.3	0.3	-4.0
衡　水	1.0	1.3	-22.1	0.03	0.04	-22.1
长江三角洲经济区						
上　海	791.3	757.4	4.5	57.1	53.4	6.9
江苏省	297.1	288.0	3.1	30.3	23.8	27.4
浙江省	931.0	866.3	7.5	57.5	53.9	6.7
珠江三角洲经济区						
广　州	783.3	768.2	2.0	54.8	51.7	5.9
深　圳	1182.6	1214.9	-2.7	45.7	45.3	0.8
珠　海	291.3	263.2	10.7	9.2	8.4	10.0
佛　山	137.1	134.6	1.9	13.3	12.7	5.1
惠　州	214.9	207.0	3.8	8.6	7.7	11.2
东　莞	273.3	314.4	-13.1	15.7	14.5	8.6
中　山	60.2	53.8	12.0	4.8	2.4	101.5
江　门	178.7	169.6	5.4	8.4	8.0	5.7
肇　庆	49.1	93.9	-47.8	2.8	5.5	-49.4

注：广东省的各市入境旅游者人数为入境过夜旅游者人数。

9-7 三大经济区主要城市指标对比
——物 价

单位：%

地 区	居民消费价格指数		工业生产者出厂价格指数		工业生产者购进价格指数	
	2014	2013	2014	2013	2014	2013
全 国	**102.0**	**102.6**	**98.1**	**98.1**	**97.8**	**98.0**
京津冀经济区						
北 京	101.6	103.3	99.1	97.4	98.8	97.8
天 津	101.9	103.1	96.3	97.0	97.1	97.4
河北省	101.7	103.0	95.2	96.6	95.6	97.6
石家庄	102.0	102.9	98.4	99.6	97.5	98.7
唐 山	101.9	102.0	92.6	93.5		
秦皇岛	102.3	102.4	95.9	96.6		
邯 郸	102.1	103.0	92.4	93.8		
邢 台	101.7	103.4	93.9	96.7		
保 定	101.5	102.7	98.6	99.0		
张家口	101.7	102.2	91.8	96.6		
承 德	101.3	102.4	90.2	98.9		
沧 州	102.4	102.4	99.3	99.8		
廊 坊	101.5	103.3	96.1	97.6		
衡 水	101.7	102.9	98.4	98.9		
长江三角洲经济区						
上 海	102.7	102.3	98.9	98.2	95.9	96.5
江苏省	102.2	102.3	98.3	98.0	97.0	97.1
浙江省	102.1	102.3	98.8	98.2	98.2	97.7
珠江三角洲经济区						
广 州	102.3	102.6	98.2	98.0		
深 圳	102.0	102.7	99.1	98.0		
珠 海	103.1	102.3	98.5	98.6		
佛 山	102.3	102.5	98.8	98.9		
惠 州	102.1	102.1	97.5	97.1		
东 莞	102.3	101.9	99.0	98.9		
中 山	102.2	101.6	99.4	99.4		
江 门	102.7	101.8	99.4	99.4		
肇 庆	102.7	102.9	98.5	99.0		

9–8 三大经济区主要城市指标对比
——从业人员

地区	从业人员			第一产业		
	2014	2013	增长速度(%)	2014	2013	增长速度(%)
全国	**77253**	**76977**	**0.4**	**22790**	**24171**	**-5.7**
京津冀经济区						
北京	1156.7	1141.0	1.4	52.4	55.4	-5.4
天津	877.2	847.5	3.5	68.0	69.0	-1.5
河北省	4202.7	4183.9	0.4	1398.9	1404.5	-0.4
石家庄	558.7	548.3	1.9	143.0	143.4	-0.3
唐山	454.4	451.9	0.6	122.1	123.0	-0.7
秦皇岛	170.8	170.1	0.4	71.6	71.5	0.2
邯郸	626.0	616.1	1.6	176.4	172.5	2.3
邢台	411.0	401.3	2.4	138.0	137.8	0.2
保定	716.1	683.0	4.8	314.7	278.6	13.0
张家口	320.8	301.2	6.5	124.2	124.7	-0.4
承德	222.5	219.6	1.3	96.1	97.0	-0.9
沧州	431.3	423.0	2.0	99.6	102.0	-2.3
廊坊	260.3	257.8	1.0	80.2	80.9	-0.8
衡水	243.3	238.1	2.2	69.5	80.3	-13.4
长江三角洲经济区						
上海	1365.6	1368.9	-0.2	44.8	50.7	-11.5
江苏省	4760.8	4759.9	0.02	918.8	956.7	-4.0
浙江省	3714.2	3708.7	0.1	501.7	507.0	-1.0
珠江三角洲经济区						
广州	784.8	759.9	3.3	60.4	64.5	-6.4
深圳	899.7	899.2	0.1	0.1	0.1	-2.0
珠海	108.8	106.3	2.3	6.0	6.1	-0.7
佛山	438.1	437.3	0.2	21.6	24.7	-12.8
惠州	280.6	277.3	1.2	50.8	51.8	-2.1
东莞	660.5	633.2	4.3	5.7	5.9	-4.3
中山	211.8	210.3	0.7	10.0	9.9	0.8
江门	243.2	244.3	-0.4	80.9	78.9	2.5
肇庆	217.8	216.2	0.7	114.0	116.0	-1.7

9-8 续表

单位：万人

第二产业			第三产业		
2014	2013	增长速度(%)	2014	2013	增长速度(%)
23099	**23170**	**-0.3**	**31364**	**29636**	**5.8**
209.9	210.9	-0.5	894.4	874.7	2.3
341.5	353.9	-3.5	467.7	424.6	10.2
1437.8	1438.1	-0.02	1366.0	1341.4	1.8
205.9	197.0	4.5	209.9	207.9	1.0
182.4	184.7	-1.3	149.9	144.2	3.9
41.8	42.9	-2.5	57.4	55.7	2.9
220.4	207.7	6.1	229.3	235.9	-2.8
134.7	130.9	2.9	138.3	132.6	4.2
231.8	231.7	0.05	169.5	172.6	-1.8
76.2	70.0	8.8	120.5	106.5	13.1
61.9	63.1	-1.9	64.6	59.6	8.4
188.8	183.2	3.0	142.9	137.8	3.7
104.5	102.6	1.8	75.6	74.3	1.7
104.2	97.2	7.2	69.6	60.6	14.8
476.9	479.2	-0.5	844.0	839.0	0.6
2047.2	2042.0	0.3	1794.8	1761.2	1.9
1846.3	1853.4	-0.4	1366.1	1348.4	1.3
283.8	262.7	8.0	440.6	432.7	1.8
431.9	437.3	-1.2	467.6	461.8	1.3
55.4	54.2	2.2	47.3	46.0	2.8
257.2	256.9	0.1	159.3	155.7	2.3
141.3	137.6	2.7	88.5	87.8	0.8
450.9	482.4	-6.5	203.9	145.0	40.6
142.3	142.5	-0.1	59.5	57.9	2.6
96.2	99.7	-3.6	66.2	65.6	0.9
53.9	52.0	3.7	49.9	48.2	3.4

9-9　三大经济区主要城市指标对比
——生活质量

地　区	城镇单位在岗职工年末人数(万人)			城镇单位在岗职工平均工资(元)		
	2014	2013	增长速度(%)	2014	2013	增长速度(%)
全　国	**18277.8**	**18108.4**	**0.9**	**57361**	**52388**	**9.5**
京津冀经济区						
北　京	708.8	695.5	1.9	103400	93997	10.0
天　津	279.1	283.8	-1.7	73839	68864	7.2
河北省	656.2	653.4	0.4	46239	42532	8.7
石家庄	100.6	97.0	3.7	47467	42488	11.7
唐　山	93.7	96.5	-3.0	50344	47123	6.8
秦皇岛	33.9	34.2	-1.0	50451	46399	8.7
邯　郸	80.5	80.4	0.1	39707	37402	6.2
邢　台	46.1	45.6	0.9	39950	38359	4.1
保　定	105.7	104.5	1.2	41734	38108	9.5
张家口	38.1	38.9	-2.2	40158	36916	8.8
承　德	29.9	30.3	-1.2	43309	41163	5.2
沧　州	53.1	52.4	1.3	45751	42049	8.8
廊　坊	45.2	43.9	3.0	55592	49110	13.2
衡　水	29.5	29.6	-0.3	40474	36003	12.4
长江三角洲经济区						
上　海	648.9	619.0	4.8	100623	91477	10.0
江苏省	1512.8	1418.6	6.6	61783	57985	6.5
浙江省	1051.0	1020.6	3.0	62460	57310	9.0
珠江三角洲经济区						
广　州	308.9	309.9	-0.3	74245	69692	6.5
深　圳	448.9	445.8	0.7	72651	62619	16.0
珠　海	72.2	71.1	1.5	62729	55985	12.0
佛　山	171.4	171.5	-0.1	55679	50356	10.6
惠　州	89.3	83.9	6.4	53576	47126	13.7
东　莞	234.3	239.8	-2.3	47600	42870	11.0
中　山	87.3	88.6	-1.5	53123	48449	9.6
江　门	57.1	56.6	0.9	48168	42851	12.4
肇　庆	40.0	38.8	3.0	49045	44660	9.8

注：1.全国、河北省及各市、上海、浙江省在岗职工人数为城镇单位就业人员数。

2.河北各市的城镇单位在岗职工平均工资为城镇单位就业人员平均工资。

3.北京的农村居民人均可支配收入为农村居民人均纯收入。

9-9 续表

城镇居民人均可支配收入(元)			农村居民人均可支配收入(元)		
2014	2013	增长速度(%)	2014	2013	增长速度(%)
28844	**26467**	**9.0**	**10489**	**9430**	**11.2**
43910	40321	8.9	20226	18337	10.3
31506	28980	8.7	17014	15353	10.8
24141	22227	8.6	10186	9188	10.9
25996	24074	8.0	10691	9546	12.0
28891	26704	8.2	12867	11674	10.2
26053	24021	8.5	9964	9007	10.6
22699	20807	9.1	10343	9307	11.1
20007	18195	10.0	8342	7446	12.0
21673	19840	9.2	9704	8533	13.7
21651	19641	10.2	7462	6583	13.3
20983	19138	9.6	7163	6381	12.3
24174	22072	9.5	9442	8470	11.5
29416	27090	8.6	12115	10985	10.3
19614	17808	10.1	8104	7182	12.8
47710	43851	8.8	21192	19208	10.3
34346	31585	8.7	14958	13521	10.6
40393	37080	8.9	19373	17494	10.7
42955			17663		
40948					
35287			18395		
36555			20094		
27300			14364		
36764			22327		
34304			22166		
24976			12746		
21726			12642		

2015
北京区域统计年鉴

第十篇

BEIJING AREA
STATISTICAL YEARBOOK

北京与全国对比

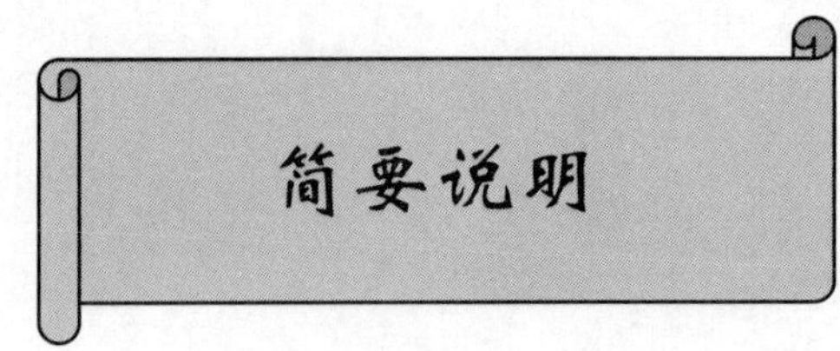

一、本章资料的主要内容

本章资料主要反映北京与全国主要指标数据对比和北京各项指标占全国比重情况，内容涵盖了产业发展、财政、金融、旅游、对外贸易、人口、就业、收入、教育、婚姻、城市建设等经济领域。

二、本章资料的数据来源

本章资料由北京市统计局、国家统计局北京调查总队根据相关资料整理提供，其中，全国数据摘自2015年出版的《中国统计年鉴》。

10-1 北京与全国主要指标对比
——经 济

项　　目		2014			2013		
		北 京	全 国	北京占全国(%)	北 京	全 国	北京占全国(%)
地区生产总值	(亿元)	21330.8	636138.7	3.4	19800.8	588018.8	3.4
第一产业	(亿元)	159.0	58336.1	0.3	159.6	55321.7	0.3
第二产业	(亿元)	4544.8	271764.5	1.7	4292.6	256810.0	1.7
第三产业	(亿元)	16627.0	306038.2	5.4	15348.6	275887.0	5.6
人均地区生产总值	(元)	99995	46629		94648	43320	
地方公共财政预算收入	(亿元)	4027.2	75876.6	5.3	3661.1	69011.2	5.3
地方公共财政预算支出	(亿元)	4524.7	129215.5	3.5	4173.7	119740.3	3.5
全社会固定资产投资	(亿元)	7562.3	512020.7	1.5	7032.2	446294.1	1.6
社会消费品零售总额	(亿元)	9638.0	271896.1	3.5	8872.1	242842.8	3.7
海关出口值	(亿美元)	623.4	23422.9	2.7	631.0	22090.0	2.9
海关进口值	(亿美元)	3532.0	19592.3	18.0	3668.4	19499.9	18.8
外商直接投资项目数	(个)	1318	23778	5.5	1190	22773	5.2
实际利用外商直接投资	(亿美元)	90.4	1195.6	7.6	85.2	1175.9	7.2
入境旅游人数	(万人次)	427.5	12849.8	3.3	450.1	12907.8	3.5
金融机构(含外资)人民币存款余额	(亿元)	95370.5	1138644.6	8.4	87990.6	1043847.0	8.4
#城乡居民储蓄存款余额	(亿元)	24158.4	485261.3	5.0	23086.4	447601.6	5.2
金融机构(含外资)人民币贷款余额	(亿元)	45458.7	816770.0	5.6	40506.7	718961.0	5.6

注：1. 部分数据取自《北京统计年鉴》、《中国统计年鉴》。
2. 全国地方财政收入和财政支出均为全国31个省市合计数。
3. 北京城乡居民储蓄存款余额为中资金融机构人民币储蓄存款余额。

10-2 北京与全国主要指标对比

——社 会

项 目		2014			2013		
		北 京	全 国	北京占全国(%)	北 京	全 国	北京占全国(%)
年底人口数(年末常住人口)	(万人)	2151.6	136782	1.6	2114.8	136072	1.6
城镇人口	(万人)	1859.0	74916	2.5	1825.1	73111	2.5
乡村人口	(万人)	292.6	61866	0.5	289.7	62961	0.5
从业人员	(万人)	1156.7	77253	1.5	1141.0	76977	1.5
城镇居民人均可支配收入	(元)	43910	28844		40321	26467	
农村居民人均可支配收入	(元)	20226	10489		18337	9430	
登记结婚对数	(万对)	17.0	1306.7	1.3	16.4	1346.9	1.2
登记离婚对数	(万对)	7.6	295.7	2.6	6.5	350.0	1.8
普通高等学校在校学生数	(万人)	59.5	2547.7	2.3	58.9	2468.1	2.4
普通中学在校学生数	(万人)	48.4	6785.1	0.7	49.8	6876.0	0.7
小学在校学生数	(万人)	82.1	9451.1	0.9	78.9	9360.5	0.8
城市排水管道长度	(万公里)	1.4	51.1	2.8	1.4	46.5	2.9
客运出租小轿车	(万辆)	6.8	107.4	6.3	6.7	105.4	6.4

注：1.北京登记离婚对数包括在民政部门登记的对数和经法院调离和判离的对数。

2.北京农村居民人均可支配收入为农村居民人均纯收入口径，全国城乡居民收入为城乡一体化住户收支与生活状况调查数据。

2015
北京区域统计年鉴

附录

BEIJING AREA
STATISTICAL YEARBOOK

指标解释

附录：指标解释

（一）法人情况

法人单位 指有权拥有资产、承担负债，并独立从事社会经济活动（或与其他单位进行交易）的组织。法人单位应同时具备以下条件：（1）依法成立，有自己的名称、组织机构和场所，能够独立承担民事责任；（2）独立拥有（或授权使用）资产或者经费，承担负债，有权与其他单位签订合同；（3）具有包括资产负债表在内的账户，或者能够根据需要编制账户。

单产业法人 指仅包含一个产业活动单位的法人单位，该法人单位同时也是一个产业活动单位。

多产业法人 指由两个及以上产业活动单位组成的法人单位，这些产业活动单位接受法人单位的管理和控制。

登记注册类型 企业法人或企业产业活动单位的登记注册类型，按其在工商行政管理机关登记注册的类型填写。如企业登记注册类型发生变化，但未及时到工商部门变更登记，企业应根据变化后的实际情况填写。其他法人和产业活动单位的登记注册类型，按其主要经费来源和管理方式，根据实际情况，比照《企业登记注册类型与代码》填写。

国有企业 指企业全部资产归国家所有，并按《中华人民共和国企业法人登记管理条例》规定登记注册的非公司制的经济组织，不包括有限责任公司中的国有独资公司。

集体企业 指企业资产归集体所有，并按《中华人民共和国企业法人登记管理条例》规定登记注册的经济组织。

股份合作企业 指以合作制为基础，由企业职工共同出资入股，吸收一定比例的社会资产投资组建，实行自主经营，自负盈亏，共同劳动，民主管理，按劳分配与按股分红相结合的一种集体经济组织。

联营企业 指两个及两个以上相同或不同所有制性质的企业法人或事业单位法人，按自愿、平等、互利的原则，共同投资组成的经济组织称为联营企业。联营企业包括国有联营企业、集体联营企业、国有与集体联营企业和其他联营企业。

有限责任公司 指根据《中华人民共和国公司登记管理条例》规定登记注册，由 2 个以上，50 个以下的股东共同出资，每个股东以其所认缴的出资额对公司承担有限责任，公司以其全部资产对其债务承担责任的经济组织。有限责任公司包括国有独资公司、其他有限责任公司。

私营企业 指由自然人投资设立或由自然人控股，以雇佣劳动为基础的营利性经济组织，包括按照《公司法》、《合伙企业法》、《私营企业暂行条例》、《个人独资企业法》规定登记注册的私营独资企业、私营合伙企业、私营有限责任公司、私营股份有限公司和个人独资企业。

其他企业 指上述类型之外的其他内资经济组织。

港澳台商投资企业 指港澳台地区投资者依照中华人民共和国有关涉外经济的法律、法规成立的企业，包括与港澳台商合资经营企业、与港澳台商合作经营企业、港澳台商独资经营企业、港澳台商投资股份有限公司、其他港澳台商投资企业。

外商投资企业 指外国企业或外国人依照中华人民共和国有关涉外经济的法律、法规成立的企业，包括中外合资经营企业、中外合作经营企业、外资企业、外商投资股份有限公司、其他外商投资企业。

（二）人口和就业

户籍人口 指公民依照《中华人民共和国户口登记条例》已在其经常居住地的公安户籍管理机关登记了常住户口的人。

常住人口 指在某地区实际居住半年以上的人口。

常住外来人口 指不具有本市户籍户口，来自北京市行政区划以外的省、自治区、直辖市，且在京居住半年以上的人口。

从业人员 指在各级国家机关、党政机关、社会团体及企业、事业单位中工作，取得工资或其他形式的劳动报酬的全部人员，包括在岗职工、聘用的离退休人员，在单位中工作的港澳台及外籍人员、兼职人员、借用的外单位人员和第二职业者，不包括本单位的不在岗职工。

在岗职工 指在本单位工作并由单位支付工资的人员，以及有工作岗位，但由于学习、病伤产假（6个月以内）等原因暂未工作，仍由单位支付工资的人员。

在岗职工工资总额 与“在岗职工”指标相对应，根据1990年1月1日的国家统计局令（一号）修订，指单位在报告期内直接支付给本单位在岗职工的劳动报酬总额，包括基础工资、职务工资、级别工资、工龄工资、计件工资、奖金、各种津贴和补贴、交通补贴、洗理费、书报费、旅游费、过节费、伙食补助、住房补贴、住房提租补贴、由单位从个人工资中直接为其代扣或代缴的个人所得税、房水电费、住房公积金、社会保险基金个人缴纳部分等。

在岗职工平均工资 指企业、事业、机关等单位的在岗职工在一定时期内的人均劳动报酬，它表明一定时期在岗职工工资收入的高低程度，是反映在岗职工工资水平的主要指标。

期末实有登记失业人员 指报告期末实有的登记失业人员总数，包括城镇登记失业人员和城市化建设地区的登记失业农民（失地农民）。

（三）国民经济核算

地区生产总值 指按市场价格计算的地区生产总值的简称，它是一个地区所有常住单位在一定时期内生产活动的最终成果。地区生产总值有三种表现形式：价值形态、收入形态和产品形态。从价值形态看，它是所有常住单位在一定时期内所生产的全部货物和服务价值超过同期投入的全部非固定资产货物和服务价值的差额，即所有常住单位的增加值之和；从收入形态看，它是所有常住单位在一定时期内所创造并分配给常住单位和非常住单位的初次分配收入之和；从产品形态看，它是最终使用的货物和服务减去进口货物和服务。在实际核算中，地区生产总值的三种表现形态表现为三种计算方法：生产法、收入法和支出法，三种方法分别从不同的方面反映地区生产总值及其构成。

三次产业 根据社会生产活动历史发展的顺序对产业结构的划分，产品直接取自自然界的部门称为第一产业，对初级产品进行再加工的部门称为第二产业，为生产和消费提供各种服务的部门称为第三产业。这是世界上通用的产业结构分类，但各国的划分不尽一致。我国2011年版国民经济行业分类标准：

第一产业：农、林、牧、渔业（不含农、林、牧、渔服务业）。

第二产业：采矿业（不含开采辅助活动），制造业（不含金属制品、机械和设备修理业），电力、热力、燃气及水生产和供应业，建筑业。

第三产业：除第一产业、第二产业以外的其他行业。

（四）财政和税收

地方财政收入 指国家财政参与社会产品分配所得的收入，是实现国家职能的财力保证，包括地方公共财政预算收入、政府性基金预算收入和国有资本经营预算收入。

地方公共财政预算收入 通过一定的形式和程序，由各级财政部门组织并纳入预算管理的各项收入。

政府性基金预算收入 按规定收取、转入，或通过当年财政安排，由财政管理并具有指定用途的政府性基金预算收入等。

国有资本经营预算 指国家以所有者身份取得国有资本收益，并对所得收益进行分配而发生的各项收支预算，是政府预算的重要组成部分。

税收收入 包括增值税、营业税、企业所得税、个人所得税、资源税、城市维护建设税、房产税、印花税、城镇土地使用税、土地增值税、车船税、耕地占用税、契税等。

地方财政支出 指以国家为主体，以财政的事权为依据进行的一种财政资金分配活动，集中反映了国家的职能活动范围及其所发生的耗费，包括地方公共财政预算支出和基金预算支出。

地方公共财政预算支出 指各级财政部门对集中的一般预算收入有计划地分配和使用而安排的支出。

一般公共服务支出 指政府提供基本公共管理与服务的支出，包括人大事务、政协事务、政府办公厅（室）及相关机构事务、发展与改革事务、统计信息事务、财政事务、税收事务、审计事务、海关事务、人力资源事务、纪检监察事务、人口与计划生育事务、 商贸事务、知识产权事务、工商行政管理事务、国土资源事务、 海洋管理事务、 测绘事务、地震事务、气象事务、民族事务、宗教事务、港澳台侨事务、档案事务、共产党事务、民主党派事务及工商联事务、群众团体事务、彩票事务等。

教育支出 指政府教育事务支出，包括教育行政管理、学前教育、小学教育、初中教育、普通高中教育、普通高等教育、初等职业教育、中专教育、技校教育、职业高中教育、高等职业教育、广播电视教育、留学生教育、特殊教育、干部继续教育、教育机关服务等。

科学技术支出 指用于科学技术方面的支出，包括科学技术管理事务、基础研究、应用研究、技术研究与开发、科技条件与服务、社会科学、科学技术普及、科技交流与合作等。

社会保障和就业支出 指政府在社会保障与就业方面的支出，包括社会保障和就业管理事务、民政管理事务、财政对社会保险基金的补助、补充全国社会保障基金、行政事业单位离退休、企业改革补助、就业补助、抚恤、退役安置、社会福利、残疾人事业、城市居民最低生活保障、其他城镇社会救济、农村社会救济、自然灾害生活救助、红十字事务等。

医疗卫生与计划生育支出 指政府医疗卫生与计划生育管理方面的支出。

节能环保支出 指政府环境保护支出，包括环境保护管理事务支出、环境监测与监察支出、污染治理支出、自然生态保护支出、天然林保护工程支出、退耕还林支出、风沙荒漠治理支出、退牧还草支出、已垦草原退耕还草、能源节约利用、污染减排、可再生能源和资源综合利用等支出。

交通运输支出 指政府交通运输和邮政业方面的支出，包括公路运输支出、水路运输支出、铁路运输支出、民用航空运输支出、邮政业支出等。

城乡社区事务支出 指政府城乡社区事务支出，包括城乡社区管理事务支出、城乡社区规划与管理支出、城乡社区公共设施支出、城乡社区住宅支出、城乡社区环境卫生支出、建设市场管理与监督支出等。

农林水事务支出　指政府农林水事务支出，包括农业支出、林业支出、水利支出、扶贫支出、农业综合开发支出等。

税费收入　指由各级地方税务局征缴的各项税收收入和罚没收入，包括营业税、企业所得税、个人所得税、资源税、房产税、契税、城市维护建设税等。

营业税　是对在中华人民共和国境内提供应税劳务、转让无形资产或者销售不动产的单位和个人，就其取得营业额征收的一种税。

（五）投资和建筑业

全社会固定资产投资　包括城镇固定资产投资（含房地产开发投资）和农村固定资产投资。

城镇固定资产投资　指城镇各种登记注册类型的企业、事业、行政单位及个体户进行的计划总投资在 500 万元及以上的建设项目投资；镇及镇以上各级政府及主管部门直接领导、管理的建设项目和企事业单位的投资均为城镇固定资产投资。

农村固定资产投资　农村投资统计以投资项目建设地址所在的地域为界定农村投资统计的范围，即农村投资是指各种投资主体建设的建设项目地址在农村区域范围内的、以满足农村居民生产、生活需要为主要目的的各种投资活动。农村固定资产投资包括农户和非农户固定资产投资。

房地产开发投资　指从本年 1 月 1 日起至本年最后一天止完成的全部用于房屋建设工程和土地开发工程的投资额, 以及公益性建筑和土地购置费等投资。

房屋施工面积　指报告期内施工的全部房屋建筑面积。包括本期新开工的面积和上年开工跨入本期继续施工房屋面积，以及上期已停建在本期恢复施工的房屋面积。本期竣工和本期施工后又停建、缓建的房屋面积仍包括在施工面积中，多层建筑应填各层建筑面积之和。

房屋竣工面积　指报告期内房屋建筑按照设计要求已全部完工，达到住人和使用条件，经验收鉴定合格（或达到竣工验收标准)，可正式移交使用的各栋房屋建筑面积的总和。

建筑业总产值　以货币表现的建筑业企业在一定时期内生产的建筑产品和服务的总和，包括建筑工程产值、设备安装工程产值、其他产值三部分内容。

年末从业人员　指年末最后一日 24 小时在本单位工作，并取得工资或其他形式劳动报酬的人员数。该指标为时点指标不包括最后一日当天及以前与单位解除劳动合同关系的人员，是在岗职工、劳务派遣人员及其他从业人员之和。

利润总额　指企业在一定会计期间的经营成果，是生产经营过程中各种收入扣除各种耗费后的盈余，反映企业在报告期内实现的亏盈总额。

（六）能源、环境

能源消费总量　指一定地域（行政或地理区域）内，国民经济各行业和居民家庭在一定时期所消费的各种能源的总和。能源消费总量包括终端能源消费量、能源加工转换损失量、能源运输和管理过程的损失量三部分。

生活垃圾无害化处理量　指报告期内简易处理场和各种垃圾无害化处理场（厂）处理垃圾的总量。垃圾简易处理量指垃圾简易填埋场所处理的垃圾总量，垃圾无害化处理量指垃圾无害化处理场（厂）所处理的垃圾总量。

生活垃圾无害化处理率 指报告期垃圾无害化处理量与垃圾产生量的比率。在统计时，如果生活垃圾产生量不易取得，可用清运量代替。

污水处理量 指污水处理厂和处理装置实际处理的污水量，包括物理处理量、生物处理量和化学处理量。

（七）农 业

农林牧渔业总产值 以货币表现的农林牧渔业的全部产品总量和对农林牧渔业生产活动进行的各种支持性服务活动的价值。

农作物播种面积 指实际播种或移植有农作物的面积。凡是实际种植有农作物的面积，不论种植在耕地上还是种植在非耕地上，均包括在农作物播种面积中。在播种季节基本结束后，因遭灾重新改种和补种的农作物面积，也包括在内。

有效灌溉面积 指具有一定的水源，地块比较平整，灌溉工程或设备已经配套，在一般年景下当年能够进行正常灌溉的耕地面积。

设施农业 指以工厂化生产方式，建造人工设施，改变气候条件，提高农作物抵御自然灾害的能力，改良生物特性，使作物实现错季或反季节生产，达到农作物均衡生产的目的。

农业机械总动力 指主要用于农、林、牧、渔业的各种动力机械的动力总和，包括耕作机械、排灌机械、收获机械、农用运输机械、植物保护机械、牧业机械、渔业机械和其他农用机械（内燃机按引擎马力折成瓦（特）计算，电动机按功率折成瓦（特）计算）。不包括专门用于乡、镇、村、组办工业、基本建设、非农业运输、科学实验和教学等非农业生产方面用的动力机械与作业机械。

农村用电量 指本年度内，扣除在农村中的国有经济工业交通、基建等单位的用电量以后的农村生产和生活的全年用电总量（计量单位千瓦小时，按全年累计数统计），即包括国家电网供电，也包括农村自办电站供电量。

农用化肥施用量 指本年度内实际用于农业生产的化学肥料数量，包括氮肥、磷肥、钾肥和复合肥。施用量要求按折纯量计算数量，即各类化学肥料的实际施用数量按其含氮、五氧化二磷、氧化钾的比例折成百分之百计算。

乡镇及行政村常住户数 指长期（一年以上）居住在乡镇（不包括城关镇）行政管理区域内的住户，还包括居住在城关镇所辖行政村范围内的农村住户。户口不在本地而在本地居住一年及以上的住户也包括在本地农村住户内；有本地户口，但举家外出谋生一年以上的住户，无论是否保留承包耕地都不包括在本地农村住户范围内；不包括乡村地区内的国有经济的机关、团体、学校、企业、事业单位的集体户。

乡镇及行政村常住人口 指乡村地区常住居民户数中的常住人口数，即经常在家或在家居住6个月以上，而且经济和生活与本户连成一体的人口。外出从业人员在外居住时间虽然在6个月以上，但收入主要带回家中，经济与本户连为一体，仍视为家庭常住人口；在家居住，生活和本户连成一体的国家职工、退休人员也为家庭常住人口。但是现役军人、中专及以上（走读生除外）的在校学生、常年在外（不包括探亲、看病等）且已有稳定的职业与居住场所的外出从业人员，不应当作家庭常住人口。

乡镇及行政村从业人员 指全部乡镇及行政村人口中 16 岁以上实际参加生产经营活动并取得实物或货币收入的人员，既包括劳动年龄内经常参加劳动的人员，也包括超过劳动年龄但经常参加劳动的人员，但不包括户口在家的在外学生、现役军人和丧失劳动能力的人，也不包括待业人员和家务劳动者。从业人员按从事主业时间最长（时间相同按收入）分为农业从业人员，工业从业人员，建筑业从业人员，交通运输仓储及邮政业从业人员，信息传输、计算机服务和软件业，批发与零售业从业人员，住宿和餐饮业从业人员及其他从业人员。

（八）工　业

工业总产值　指工业企业在报告期内生产的以货币形式表现的工业最终产品和提供工业劳务活动的总价值量，包括在本企业内不再进行加工，经检验、包装入库（规定不需包装的产品除外）的成品价值，对外加工费收入，自制半成品、在制品期末期初差额价值。工业总产值采用“工厂法”计算，即以工业企业作为一个整体，按企业生产活动的最终成果来计算。

轻工业　指主要提供生活消费品和制作手工工具的工业。按其所使用的原料不同，可分为两大类：(1) 以农业为原料的轻工业，是指直接或间接以农产品为基本原料的轻工业，主要包括食品制造、饮料制造、烟草加工、纺织、缝纫、皮革和毛皮制作、造纸以及印刷等工业。(2) 以非农产品为原料的轻工业，是指以工业品为原料的轻工业，主要包括文教体育用品、化学药品制造、合成纤维制造、日用化学制品、日用玻璃制品、日用金属制品、手工工具制造、医疗器械制造、文化和办公用机械制造等工业。

重工业　指为国民经济各部门提供物质技术基础的主要生产资料的工业，按其生产性质和产品用途，可以分为下列三类：(1) 采掘（伐）工业。指对自然资源的开采，包括石油开采、煤炭开采、金属矿开采、非金属矿开采和木材采伐等工业。(2) 原材料工业。指向国民经济各部门提供基本材料、动力和燃料的工业，包括金属冶炼及加工、炼焦及焦炭化学、化工原料、水泥、人造板以及电力、石油和煤炭加工等工业。(3) 加工工业。指对工业原材料进行再加工制造的工业，包括装备国民经济各部门的机械设备制造工业、金属结构、水泥制品等工业，以及为农业提供的生产资料如化肥、农药等工业。

工业销售产值　以货币形式表现的，工业企业在报告期内销售的本企业生产的工业产品或提供工业性劳务价值的总价值量。包括企业在报告期内实际销售（包括本期生产和非本期生产）的全部成品、半成品的总价值，报告期内完成的对外承接的工业品加工的加工费收入，对外工业品修理作业可获取的加工费收入和对内非工业部门提供的加工修理、设备安装等收入。已销售的成品、半成品不论是本期生产的，还是非本期生产的，只要是本期销售出去的均包括在内。企业为本单位基本建设部门、生活福利部门等提供的产品和工业性作业及自制设备也应视同销售，这部分也应作为销售统计。

资产总计　指企业过去的交易或者事项形成的、由企业拥有或者控制的、预期会给企业带来经济利益的资源。资产一般按流动性分为流动资产和非流动资产，其中流动资产可分为货币资金、交易性金融资产、应收票据、应收账款、预付款项、其他应收款、存货等；非流动资产可分为长期股权投资、固定资产、无形资产及其他非流动资产等。

负债合计　指企业过去的交易或者事项形成的、预期会导致经济利益流出企业的现时义务。负债一般按偿还期长短分为流动负债和非流动负债。

所有者权益合计　指企业资产扣除负债后由所有者享有的剩余权益。公司的所有者权益又称股东权益。包括实收资本、资本公积、盈余公积、未分配利润等。

主营业务收入　指企业确认的销售商品、提供劳务等主营业务的收入。

利润总额　指企业在一定会计期间的经营成果，是生产经营过程中各种收入扣除各种耗费后的盈余，反映企业在报告期内实现的亏盈总额。

应交增值税　指企业按税法规定，从事货物销售或提供加工、修理修配劳务等增加货物价值的活动本期应交纳的税金。应交增值税不含期初未抵扣税额。

（九）商　　业

社会消费品零售总额　指企业（单位、个体户）通过交易直接售给个人、社会集团非生产、非经营用的实物商品金额，以及提供餐饮服务所取得的收入金额。个人包括城乡居民和入境人员，社会集团包括机关、社会团体、部队、学校、企事业单位、居委会或村委会等。

批发和零售业单位　指在流通环节主要从事商品批发活动和零售活动的单位。

商品购进额　指从本企业（单位）以外的单位和个人购进（包括从国外直接进口）作为转卖或加工后转卖的商品金额（含增值税）。本指标反映批发和零售业从国内外市场上购进商品的总量。

商品销售额　指对本企业以外的单位和个人出售的商品金额（包括售给本单位消费用的商品，含增值税）。本指标反映批发和零售业在国内市场上销售商品以及出口商品的总量。

餐饮业企业　指在一定场所，专门从事对食物进行现场烹饪、调制，并出售给顾客主要供现场消费服务活动的企业。如各种饭馆、中西餐厅、酒馆、茶馆和火车餐车、车站食堂、飞机场餐厅等。

住宿业企业　指有偿为顾客提供临时住宿服务活动的单位，如旅游饭店、宾馆、酒店和旅馆、旅店等。

（十）对外贸易

进出口总值　指实际进、出我国海关并能引起我国境内物质资源增加或减少的进出口货物总金额，包括我国境内法人和其他组织以一般贸易、易货贸易、加工贸易、补偿贸易、寄售代销贸易等方式进出口的货物、租赁期一年及以上的租赁进出口货物、边境小额贸易货物、国际援助物资或捐赠品、保税区和保税仓库进出口货物等的金额合计。进出口总值是观察一个国家在对外贸易方面的总规模。我国规定出口货物按离岸价格统计，进口货物按到岸价格统计。

实际利用外商直接投资额　指批准的合同外资金额的实际执行数，外国投资者根据批准外商投资企业的合同（章程）的规定实际缴付的出资额和企业投资总额内外国投资者以自己的境外自有资金实际直接向企业提供的贷款。

（十一）旅　　游

入境旅游者　指来中国（大陆）观光、度假、探亲访友、就医疗养、购物、参加会议或从事经济、文化、体育、宗教活动，且在中国（大陆）的旅游住宿设施内至少停留一夜的外国人、港澳台同胞等游客。入境旅游者不包括以下人员：（1）应邀来华访问的政府部长以上官员及其随行人员；（2）外国驻华使领馆官员、外交人员以及随行的家庭服务人员和受赡养者；（3）常住中国（大陆）一年以上的外国专家、留学生、记者、商务机构人员等；（4）乘坐国际航班过境不需要通过护照检查进入中国（大陆）口岸的中转旅客；（5）边境地区往来的边民；（6）回大陆定居的港澳台同胞；（7）已在中国（大陆）定居的外国人和原已出境又返回在中国（大陆）定居的外国侨民；（8）归国的中国（大陆）出国人员。

（十二）价格指数

居民消费价格指数　指度量消费商品及服务项目价格水平随着时间而变动的相对数，反映居民家庭购买的消费品及服务价格水平的变动情况。居民消费价格指数变动率通常被用来作为反映通货膨胀（或紧缩）程度的指标。

工业生产者出厂价格指数　指反映全部工业产品出厂价格总水平变动程度的相对数，包括工业企业售给商业、外贸、物资部门的产品，还包括售给工业和其他部门的生产资料以及直接售给居民的生活消费品。通过工业生产者价格指数能观察工业产品出厂价格变动对工业总产值的影响。

工业生产者购进价格指数　指反映全部工业原材料、燃料、动力购进价格总水平变动程度的相对数，用以观察和研究工业企业原材料价格变动对生产的影响，以及企业对原材料涨价的消化能力和承受能力，为制定价格政策提供依据。

（十三）城乡居民收支

城镇居民可支配收入　指调查户可用于最终消费支出和其他非义务性支出以及储蓄的总和，即居民家庭可以用来自由支配的收入，它是家庭总收入扣除缴纳的个人所得税、个人缴纳的社会保障支出及调查户的记账补贴后的收入。

城镇居民消费性支出　指调查户用于满足家庭日常生活消费需要的全部支出，包括食品、衣着、居住、家庭设备用品及服务、医疗保健、交通和通信、教育文化娱乐服务、其他商品和服务等八大类，包括用于赠送的商品或服务。消费性支出构成是按照商品或服务的用途进行分类，如果消费支出的目的与用途不一致时，必须按照用途归入相应类内。

农村居民纯收入　指农村住户当年从各个来源得到的总收入相应地扣除所发生的费用后的收入总和。纯收入主要用于再生产投入和当年生活消费支出，也可用于储蓄和各种非义务性支出。“农民人均纯收入”是按人口平均的纯收入水平，反映的是一个地区或一个农户农村居民的平均收入水平。

农村居民家庭生活消费支出　指农村住户用于物质生活和精神生活方面的支出，包括食品、衣着、居住、家庭设备用品及服务、医疗保健、交通和通讯、文化教育娱乐用品及服务、其他商品和服务等消费支出。

（十四）教　　育

毕业生数　指上学年度内，具有学籍的学生学完教学计划规定的全部课程，考试及格，取得毕业证书，实际毕业的学生数。不包括结业生和肄业生数。

招生数　指新学年开始时，按照国家计划实际招收入学的新生数，不包括留级生和复读学生数。

在校学生数　指学年初开学以后，具有学籍的注册学生数。

教职工数　指在学校(机构)工作并由学校(机构)支付工资的教职工人数。教职工数包括校本部教职工、科研机构人员、校办企业职工、其他附设机构人员。

专任教师　指主要从事教育工作的人员，包括临时（一年以内）调去帮助做其他工作的教学人员；不包括调离教学岗位，担任行政领导工作或其他工作的原教学人员；不包括兼任教师和代课教师。

（十五）文化、科技

公共图书馆藏书　指各级文化部门举办的面向社会服务的独立的图书馆（不包括文化馆的图书室，也不包括文化系统以外的图书馆）藏书数量。

专利　专利权的简称，是对发明人的发明创造经审查合格后，由专利局依据专利法授予发明人和设计人对该项发明创造享有的专有权，包括发明、实用新型和外观设计。

发明专利 指专利法及其实施细则所称的发明，指对产品、方法或者改进所提出的新的技术方案。

实用新型专利 指专利法及其实施细则所称的实用新型，指对产品的形状、构造或者其结合所提出的适于实用的新的技术方案。

外观设计专利 指专利法及其实施细则所称的外观设计，指对产品的形状、图案、色彩或者其结合所做出的富有美感并适于工业上应用的新设计。

（十六）卫生、体育

卫生机构 指从卫生行政部门取得《医疗机构执业许可证》，或从民政、工商行政、机构编制管理部门取得法人单位登记证书，为社会提供医疗保健、疾病控制、卫生监督服务或从事医学科研和医学在职培训等工作的单位。

卫生技术人员 指由卫生机构支付工资的全部固定职工和合同制职工中现任职务为卫生技术工作的专业人员，不包括从事管理工作的人员。

执业医师和注册护士 指领取医师执业证书和注册护士证书的人员，不包括从事管理工作的医师和护士。

体育场地 指专门用于体育训练、比赛和健身活动的，有一定投资的公益性或经营性体育建筑设施，包括必要的附属功能用房。

（十七）社会福利

优抚对象 依照法律和政策的规定，享受国家、社会和群众抚恤优待的人员，包括中国人民解放军（包括中国人民武装警察部队）现役军人、革命伤残人员、复员退伍军人、革命烈士家属、因公牺牲军人家属、病故军人家属、现役军人家属。

社会救助对象总人数 指在报告期末生活在当地规定的最低生活保障线以下的家庭人员及国家规定由民政部门救济的特殊人员和上世纪 60 年代精简退职老职工救济人员等。

城市居民最低生活保障人数 指报告期末家庭平均收入在当地规定的最低生活保障线以下的城镇居民数，包括“三无”对象、失业人员和在职、下岗、退休人员等。

农村居民最低生活保障人数 指报告期末在建立农村最低生活保障制度的地区，得到当地政府或集体给予最低生活保障的农业人口家庭人数。

参加基本养老保险人数 指报告期末按照国家法律、法规和有关政策规定参加基本养老保险并在社保经办机构已建立缴费记录档案的职工人数，包括中断缴费但未终止养老保险关系的职工人数和参加基本养老保险的离休、退休和退职人员的人数，不包括只登记未建立缴费记录档案的人数。

参加基本医疗保险人数 指报告期末按国家有关规定参加基本医疗保险的人数，包括参加保险的职工人数和退休人员数。

参加失业保险人数 指报告期末按照国家法律、法规和有关政策规定参加了失业保险的城镇企业事业单位的职工及地方政府规定参加失业保险的其他人员的人数，参加失业保险人数为参加失业保险的职工人数。

参加农村新型合作医疗人数 指截止报告期末乡镇已参加农村新型合作医疗的总人数。农村新型合作医疗制度是由政府组织、引导、支持，农民自愿参加，集体、个人和政府多方筹资，以大病统筹为主的农民医疗互助共济制度。

社区服务机构数 指报告期末社区服务站、社区服务中心、其他社区服务设施的总和。

（十八）开发区

已开发土地面积 指在规划范围内达到“七通一平”标准的，具备进行房屋建筑物施工或出让条件的土地面积。

已供应土地面积 指开发区内通过各种方式获得土地使用权的土地面积，包括出让、划拨、租赁等。

总收入 指企业全年的生产产品销售收入、技术性收入和与本企业产品相关的商品的销售收入、其它收入等各种收入的总和，总收入等于主营业务收入加上其他业务收入。总收入应按不含增值税的价格计算，不包括补贴收入、营业外收入、投资收益。

总投资 指批准的合同（章程）规定的投资总额。

注册资本 指为设立经营企业在工商行政管理机关注册的资本总额。

合同外资金额 指批准的合同（章程）中，外商和港、澳、台商的出资额。

外商实际投资 指按合同规定的外方和港、澳、台方以现金、实物、工业产权及专有技术的计价实缴资本投资额。

工业总产值 指工业企业在报告期内生产的以货币形式表现的工业最终产品和提供工业劳务活动的总价值量。

工业销售产值 指以货币形式表现的，工业企业在报告期内销售的本企业生产的工业产品或提供工业性劳务价值的总价值量。

出口交货值 指工业企业交给外贸部门或自营(委托)出口(包括销往香港、澳门、台湾)，用外汇价格结算的产品价值，以及外商来样、来料加工、来件装配和补偿贸易等生产的产品价值。在计算出口交货值时，要把外汇价格按交易时的汇率折成人民币计算。

应缴税金总额 指企业按国家规定应向税务机关缴纳各种税金的总额。主要包括应交增值税、应交所得税、营业税金及附加、管理费用中的税金等。